人民法院民商事
指导案例与类案裁判依据丛书

侵权责任纠纷
指导案例与类案裁判依据

中国法制出版社
CHINA LEGAL PUBLISHING HOUSE

编写说明
Preface

2022年1月13日,最高人民法院召开全国法院案例指导工作推进会。会议强调,案例指导制度是中国特色社会主义司法制度的重要组成部分。做好案例指导工作,是深入贯彻习近平法治思想,加快建设公正高效权威的社会主义司法制度,更好发挥人民法院审判职能作用的必然要求,对于确保裁判尺度统一,促进法律正确实施,提高审判质效和司法公信力具有重要作用。会议还强调,要健全完善案例指导工作机制,确保裁判尺度统一,促进法律正确实施,努力让人民群众在每一个司法案件中感受到公平正义。要加强指导性案例应用,法官审判执行案件进行类案检索,应先行检索现行有效指导性案例,对指导性案例应当参照作出裁判。

为更好地发挥指导性案例在统一法律适用标准、规范司法行为、维护司法公正、提高审判质量等方面的重大作用,并通过典型案例引领,使当事人和社会公众对类似案件的裁判结果具有固定预期和明确参照,我们出版了"人民法院民商事指导案例与类案裁判依据丛书"。本丛书梳理并精心筛选了相关领域最高人民法院发布的指导案例、公报案例及典型案例以及部分地方人民法院发布的典型案例。"一个案例胜过一打文件",相较于抽象的条文规定,这些案例是理论与实践相结合的重要载体,是法官审判经验和司法智慧的结晶,对于提高审判人员的司法能力,提升律师的执业水平,促进公民尊法学法用法、维护自身的合法权益具有重要意义,也可以为案例教学和运用法学研究提供鲜活样本和实务资源。

本丛书在内容和体例上具有以下特点：

第一，章节设置合理，内容全面。 本丛书以《民事案件案由规定》为基础，结合实际情况，对类案进行合理划分、收录和编排，充分考虑了读者的实际需求和阅读习惯，力求做到条线清晰、重点突出。

第二，案例覆盖广泛，严格拣选。 本丛书的案例分为三个层级，第一层级为最高人民法院指导案例；第二层级为最高人民法院公报案例及典型案例；第三层级为地方法院典型案例。通过汇总和分析前述经典案例，凝练裁判要点，帮助读者更好地把握法律精神、理解法律规定、适用裁判规则。

第三，裁判依据准确，检索便捷。 本丛书精选类案处理的相关法律规定，收录了法律法规、部门规章、司法解释等规范性文件，这些规范性文件是当事人起诉、应诉和人民法院裁判的重要依据。

另需说明的是，为方便读者阅读，在确保内容准确的基础上，本书进行了必要的体例统一和编辑加工处理。

希望本丛书能在实现个案公正处理、提升公众法治素养、以合法理性的方式表达利益诉求、推动法律发展和完善等方面发挥积极影响，为推进案例指导工作高质量发展贡献力量。

由于编者水平有限，本丛书内容难免有疏漏之处和不妥之处，敬请广大读者批评指正。

中国法制出版社

目　录
Contents

一、监护人责任纠纷

（一）最高人民法院公报案例及典型案例 …………………………… 001

　　001. 监护人在公共场合疏于监管儿童，致使儿童损伤的，应
　　　　承担相应责任 …………………………………………………… 001

　　002. 被监护人侵犯他人合法权益的，监护人应承担侵权责任 ……… 002

（二）地方法院典型案例 ………………………………………………… 004

　　003. 非因主观故意或重大过失造成子女自身损害不宜认定父
　　　　母对子女承担侵权责任 ………………………………………… 004

　　004. 幼儿在游乐场受伤，监护人与经营者按过错程度承担责
　　　　任 ………………………………………………………………… 005

（三）裁判依据 …………………………………………………………… 007

二、用人单位责任纠纷

（一）地方法院典型案例 ··· 011

　　005. 员工过失抛物致人伤残，用人单位承担连带赔偿责任 ·········· 011

（二）裁判依据 ·· 012

三、提供劳务者受害责任纠纷

（一）最高人民法院公报案例及典型案例 ································· 013

　　006. 建筑施工企业已为从事危险工作的职工办理意外伤害保
　　　　 险的，并不因此免除企业为职工缴纳工伤保险费的法定
　　　　 义务 ··· 013

　　007. 如何区分雇佣关系和帮工关系 ······································ 023

（二）地方法院典型案例 ··· 028

　　008. 工程施工中应全面履行资格审查和安全保障义务 ············· 028

（三）裁判依据 ·· 030

四、网络侵权责任纠纷

（一）最高人民法院公报案例及典型案例 ················· 031

009. 给网购商品差评是否属于侮辱诽谤行为 ················· 031

（二）地方法院典型案例 ································· 034

010. 算法推荐中平台运营商帮助侵权责任认定标准 ········· 034

011. 虚拟货币投资交易活动不符合法律规定，由此引发的损失自行承担 ···································· 035

012. 限制民事行为能力人与其年龄、智力不相符的网络充值款项应当返还 ···································· 036

013. 受害人是否可以通过向人民法院提出请求的方式，由人民法院责令网络服务者提供涉嫌侵权的网络用户姓名等信息 ··· 038

（三）裁判依据 ··· 039

五、违反安全保障义务责任纠纷

（一）最高人民法院指导案例 ··························· 048

014. 擅自进入禁止公众进入的水利工程设施，发生伤亡事故，水利工程设施的管理人和所有人是否承担赔偿责任 ········ 048

003

015. 擅自攀爬景区内果树采摘果实，不慎跌落致其自身损害，经营管理者是否应承担赔偿责任 ⋯⋯⋯⋯⋯⋯⋯⋯ 051

（二）地方法院典型案例 ⋯⋯⋯⋯⋯⋯⋯⋯⋯⋯⋯⋯⋯ 054

016. 物业公司未能尽到安全保障义务，是否应全额承担补充赔偿责任 ⋯⋯⋯⋯⋯⋯⋯⋯⋯⋯⋯⋯⋯⋯⋯⋯⋯⋯ 054

017. 未尽到与专业管理能力相匹配的安全保障义务而造成滑雪者受到人身伤害，应对侵权损害后果承担主要责任 ⋯ 056

018. 对于经营存在较高风险的营利性娱乐项目，经营者应当负有更高的安全保障义务 ⋯⋯⋯⋯⋯⋯⋯⋯⋯⋯⋯ 057

019. 老年人免费参观博物馆，不慎跌倒，造成骨折，博物馆是否应当承担责任 ⋯⋯⋯⋯⋯⋯⋯⋯⋯⋯⋯⋯⋯⋯⋯ 059

020. 合理界定经营者安全保障义务边界 ⋯⋯⋯⋯⋯⋯⋯ 061

021. "自甘风险"规则与活动组织者安全保障义务的责任界定 ⋯⋯⋯⋯⋯⋯⋯⋯⋯⋯⋯⋯⋯⋯⋯⋯⋯⋯⋯⋯⋯⋯⋯ 062

（三）裁判依据 ⋯⋯⋯⋯⋯⋯⋯⋯⋯⋯⋯⋯⋯⋯⋯⋯⋯ 063

六、教育机构责任纠纷

（一）最高人民法院公报案例及典型案例 ⋯⋯⋯⋯⋯⋯⋯ 065

022. 未成年人在学校学习、生活期间受到人身损害，学校承担相应赔偿责任 ⋯⋯⋯⋯⋯⋯⋯⋯⋯⋯⋯⋯⋯⋯⋯ 065

023. 限制民事行为能力的未成年学生校园伤害事故，受害方、致害方与学校的责任如何认定 ⋯⋯⋯⋯⋯⋯⋯⋯⋯ 067

024. 教育机构未尽到安全保障义务及违反安全保障义务，导致未成年人身损害的，应承担的责任如何认定 ………… 069

025. 无民事行为能力人在学校受到伤害，应由学校举证证实尽到教育管理职责 ……………………………………… 070

（二）地方法院典型案例 ……………………………………… 072

026. 教育机构不当行使教育惩戒权构成侵权 …………… 072

027. 无民事行为能力人校园受害事件，对学校适用过错推定原则 …………………………………………………… 073

028. 学校应加强安全防范意识，杜绝安全隐患 ………… 074

029. 教育机构承担责任的前提和基础是"未尽到教育、管理职责" ………………………………………………… 076

030. 校外培训机构应当具备专业培训能力，在培训中对未成年学员给予充分关注和保护 …………………………… 077

031. 老师未及时制止学生打闹，学生受伤后亦未及时送医治疗，应认定学校未充分履行教育管理义务 …………… 079

（三）裁判依据 ………………………………………………… 081

七、产品责任纠纷

（一）最高人民法院公报案例及典型案例 ……………………… 087

032. 销售企业或经销商的虚假宣传行为与消费者延误治疗是否具有关联，应由被侵权人承担相应举证责任 ………… 087

033. 产品跨境召回责任的认定 …………………………… 103

034. 残疾辅助器具的经营者若因服务缺失导致购买人产生人身损害，应根据其过错程度承担相应的侵权责任 ······ 104

（二）地方法院典型案例 ······ 105

035. 当监制方被认定为实质意义上的生产者后，产品造成消费者损伤的，监制方应承担连带赔偿责任 ······ 105

036. 产品的生产者、销售者存在主体混同，构成共同侵权的，应当就消费者因产品缺陷造成的人身损害后果承担连带赔偿责任 ······ 107

037. 具有"合理危险"的产品侵权责任的认定 ······ 108

038. 销售超过最高车速的电动车造成消费者损害的应承担责任 ······ 110

039. 电暖宝爆裂烫伤婴儿，销售者负有先行赔付义务 ······ 112

（三）裁判依据 ······ 113

八、机动车交通事故责任纠纷

（一）最高人民法院指导案例 ······ 122

040. 交通事故的受害人没有过错，其体质状况对损害后果的影响不属于可以减轻侵权人责任的法定情形 ······ 122

041. 放任他人使用自己的机动车号牌，是否均需承担连带责任 ······ 126

（二）最高人民法院公报案例及典型案例 ………………………… 129

042. 在合同有效期内，被保险人未通知保险人保险标的的危险程度显著增加的，发生的保险事故，保险人不承担赔偿责任 …………………………………………………… 129

043. 超车时驾驶人的注意义务范围如何界定 ……………… 133

044. 机动车交通事故中，对于一些无监控录像、无目击证人，且双方当事人对于事故原因又各执一词的情形，人民法院如何认定事实 ……………………………… 134

045. 对于超过法定退休年龄但仍具有劳动能力、并通过劳动获得报酬的老年人，其因交通事故导致误工，收入减少，应依法获得赔偿 ……………………………… 136

（三）地方法院典型案例 …………………………………………… 138

046. 交通事故造成孕妇流产，是否可以请求精神损害赔偿 ………… 138

047. 好意同乘造成搭乘人损害，应当如何处理 …………………… 139

（四）裁判依据 ……………………………………………………… 140

九、非机动车交通事故责任纠纷

（一）地方法院典型案例 …………………………………………… 148

048. 电动自行车未按交通信号灯通行引发事故需承担侵权责任 …………………………………………………………… 148

049. 行人违反交通规则引起交通事故需承担侵权责任 ………… 149

050. 交通事故认定书在无充分证据推翻的情况下具有证明案
件事实的证据效力 ································· 151

051. 互联网服务平台是否承担责任需具体认定 ············ 152

052. 交通事故"私了协议"显失公平时可请求撤销或变更 ····· 153

（二）裁判依据 ·· 154

十、医疗损害责任纠纷

（一）最高人民法院公报案例及典型案例 ··················· 159

053. 医疗机构在征得患者及其家属同意后为患者利益考虑实
施的风险医疗行为，风险责任应如何承担 ············ 159

054. 销售中药饮片应告知煎服用法及注意事项 ············ 168

055. 医疗美容机构虚假宣传和诊疗过错行为造成患者损害应
予赔偿 ·· 169

（二）地方法院典型案例 ···································· 171

056. 医疗产品不存在缺陷的举证责任未能尽到的不利后果应
由哪些单位或人员承担 ······························· 171

057. 医疗美容机构不具备相应资质条件，造成消费者人身损
害的，应承担损害赔偿责任 ··························· 172

058. 患者或者其近亲属不配合医疗机构进行符合诊疗规范的
诊疗导致患者在诊疗活动中受到损害，医疗机构不承担
赔偿责任 ·· 174

（三）裁判依据 ·· 175

十一、环境污染责任纠纷

（一）最高人民法院指导案例 ········· 183

059. 在承包土地内非法开采，导致生态环境被破坏，侵害了不特定多数人的合法权益的，侵权人应当承担哪种侵权责任 ········· 183

060. 法院认定光污染损害应参考哪些因素 ········· 187

061. 污染者向海水水域排放未纳入国家或者地方环境标准的含有铁物质等成分的污水，造成渔业生产者养殖物损害的，污染者应当承担环境侵权责任 ········· 192

（二）最高人民法院公报案例及典型案例 ········· 198

062. 破坏生态环境后，侵权人应承担哪些生态环境损害修复责任 ········· 198

063. 负有环境保护监督管理职责的国土部门出具的环境污染事件调查报告可以作为认定案件事实的根据 ········· 199

064. 针对同一污染行为，环境公益诉讼和私益诉讼之间应如何衔接 ········· 201

（三）地方法院典型案例 ········· 202

065. 严重超标重金属的废酸水倾倒在沟渠内，造成水体和土壤严重污染，应承担哪些责任 ········· 202

（四）裁判依据 ········· 204

十二、生态破坏责任纠纷

（一）最高人民法院指导案例 ·········· 210

066. 破坏自然遗迹和风景名胜造成生态环境损害的，国家规定的机关或者法律规定的组织应当请求侵权人依法承担修复和赔偿责任 ·········· 210

067. 人民法院在审理环境民事公益诉讼案件时，应当充分重视提高生态环境修复的针对性、有效性 ·········· 215

068. 在因同一行为引发的刑事案件中，未被判处刑事责任的侵权人主张不承担生态环境侵权责任的，人民法院应如何处理 ·········· 220

069. 人民法院审理环境民事公益诉讼案件，应当贯彻绿色发展理念和风险预防原则 ·········· 223

070. 生态环境修复费用难以计算的，人民法院根据违法排污的污染物种类、排污量及污染源排他性等因素计算生态环境损害量化数额 ·········· 227

071. 企业将危险废物交由不具备危险废物处置资质的企业或者个人进行处置，造成环境污染的，应当承担生态环境损害责任 ·········· 235

（二）裁判依据 ·········· 238

十三、饲养动物损害责任纠纷

（一）最高人民法院公报案例及典型案例 ·················· 246

072. 饲养动物损害责任纠纷案件中，动物饲养人不能举证证明受害人对损害的发生存在故意或者重大过失的，应当承担全部的侵权责任 ·················· 246

073. 幼童在动物园喂养饲养的动物，被动物咬伤的，损害赔偿责任应当如何承担 ·················· 255

（二）地方法院典型案例 ·················· 265

074. 楼房区内违规饲养大型犬，出户遛犬致晨练人受伤 ·················· 265

075. 监护不周，幼儿被猫咬伤，家长与养猫人均要负责 ·················· 266

076. 遛狗不拴绳，咬狗又伤人，饲养人要担责 ·················· 267

077. 违规养犬遛犬致二犬撕咬，为护爱犬老人摔伤致残 ·················· 268

（三）裁判依据 ·················· 269

十四、建筑物和物件损害责任纠纷

（一）最高人民法院公报案例及典型案例 ·················· 271

078. 因公共交通道路上遗撒的物品受伤，无法确定具体侵权人时，具体负责道路清扫的责任单位是否应当承担责任 ·················· 271

079. 禁止从建筑物中抛掷物品，进一步完善了高空抛物的治理规则 ……………………………………………………………… 279

（二）地方法院典型案例 ……………………………………………… 280

080. 多个物件脱落共同造成他人损害，由直接侵权人承担责任 ……… 280
081. 宠物高空坠落致人损害，饲养人应承担赔偿责任 ………………… 281
082. 物业管理人未有效履行管理维护职责，应承担过错赔偿责任 …………………………………………………………………… 283
083. 建筑物件坠落致人损害，发包人和施工人共同承担赔偿责任 …………………………………………………………………… 284
084. 高空坠物引起损失的责任分担应如何划分 ………………………… 285
085. 污水管道路的施工方和管理方，未设置安全警示标志，未采取有效的安全防护措施，造成他人损伤的，应承担侵权责任 …………………………………………………………… 287

（三）裁判依据 ………………………………………………………… 288

十五、触电人身损害责任纠纷

（一）地方法院典型案例 ……………………………………………… 292

086. 盗窃变压器过程中意外触电身亡系自身过错所致，正常使用变压器的单位不承担侵权责任 ……………………………… 292

（二）裁判依据 ………………………………………………………… 293

十六、义务帮工人受害责任纠纷

（一）地方法院典型案例 ·················· 295

　087. 义务帮工人帮工过程中受到人身损害索赔案 ·················· 295

（二）裁判依据 ·················· 297

十七、见义勇为人受害责任纠纷

（一）最高人民法院指导案例 ·················· 298

　088. 见义勇为的认定 ·················· 298

（二）地方法院典型案例 ·················· 302

　089. 见义勇为人受到损伤，是否可以要求受益人给予补偿 ·················· 302

（三）裁判依据 ·················· 303

十八、公证损害责任纠纷

（一）地方法院典型案例 ·················· 304

　090. 公证机构未尽到充分审查核实义务致人损失的，应承担与过错相应的补充赔偿责任 ·················· 304

（二）裁判依据 ··· 306

十九、防卫过当损害责任纠纷

（一）地方法院典型案例 ··· 308

 091. 防卫过当人在造成不应有的损害范围内承担部分责任 ············ 308

（二）裁判依据 ··· 310

二十、铁路运输损害责任纠纷

（一）最高人民法院公报案例及典型案例 ······················ 311

 092. 乘客未经许可，擅自横穿铁路线，造成伤亡，铁路运输企业已经采取必要的安全措施并尽到警示义务的，不承担赔偿责任 ·· 311

（二）地方法院典型案例 ··· 319

 093. 乘客在列车车厢内烫伤，法院应如何认定各方责任 ············ 319

 094. 横向穿越非封闭铁路造成伤亡，法院应如何认定各方责任 ·· 320

（三）裁判依据 ··· 322

二十一、航空运输损害责任纠纷

（一）最高人民法院公报案例 ······················· 328

　　095. 乘客搭乘的外国航班事故致残，侵权责任以及赔偿责任
　　　　限额如何确定 ······························· 328

（二）裁判依据 ······································ 333

二十二、因申请财产保全损害责任纠纷

（一）最高人民法院公报案例及典型案例 ················ 341

　　096. 申请保全错误，须以申请人主观存在过错为要件 ·········· 341

（二）地方法院典型案例 ······························ 345

　　097. 恶意保全他人财产应承担赔偿责任 ··············· 345

（三）裁判依据 ······································ 347

一、监护人责任纠纷

（一）最高人民法院公报案例及典型案例

001. 监护人在公共场合疏于监管儿童，致使儿童损伤的，应承担相应责任[①]

基本案情： 2013年9月5日17时许，原告陈某博由其母亲唐某平携带，在被告钟某雄个体经营的花艺坊购买盆栽。当唐某平与店员在收银台结账时，该店铺进出的玻璃门突然破裂倒砸下来，将站在玻璃门边的原告右小腿割伤。事发后，原告当即被送往闽东医院住院治疗，至9月22日出院。主要诊断为：右小腿皮肤撕脱伤、右小腿伸肌上支持带断裂、右小腿部分肌肉损伤。原告为此支出医疗费等损失共计11556.4元。

裁判结果： 福安市人民法院经审理认为，公民的身体健康权受法律保护。被告钟某雄作为从事经营活动场所的商户业主，未履行合理限度的安全保障义务，致使原告在其经营场所内受到损害，应当承担相应的民事赔偿责任。原告作为无民事行为能力人，其监护人未妥善履行监护职责，对事故的发生亦具有一定的过错，应适当减轻被告的责任。根据本案原、被告双方当事人

[①]《最高人民法院2014年11月24日发布未成年人审判工作典型案例98例》，七十九、陈某博诉钟某雄健康权纠纷案，载最高人民法院网站，https://www.court.gov.cn/zixun-xiangqing-13447.html，最后访问日期：2023年6月28日。

的过错程度，酌情确定被告承担总损失70%的赔偿责任，30%由原告自行承担。根据责任比例，判决被告赔偿原告8089.48元。

> **案例评析**
>
> 本案是一起受害者是未成年人的侵权纠纷。未成年人的监护人应当履行保护未成年人的人身安全、尽可能避免发生危险的法定监护职责。本案中，原告的监护人将年仅3岁的原告带到公共场所，疏于监管，使幼童脱离其照看，对事故的发生具有一定的过错。根据过失相抵原则适当减轻被告的责任，由原告自行承担30%的民事责任。

002. 被监护人侵犯他人合法权益的，监护人应承担侵权责任[①]

基本案情：原告王某伟、王某红之女王某与被告王某斌、夏某叶之子王某某系恋爱关系。2013年8月19日17时许，王某某来到济南市二环西路附近的家家悦超市找在此打工的被害人王某，两人在交谈过程中发生争执，被害人王某欲回超市被王某某阻止，王某某用随身携带的匕首刺伤王某导致其大出血死亡。后王某某亦用匕首刺伤自己颈部致大出血死亡。两原告以两被告之子王某某未满18周岁造成被害人王某死亡的严重后果，应由其监护人即本案两被告承担侵权责任为由提起诉讼，要求两被告赔偿其死亡赔偿金515100元、丧葬费12877.50元、精神损害抚慰金10000元。两被告当庭辩称，他们对其子王某某尽到了监护责任，对于以上辩称其没有提供相应的证据予以证实。两被告还辩称王某某本人无个人财产。

裁判结果：济南市槐荫区人民法院经审理认为，涉诉侵权行为发生时，

[①] 《最高人民法院2014年11月24日发布未成年人审判工作典型案例98例》，八十八、王某伟、王某红诉王某斌、夏某叶监护人责任纠纷案，载最高人民法院网站，https://www.court.gov.cn/zixun-xiangqing-13447.html，最后访问日期：2023年6月28日。

两被告之子王某某尚不满18周岁，系限制民事行为能力人，王某某持匕首将被害人王某杀害，依法应由其监护人即两被告王某斌、夏某叶承担侵权责任。两被告虽辩称已经尽到监护责任，却未提供任何证据证实其已谨慎、合理地注意到未成年人王某某的情感动向及困扰，并积极履行了监护职责以尽可能防止损害发生，其要求减轻其侵权责任的依据不足，法院不予支持。两被告之子王某某将两原告之女王某杀害，致使两原告中年丧女，精神上受到严重损害，王某某将被害人王某杀害后当场自杀，已无法依照刑事法律追究其刑事责任，两原告精神上亦不能因王某某受到刑事追究而得到慰藉，因此，两原告提起的各项民事赔偿要求并无不妥。据此，依法判决被告王某斌、夏某叶赔偿原告王某伟、王某红死亡赔偿金515100元、丧葬费12877.50元和精神损害抚慰金10000元。济南市中级人民法院二审维持原判。

案例评析

本案的裁判结果意在警醒身负监护责任的父母谨慎监管、教育未成年子女，即便他们已经具有一定的社会交往和认知能力，但仍不能疏于监护。尤其是对8周岁以上的未成年人，他们身处青春期，虽对个人及社会有一定认知，但行为自控和解决问题的能力尚不成熟，父母疏于监护轻则影响学业，重则毁人毁己。致害人父母看似为之所累，却是疏于监护所致。

（二）地方法院典型案例

003. 非因主观故意或重大过失造成子女自身损害不宜认定父母对子女承担侵权责任[①]

基本案情： 秦某2与陈某原系夫妻关系，育有一女秦某1。2015年5月，陈某单独看护秦某1时，秦某1手部烫伤。2016年，秦某2与陈某离婚，秦某1由秦某2负责抚育。秦某1的法定代理人秦某2怀疑秦某1系被陈某故意烫伤，认为陈某的行为严重侵害了秦某1的人身健康，故作为监护人代秦某1诉至法院要求陈某承担医疗费、残疾赔偿金、精神损害抚慰金等。经鉴定，秦某1现损伤属八级伤残。

生效裁判： 北京市第三中级人民法院认为，本次事件发生于家庭内部，系未成年人秦某1在其母亲陈某看护期间被热水烫伤所引发，本案的争议焦点为陈某作为秦某1之监护人是否应对秦某1的烫伤承担侵权赔偿责任。法院认为在判断监护人是否存在侵权法意义上的过错时，应考虑社会一般道德和家庭伦理观念。如果监护人故意或存在重大过失时，不因亲子关系而免除监护人之侵权责任；但实践中多数情况为监护人因疏忽或完全无法预见的风险导致子女受到伤害，此时若动辄认定父母存在过失，构成对子女的侵权，甚至允许父母一方以代理人身份起诉另一方要求赔偿，则有违一般生活常识和家庭伦理道德。根据现有证据，结合事发时的家庭环境、陈某一人看护、秦某1的年龄等情况，不足以认定陈某存在故意或明显过失。因此陈某不构成特殊主体下的侵权法意义上的过错，不应承担侵权责任。故判决驳回秦某1的全部诉讼请求。

[①] 《北京市第三中级人民法院2021年度涉民生侵权纠纷典型案例通报》（2022年3月17日发布），二、秦某1与陈某健康权纠纷案，载北京市第三中级人民法院微信公众号，https://mp.weixin.qq.com/s/dF8cKtPG2DXb9EKpsuuwyQ，最后访问日期：2023年6月28日。

> **案例意义**
>
> 　　子女在父母或其他监护人看护下发生人身损害的意外情况十分常见。本案的焦点问题即为父母在履行监护职责过程中非因主观故意或重大过失造成子女自身损害是否应当承担侵权责任。对此，理论界和司法实践中存在不同的认识。判决中明确指出，非因主观故意或重大过失造成子女自身损害不宜认定父母对子女承担侵权责任；反之，如果动辄将子女的伤害归结为父母因未尽到注意义务而定性为父母对子女的侵权行为，有违社会伦理道德和公序良俗原则，亦与社会主义核心价值观、中华民族传统优良家风不符。本案的处理充分发挥了司法裁判在社会治理中的规则引领和价值导向作用，对维护家庭和睦和社会稳定具有促进作用。

004. 幼儿在游乐场受伤，监护人与经营者按过错程度承担责任[①]

案情简介： 2022年2月16日，原告张某（事发时2岁10个月）进入被告某公司开设的游乐园游玩，在海洋球池玩耍时摔伤，后经医院诊断为右胫骨骨折。原告认为，游乐园海洋球池内有硬质积木玩具，池内部分海洋球干瘪、破裂且数量过少，无法对孩童起到缓冲作用；游乐园管理人未尽到危险提示、预防和消除义务，事故发生后也未尽到救助义务，被告作为经营者应承担本次事故的直接责任。被告某公司认为，游乐设备产品质量达标合规且有定期维护，游乐场明确告知未成年人入园游玩时的监护职责由监护人自行承担，事故发生时，原告监护人向某在一旁接打电话，对张某的游玩状态放任不管、疏于监护管理，是导致事故发生的根本原因，被告无需承担赔偿责

[①] 《江西法院2023年未成年人权益保护典型案例》（2023年5月31日发布），九、张某诉某游乐园有限公司生命权、身体权、健康权纠纷案——幼儿在游乐场受伤，监护人与经营者按过错程度承担责任，载江西法院微信公众号，https://mp.weixin.qq.com/s/g2DCUpFH5sZmYNaB4aKXnQ，最后访问日期：2023年6月28日。

任。原告诉至法院，请求依法判决被告承担赔偿责任。

裁判结果： 人民法院经审理认为，被告某公司作为游乐场的经营者，负有为游客提供符合安全标准的游乐设施以及保障游客人身安全的义务。被告某公司虽在海洋池中采取了铺设软性地垫等安全保障措施，但仍存在海洋球数量过少且部分破损干瘪，以及海洋池内遗留部分硬质积木玩具等不利于儿童人身安全的因素，足以对游玩儿童构成潜在安全风险，客观上造成了张某身体受伤。被告公司未能尽到足够的安全注意和保障义务，主观上存在过错，且与张某受伤存在直接因果关系，故应对张某受伤承担赔偿责任。向某作为张某的法定监护人，未能依照游乐园的游园注意事项及游园告知履行监护职责，在接打电话期间没有及时注意和制止张某的危险行为，也是造成张某受伤的原因之一，故也应承担相应的责任。根据当事人各自过错程度，判决由被告某公司承担60%、原告张某自负40%的民事责任。

典型意义

游乐场作为最受孩子欢迎的场所之一，也是各种伤害事件的高发地。经营者和家长都应该提高安全防范意识，依法履行各自的安全保障义务和监护责任。家长应当认真阅读游玩注意事项和安全说明，根据孩子的情况选择适当的游乐场设备，同时尽到监护人义务，确保孩子一直在视线内，及时制止孩子的危险行为。儿童乐园的经营者应做好游乐设施器材的管护工作，工作人员应尽到必要的看护责任。未成年人在游玩过程中发生受伤事件的，按双方的过错程度承担相应的民事责任。

（三）裁判依据

《中华人民共和国民法典》

第二十六条 父母对未成年子女负有抚养、教育和保护的义务。

成年子女对父母负有赡养、扶助和保护的义务。

第二十七条 父母是未成年子女的监护人。

未成年人的父母已经死亡或者没有监护能力的，由下列有监护能力的人按顺序担任监护人：

（一）祖父母、外祖父母；

（二）兄、姐；

（三）其他愿意担任监护人的个人或者组织，但是须经未成年人住所地的居民委员会、村民委员会或者民政部门同意。

第二十八条 无民事行为能力或者限制民事行为能力的成年人，由下列有监护能力的人按顺序担任监护人：

（一）配偶；

（二）父母、子女；

（三）其他近亲属；

（四）其他愿意担任监护人的个人或者组织，但是须经被监护人住所地的居民委员会、村民委员会或者民政部门同意。

第二十九条 被监护人的父母担任监护人的，可以通过遗嘱指定监护人。

第三十条 依法具有监护资格的人之间可以协议确定监护人。协议确定监护人应当尊重被监护人的真实意愿。

第三十一条 对监护人的确定有争议的，由被监护人住所地的居民委员会、村民委员会或者民政部门指定监护人，有关当事人对指定不服的，可以向人民法院申请指定监护人；有关当事人也可以直接向人民法院申请指定监护人。

居民委员会、村民委员会、民政部门或者人民法院应当尊重被监护人的真实意愿，按照最有利于被监护人的原则在依法具有监护资格的人中指定监护人。

依据本条第一款规定指定监护人前，被监护人的人身权利、财产权利以及其他合法权益处于无人保护状态的，由被监护人住所地的居民委员会、村民委员会、法律规定的有关组织或者民政部门担任临时监护人。

监护人被指定后，不得擅自变更；擅自变更的，不免除被指定的监护人的责任。

第三十二条 没有依法具有监护资格的人的，监护人由民政部门担任，也可以由具备履行监护职责条件的被监护人住所地的居民委员会、村民委员会担任。

第三十三条 具有完全民事行为能力的成年人，可以与其近亲属、其他愿意担任监护人的个人或者组织事先协商，以书面形式确定自己的监护人，在自己丧失或者部分丧失民事行为能力时，由该监护人履行监护职责。

第三十四条 监护人的职责是代理被监护人实施民事法律行为，保护被监护人的人身权利、财产权利以及其他合法权益等。

监护人依法履行监护职责产生的权利，受法律保护。

监护人不履行监护职责或者侵害被监护人合法权益的，应当承担法律责任。

因发生突发事件等紧急情况，监护人暂时无法履行监护职责，被监护人的生活处于无人照料状态的，被监护人住所地的居民委员会、村民委员会或者民政部门应当为被监护人安排必要的临时生活照料措施。

第三十五条 监护人应当按照最有利于被监护人的原则履行监护职责。监护人除为维护被监护人利益外，不得处分被监护人的财产。

未成年人的监护人履行监护职责，在作出与被监护人利益有关的决定时，应当根据被监护人的年龄和智力状况，尊重被监护人的真实意愿。

成年人的监护人履行监护职责，应当最大程度地尊重被监护人的真实意愿，保障并协助被监护人实施与其智力、精神健康状况相适应的民事法律行为。对被监护人有能力独立处理的事务，监护人不得干涉。

第三十六条 监护人有下列情形之一的，人民法院根据有关个人或者组织的申请，撤销其监护人资格，安排必要的临时监护措施，并按照最有利于被监护人的原则依法指定监护人：

（一）实施严重损害被监护人身心健康的行为；

（二）怠于履行监护职责，或者无法履行监护职责且拒绝将监护职责部分或者全部委托给他人，导致被监护人处于危困状态；

（三）实施严重侵害被监护人合法权益的其他行为。

本条规定的有关个人、组织包括：其他依法具有监护资格的人，居民委员会、村民委员会、学校、医疗机构、妇女联合会、残疾人联合会、未成年人保护组织、依法设立的老年人组织、民政部门等。

前款规定的个人和民政部门以外的组织未及时向人民法院申请撤销监护人资格的，民政部门应当向人民法院申请。

第三十七条　依法负担被监护人抚养费、赡养费、扶养费的父母、子女、配偶等，被人民法院撤销监护人资格后，应当继续履行负担的义务。

第三十八条　被监护人的父母或者子女被人民法院撤销监护人资格后，除对被监护人实施故意犯罪的外，确有悔改表现的，经其申请，人民法院可以在尊重被监护人真实意愿的前提下，视情况恢复其监护人资格，人民法院指定的监护人与被监护人的监护关系同时终止。

第三十九条　有下列情形之一的，监护关系终止：

（一）被监护人取得或者恢复完全民事行为能力；

（二）监护人丧失监护能力；

（三）被监护人或者监护人死亡；

（四）人民法院认定监护关系终止的其他情形。

监护关系终止后，被监护人仍然需要监护的，应当依法另行确定监护人。

第一千一百八十八条　无民事行为能力人、限制民事行为能力人造成他人损害的，由监护人承担侵权责任。监护人尽到监护职责的，可以减轻其侵权责任。

有财产的无民事行为能力人、限制民事行为能力人造成他人损害的，从本人财产中支付赔偿费用；不足部分，由监护人赔偿。

第一千一百八十九条 无民事行为能力人、限制民事行为能力人造成他人损害，监护人将监护职责委托给他人的，监护人应当承担侵权责任；受托人有过错的，承担相应的责任。

二、用人单位责任纠纷

（一）地方法院典型案例

005. 员工过失抛物致人伤残，用人单位承担连带赔偿责任[①]

基本案情：陈某强是阳山县某手袋厂（以下简称手袋厂）的实际经营者，其租用阳山县和平旅馆的一楼和四楼作为手袋厂的工作场地。2018年1月9日，黄某燕在手袋厂四楼上班，期间将一捆半成品的手袋从四楼楼梯间直接抛下一楼楼梯口，砸到和平旅馆旅客朱某明的颈部，朱某明当场昏倒在地。朱某明受伤后，随即被送往医院治疗。经鉴定，朱某明四肢瘫痪，构成一级伤残。朱某明诉至法院，要求手袋厂、陈某强及黄海燕承担连带赔偿责任。

裁判结果：阳山县人民法院经审理认为，黄某燕因疏忽大意在四楼抛下半成品手袋导致朱某明受伤，二者之间具有直接因果关系。黄某燕作为手袋厂员工，受经营者陈某强的雇请在厂里从事手袋生产加工工作，将生产加工的半成品手袋从四楼运送至一楼是其工作内容，其通过抛运方式将半成品手袋从四楼运送至一楼，属于执行工作任务。手袋厂作为用人单位、陈某强作

[①] 《广东高院发布涉高空抛物、坠物十大典型案例》（2020年5月14日发布），六、朱某明诉阳山县某手袋厂等用人单位责任纠纷案——员工过失抛物致人伤残，用人单位承担连带赔偿责任，载广东省高级人民法院微信公众号，https://mp.weixin.qq.com/s/dlATLnVxc65ighJj_gf8TA，最后访问日期：2023年6月28日。

为手袋厂的实际经营者,应对朱某明的损失承担赔偿责任。2019年5月14日,阳山县人民法院判决手袋厂、陈某强连带赔偿71.5万元给朱某明。清远市中级人民法院二审维持原判。

> **典型意义**
>
> 根据法律关于"用人单位的工作人员因执行工作任务造成他人损害的,由用人单位承担侵权责任"的规定,黄某燕作为手袋厂的工作人员,其在抛运手袋过程中因疏忽大意导致他人受伤,用人单位及其实际经营者,应对他人损失承担赔偿责任。本案作为严厉打击高空抛物的典型案件,有力警醒、教育各单位和员工将高空抛物纳入"安全生产"范畴,绝不能为了"走捷径""图方便"而不顾生产安全,对高空抛物行为不得心存半点侥幸。

(二)裁判依据

《中华人民共和国民法典》

第一百二十条 民事权益受到侵害的,被侵权人有权请求侵权人承担侵权责任。

第一千一百九十一条第一款 用人单位的工作人员因执行工作任务造成他人损害的,由用人单位承担侵权责任。用人单位承担侵权责任后,可以向有故意或者重大过失的工作人员追偿。

三、提供劳务者受害责任纠纷

（一）最高人民法院公报案例及典型案例

006. 建筑施工企业已为从事危险工作的职工办理意外伤害保险的，并不因此免除企业为职工缴纳工伤保险费的法定义务[①]

范仲兴、俞兰萍、高娟诉上海祥龙虞吉建设发展有限公司、黄正兵提供劳务者受害责任纠纷案

> **裁判摘要**
>
> 根据《中华人民共和国建筑法》第四十八条规定，为职工参加工伤保险缴纳工伤保险费系建筑施工企业必须履行的法定义务，为从事危险作业的职工办理意外伤害保险并支付保险费系倡导性要求。建筑施工企业已为从事危险工作的职工办理意外伤害保险的，并不因此免除企业为职工缴纳工伤保险费的法定义务。根据《中华人民共和国保险法》第三十九条规定，投保人为与其有劳动关系的劳动者投保人身保险，不得指定被保险人及其近亲属以外的人为受益人。建筑施工企业作为投保人为劳动者投保团体意外伤害险，该保险的受益人只能是劳动者或其近亲属。劳动者在工作

[①] 参见《最高人民法院公报》2021年第10期。

> 中发生人身伤亡事故，建筑施工企业或实际施工人以投保人身份主张在赔偿款中扣除意外伤害保险金，变相成为该保险受益人的，有违立法目的，依法不予支持。

原告：范仲兴。

原告：俞兰萍。

原告：高娟。

被告：上海祥龙虞吉建设发展有限公司，住所地：上海市天钥桥南路。

法定代表人：谢连明，该公司执行董事。

被告：黄正兵。

原告范仲兴、俞兰萍、高娟因与被告上海祥龙虞吉建设发展有限公司（以下简称祥龙公司）、黄正兵发生提供劳务者受害责任纠纷，向江苏省启东市人民法院提起诉讼。

原告范仲兴、俞兰萍、高娟诉称： 2018年2月，被告祥龙公司承包江苏沃地生物科技有限公司位于启东市高新技术产业开发区海州路的办公楼、车间建设工程后，将工程分包给被告黄正兵，范洪昌（死者）为木工受雇于黄正兵。2018年10月3日下午四时，范洪昌在工地上施工时被一根方料砸在头上，安全帽被砸碎，导致头部受伤，两被告在范洪昌受伤后未及时将其送至医疗机构接受检查和治疗。2018年10月6日中午，范洪昌因出现头昏现象加重，在妻子陪同下骑电瓶车至医院求医过程中摔倒，急诊送至启东市人民医院时处于深度昏迷，范洪昌因抢救无效于次日死亡。2018年10月9日，启东市公安局委托苏州同济司法鉴定所对范洪昌死亡原因进行鉴定，该所于2018年12月18日出具鉴定意见书，认定范洪昌死因为重型颅脑外伤及胸部外伤，颅脑外伤是导致死亡发生的主要原因，胸部外伤为死亡发生的次要原因。原告认为，范洪昌与黄正兵之间存在雇佣关系，雇员在从事雇佣活动中因安全事故死亡，雇主应承担赔偿责任，祥龙公司明知黄正兵没有相应资质，将工程进行发包，依法应承担连带责任，原告为维护自身合法权益，依据法律规定，特诉至法院，请求依法判决：1. 判令祥龙公司、黄正兵共同赔偿范仲兴、俞兰萍、高娟医疗费、死亡赔偿金、丧葬费、被扶养人生活费、尸体保管费（截止至2019年6月3日）等各项损失共计1065987.73元；2. 判令祥龙公司、黄正兵自2019年6月4日起至判决生效之日起按照100元/天的标准支付尸体保管费；3. 诉讼费用由祥龙公司、黄正兵承担。

被告祥龙公司、黄正兵辩称：鉴定机构并未搞清坠物为何物便盲目进行鉴定，不仅有悖司法鉴定的相关规定，亦影响对范洪昌死因的分析和认定；范洪昌在工地上被坠物砸到头部后的两三天内均到工地正常上班，未有任何不适的感觉和反应；司法鉴定并未对前后两次致伤对范洪昌死亡的责任进行明确的区分和认定，有违司法鉴定的程序规定，故苏州同济司法鉴定所出具的鉴定意见书不能作为原告要求被告赔偿责任的依据，请求法院对范洪昌的死因及前后两次致伤的责任划分进行重新鉴定。从现有的证据看，范洪昌死亡的原因只能是单车交通事故，单车事故当天上午他还在工地干活，范洪昌平时喜欢喝酒，从单车事故现场来看其车速很快。退一步讲，即使范洪昌死因与其在工地上受坠物砸伤存在因果关系，那也是次要的，主要的原因应是单车事故造成的多发伤。

启东市人民法院一审查明：

自2018年2月份至10月份，范洪昌受雇于被告黄正兵，工资为180元/天。2018年10月3日下午，范洪昌在江苏沃地生物科技有限公司位于启东市高新技术产业开发区海州路的办公楼、车间建设工程中工作时被坠落的方料砸到头部。2018年10月6日，范洪昌骑电瓶车发生单车交通事故，后因抢救无效，于次日死亡。2018年10月9日，启东市公安局交通警察大队事故调处中队委托苏州同济司法鉴定所对范洪昌死亡原因进行法医学鉴定，该所于2018年12月18日出具的鉴定意见载明：范洪昌的死因是重型颅脑外伤及胸部外伤，颅脑外伤是导致死亡的主要原因，胸部外伤为死亡发生的次要原因；

关于致伤方式及两次外伤在范洪昌死亡发生中的作用，摔跌作用不能引起头颅崩裂、轻度变形，摔跌作用不足以解释全部的胸部外伤，即头颅损伤和右胸背部损伤考虑系第一次外伤砸击所致，但在头颅和胸部已有外伤的基础上，身体摔跌致使面部、胸部受力完全能够加剧前述头颅和胸部已有的外伤，这可能正是范洪昌单车事故发生后深度昏迷、自主呼吸弱等的病理学基础。

另查明，被告祥龙公司为范洪昌在中国人寿保险股份有限公司投保了团体意外伤害保险，事故发生后，原告范仲兴、俞兰萍、高娟已获赔保险金10万元。

还查明，被告祥龙公司承建江苏沃地生物科技有限公司位于启东市高新技术产业开发区海州路的办公楼、车间工程，并提供案涉工程用的脚手架、方料等材料。被告黄正兵自祥龙公司处承接木工劳务，黄正兵并无相应施工资质；范洪昌父亲范仲兴于1933年1月13日出生，其父另有两女高彩萍、高彩芹。

启东市人民法院一审认为：

公民的生命健康权受法律保护。根据法律规定，个人之间形成劳务关系，提供劳务一方因劳务自己受到损害的，根据双方各自的过错承担相应的责任，本案争议焦点为各方当事人在本次事故中过错问题。根据《中华人民共和国侵权责任法》①相关规定，死者范洪昌在提供劳务中受伤，应当由接受劳务方与提供劳务者根据双方各自过错承担责任。本案中，范洪昌在工作时被坠落的方料砸中头部，造成头颅损伤和右胸背部损伤，单车事故中身体的再次摔跌加剧了之前的伤情，进而导致死亡，鉴定意见亦表明颅脑外伤是导致死亡的主要原因，胸部外伤为死亡的次要原因，故范洪昌对本起事故的发生自身存在过错；被告黄正兵作为接受劳务的一方，对范洪昌在提供劳务过程中所遭受的损害亦应当承担相应的赔偿责任。被告祥龙公司将案涉木工劳务发包给不具备相应施工资质的黄正兵，对现场疏于管理，未能提供安全的施工环境，对本起事故的发生存在过错，因此祥龙公司亦应承担相应的赔偿责任。

---

① 本书中适用的法律法规等条文均为案件裁判当时有效，下文不再对此进行提示。

一审法院综合各方过错程度,酌定由黄正兵负担损失中的50%、祥龙公司负担损失中的20%,其余损失由范仲兴、俞兰萍、高娟自行负担。苏州同济司法鉴定所是具有相应鉴定资质的机构,其出具的鉴定意见可作为范仲兴、俞兰萍、高娟主张相关损失的依据,该鉴定意见就两次事故在范洪昌死亡原因中的作用已作了解释和说明,祥龙公司、黄正兵并未提交任何证据证明该鉴定符合重新启动的情形,故祥龙公司、黄正兵关于重新启动鉴定的申请,不予准许。

关于损失的认定。原告范仲兴、俞兰萍、高娟主张的医疗费16443.7元,因有相应的医疗费票据、用药明细等予以佐证,一审法院予以确认;范仲兴、俞兰萍、高娟主张的住院伙食补助费36元(18元/天×2天)、护理费396元(2天×99元/天×2人)、误工费360元(180元/天×2天)、被扶养人生活费46210元(27726元×5年÷3人),于法有据,一审法院照准;范仲兴、俞兰萍、高娟主张的丧葬费36342元,符合法律规定,予以支持;范仲兴、俞兰萍、高娟主张的尸体保管费,因该项支出属丧葬费范畴,范仲兴、俞兰萍、高娟在其主张的丧葬费获得支持的情况下再行主张该项费用,系重复主张,故对范仲兴、俞兰萍、高娟主张的尸体保管费用,不予支持;范仲兴、俞兰萍、高娟主张的死亡赔偿金896800元(47200元/年×19年),因范洪昌生前以非农收入为其生活主要来源,原告按照城镇标准计算死亡赔偿金,有相应的事实和法律依据,予以支持;范仲兴、俞兰萍、高娟主张的受害人亲属为处理事故、办理丧葬事宜而支出的交通费、住宿费、误工损失等,酌定3000元。以上范仲兴、俞兰萍、高娟的各项损失合计为999587.7元,扣除祥龙公司为范洪昌投保团体意外伤害保险而获赔的保险金10万元,范仲兴、俞兰萍、高娟的实际损失为899587.7元。由黄正兵负担其中的50%,即为449793.85元,祥龙公司负担其中的20%,即为179917.54元,其余损失由范仲兴、俞兰萍、高娟自行负担。关于范仲兴、俞兰萍、高娟主张的精神损害抚慰金,因范洪昌的死亡给范仲兴、俞兰萍、高娟造成较为严重的精神损害,结合双方的过错程度，从彰显法律正义的本意和有利于公序良俗的形成角度，酌定范仲兴、俞兰萍、高娟的精神损害抚慰金为 30000 元，由黄正兵赔偿 20000 元，由祥龙公司赔偿 10000 元。

据此，启东市人民法院依照《中华人民共和国侵权责任法》第十六条、第二十二条、第二十六条、第三十五条，《最高人民法院关于审理人身损害赔偿案件适用法律若干问题的解释》第十条、第十七条、第十八条规定，于 2019 年 6 月 27 日作出判决：

一、被告黄正兵于判决发生法律效力之日起十日内赔偿原告范仲兴、俞兰萍、高娟各项损失合计 469793.85 元；

二、被告祥龙公司于判决发生法律效力之日起十日内赔偿原告范仲兴、俞兰萍、高娟各项损失合计 189917.54 元；

三、驳回原告范仲兴、俞兰萍、高娟其他诉讼请求。

范仲兴、俞兰萍、高娟不服一审判决，向南通市中级人民法院提起上诉称：1. 根据《最高人民法院关于审理人身损害赔偿案件适用法律若干问题的解释》第十一条第二款的规定，祥龙公司和黄正兵应当承担连带赔偿责任。2. 祥龙公司和黄正兵应当对上诉人的全部损失承担赔偿责任，范洪昌在本起事故中没有任何责任。3. 上诉人获赔的 10 万元团体意外伤害保险金不应当扣除，根据《中华人民共和国保险法》第四十六条规定，被保险人遭受人身损害后，可以获得两种不同性质的赔偿。4. 上诉人基于诉讼额外支付的尸体保管费，已经超出法律规定的丧葬费范畴，应当由祥龙公司、黄正兵承担。综上，一审判决认定事实有误，请求二审法院撤销一审判决，依法改判。

被上诉人祥龙公司、黄正兵辩称：1. 根据《中华人民共和国侵权责任法》第三十五条规定，一审法院认定祥龙公司承担 20% 责任正确。2. 在本案中，范洪昌确实因为工地上的方料导致其受伤，但其死亡的原因还有交通事故，所以一审法院认定范洪昌承担 30% 的责任有事实依据。3. 10 万元的团体意外险是雇主黄正兵为范洪昌投保的，保险费也是黄正兵缴纳，该保险的获益人应当是黄正兵。4. 尸体保管费属于丧葬费范畴，本案已经计算了丧葬费。综上，一审法院认定事实清楚，适用法律正确，应当维持原判。

南通市中级人民法院经二审，确认了一审查明的事实。

二审中，上诉人范仲兴、俞兰萍、高娟提交两组证据：中国人寿保险股份有限公司南通市分公司的团体意外险保单和尸体保管费、运输费发票，拟证明：1. 投保人为祥龙公司而非黄正兵，被保险人为范洪昌；2. 尸体保管费、运输费应当由祥龙公司、黄正兵负担。祥龙公司、黄正兵质证认为，对该保单信息的真实性予以认可，该保单证明意外伤害保险费由祥龙公司负担，祥龙公司应为受益人。尸体保管费、运输费属于丧葬费范畴，不应另行计算。祥龙公司、黄正兵向法院提交为其他人投保的工伤保险、意外伤害保险单，并提交一组证人证言，拟证明祥龙公司没有投保意外伤害保险的法定义务，其为员工投保意外伤害保险、工伤保险的费用均由祥龙公司负担，并未在员工工资中予以扣除。范仲兴、俞兰萍、高娟质证认为，对工伤保险、意外伤害保险单的真实性予以确认，但与本案无关联性，对其余证据的真实性、关联性不予确认。法院认证认为，对范洪昌的意外伤害保险单、尸体保管费、运输费发票的真实性予以确认；祥龙公司、黄正兵提供的证人证言仅为书面证言，真实性不予确认；对其他证据的关联性不予确认。

南通市中级人民法院二审认为：

本案二审的争议焦点为：一、被上诉人祥龙公司与被上诉人黄正兵是否应当承担连带赔偿责任；二、案涉10万元意外伤害保险金是否应当在祥龙公司、黄正兵的赔偿数额中予以扣除；三、本案责任比例的认定是否正确；四、尸体保管费、运输费是否属于丧葬费范畴。

关于争议焦点一，被上诉人祥龙公司应当与被上诉人黄正兵承担连带赔偿责任。

《最高人民法院关于审理人身损害赔偿案件适用法律若干问题的解释》第十一条第二款规定，雇员在从事雇佣活动中因安全生产事故遭受人身损害，发包人、分包人知道或者应当知道接受发包或者分包业务的雇主没有相应资质或者安全生产条件的，应当与雇主承担连带赔偿责任。被上诉人祥龙公司将工程分包给不具备施工资质的被上诉人黄正兵，受害人范洪昌在施工过程中受伤后死亡，对该人身损害，祥龙公司应当与实际施工人黄正兵承担连带赔偿责任。

关于争议焦点二，被上诉人祥龙公司、黄正兵无权主张在赔偿款中扣除10万元意外伤害保险金。

首先，《中华人民共和国建筑法》第四十八条规定，建筑施工企业应当依法为职工参加工伤保险缴纳工伤保险费。鼓励企业为从事危险作业的职工办理意外伤害保险，支付保险费。即为职工缴纳工伤保险系建筑施工企业的法定义务，而为从事危险工作的职工办理意外伤害保险为倡导性规定，不具有强制性。法律鼓励施工企业为从事危险工作的职工办理意外伤害保险的目的在于为职工提供更多的保障，但并不免除施工企业为职工缴纳工伤保险的法定义务，如施工企业可以通过为职工办理意外伤害保险获赔的保险金抵销其对员工的赔偿责任，则相当于施工企业可以通过为职工办理意外伤害保险而免除缴纳工伤保险的法定义务，显然与该条的立法目的相违背。

其次，从意外伤害险的属性分析。团体意外伤害保险并非雇主责任险，该人身保险的受益人一般为被保险人或其指定的人。《中华人民共和国保险法》第三十九条规定，人身保险的受益人由被保险人或者投保人指定。投保人指定受益人时须经被保险人同意。投保人为与其有劳动关系的劳动者投保人身保险，不得指定被保险人及其近亲属以外的人为受益人。该条的立法本意在于，雇主和劳动者通常处于不平等状态，雇主在为劳动者投保意外伤害险时，可能会利用自身的强势地位将受益人指定为雇主，该行为势必会损害处于弱势地位的劳动者合法权益，故该条明确雇主为劳动者投保人身保险时，受益人只能是被保险人及其近亲属。如施工单位或雇主为员工投保意外伤害险后可以直接在赔偿款中扣除该保险金，施工单位或雇主即成为实质意义上的受益人,有违本条立法本旨。本案中,被上诉人祥龙公司作为投保人为范洪昌购买团体意外险,该人身保险的受益人为范洪昌,范洪昌死亡后,其继承人有权继承该意外伤害保险金。即便祥龙公司为范洪昌投保意外伤害险的主观目的在于减轻自己的赔偿责任,但意外伤害险系人身险而非责任财产险,祥龙公司或被上诉人黄正兵如要减轻用工风险,应当依法为范洪昌缴纳工伤保险或购买雇主责任险,而非通过办理团体人身意外伤害险的方式替代强制性保险的投保义务。

最后,意外伤害保险的被保险人有权获得双重赔偿。《中华人民共和国保险法》第四十六条规定,被保险人因第三者的行为而发生死亡、伤残或者疾病等保险事故的,保险人向被保险人或者受益人给付保险金后,不享有向第三者追偿的权利,但被保险人或者受益人仍有权向第三者请求赔偿。根据该条规定,由于被保险人的生命、健康遭到损害,其损失无法用金钱衡量或弥补,被保险人或受益人可获得双重赔偿,此时不适用财产保险中的损失填补原则。本案中,范洪昌在为被上诉人黄正兵提供劳务的过程中受伤后死亡,其继承人有权依据意外伤害保险向保险公司主张保险金,也有权请求范洪昌的雇主黄正兵承担雇主赔偿责任。但保险公司给付保险金后,不享有向雇主黄正兵的追偿权。换言之,人身意外伤害保险金和人身损害死亡赔偿金均归属于范洪昌的继承人所有,投保人祥龙公司不享有任何权益,雇主黄正兵更无权主张从赔偿款中扣除10万元的意外伤害保险金。

关于争议焦点三,本案中,司法鉴定意见书载明:"综上分析,范洪昌的死因是重型颅脑外伤及胸部外伤,颅脑外伤是导致死亡发生的主要原因,胸部外伤为死亡发生的次要原因。头颅损伤和右胸背部损伤考虑第一次外伤砸击所致,但在头颅和胸部已有外伤的基础上,身体摔跌致面部、胸部受力完全能够加剧前述头颅和胸部已有的外伤。"范洪昌在提供劳务过程中受伤后并未第一时间到医院检查,而是第二天继续上班,最终因骑车摔倒后送医院无法医治身亡,其怠于治疗并骑车摔倒对于死亡具有一定的原因力,一审法院据此酌定范洪昌承担30%的责任比例，并无不当。

关于争议焦点四，丧葬费系定型化赔偿项目，即不考虑为处理丧葬事宜所花费的具体数额，依据当地统一标准认定赔偿数额。尸体保管费、运输费均为处理丧葬过程中发生的费用。且本案中，受害人范洪昌于2018年10月7日死亡，同年10月9日启动鉴定程序，10月26日尸检后，于同年12月18日由苏州同济司法鉴定所出具《鉴定意见书》，死者家属直至2019年10月4日才予以处理，对于该部分费用系扩大的损失，即便超出丧葬费定型化赔偿的数额，也应由死者家属自行承担。

基于前述，上诉人范仲兴、俞兰萍、高娟因范洪昌死亡产生总的损失为999587.7元，被上诉人黄正兵承担70%的赔偿责任即699711.39元，精神损害抚慰金30000元，合计729711.39元；被上诉人祥龙公司对该部分损失承担连带赔偿责任。

综上，上诉人范仲兴、俞兰萍、高娟的上诉请求部分成立，对该部分予以支持。南通市中级人民法院依照《中华人民共和国民事诉讼法》第一百七十条第一款第二项规定，于2020年1月6日作出判决：

一、撤销江苏省启东市人民法院（2018）苏0681民初9482号民事判决；

二、黄正兵于本判决发生法律效力之日起十日内赔偿范仲兴、俞兰萍、高娟各项损失合计729711.39元；

三、上海祥龙虞吉建设发展有限公司对黄正兵的上述赔偿义务承担连带赔偿责任；

四、驳回范仲兴、俞兰萍、高娟的其他诉讼请求。

本判决为终审判决。

007. 如何区分雇佣关系和帮工关系[①]

朱永胜诉世平公司人身损害赔偿纠纷案

裁判摘要

根据《最高人民法院关于审理人身损害赔偿案件适用法律若干问题的解释》（以下简称《解释》）第十四条的规定，帮工关系是指帮工人无偿为被帮工人处理事务而在双方之间形成的法律关系。帮工人因帮工活动遭受人身损害的，被帮工人应当承担赔偿责任。

原告：朱永胜。

被告：安徽省东至县世平液化气有限责任公司，住所地：安徽省东至县尧渡镇。

法定代表人：周世平，该公司经理。

原告朱永胜因与被告东至县世平液化气有限责任公司（以下简称世平公司）发生人身损害赔偿纠纷，向安徽省东至县人民法院提起诉讼。

原告朱永胜诉称：原告系被告世平公司的雇工。2003年8月5日，世平公司客户钱月英家液化气打不着火，要求被告下属的土地局换气点派人前来维修。当时原告正在该换气点，听说此事后，便说该客户家的液化气罐是原告检测的。该换气点负责人沈革联当即说："你检测的，就应该由你去。"因此原告赶往客户钱月英家维修。在维修过程中不慎发生燃烧事故，致原告受伤，经鉴定为9级伤残。原告受被告雇请在工作中受伤，请求判令被告赔偿原告的医疗费、误工费、护理费、交通费、住宿费、住院伙食补助费、营养

[①] 参见《最高人民法院公报》2007年第5期。

费共计9717.90元，并赔偿原告伤残补助费17250.84元。

原告朱永胜提供以下证据：

1. 2001年7月1日核发的液化石油气换气点许可证和2002年7月24日核发的消防安全培训合格证。用以证明富邦换气点是被告世平公司设立的，原告参加了消防安全培训，系富邦换气点负责人。

2. 2003年8月6日沈革联作出的情况说明。用以证明原告去客户钱月英家维修是受其指派的，在此次维修中发生了燃烧事故。

3. 孙杰鑫、李茁、刘国大出具的证明二份。用以证明富邦换气点是世平公司的换气点，原告是世平公司的职工。

4. 杨金花、周平、邓凡琴、方庆出具的情况说明三份。用以证明钱月英系被告的客户，亦在此次液化气修理过程中被烧伤。

5. 公司设立登记审核表一份。用以证明被告有维修业务。

6. 录像带、录音带两盘。用以证明沈革联指派原告去钱月英家维修的事实，以及土地局换气点和尧粮门市部换气点的安全责任由被告承担。

7. 医药费收据二张及出院小结一份。用以证明原告因伤花去医药费5952.90元。

8. 池州市中级人民法院（2004）池民一终字第81号民事判决书、（2004）池法鉴字第95号司法技术鉴定书。用以证明钱月英在维修液化气过程中受伤，被告对此承担赔偿责任。同时证明原告的伤情构成9级伤残。

9. 东至县劳动争议仲裁委员会不予受理通知书一份。证明原告已申请仲裁，但未被仲裁机构受理。

被告世平公司辩称：原告朱永胜不是被告的职工，也不是被告雇员。另外，原告的医疗费未经审核，误工、赔偿标准计算不准确。

被告世平公司提供了如下证据：

1. 液化石油气换气点许可证一份。用以证明富邦换气点已于2002年年底停止经营。

2. 东至县建设局证明一份。用以证明富邦换气点负责人为李茁。

为查明事实，东至县人民法院调取以下材料：

1. 被告世平公司 2001 年 4 月至 2003 年 8 月工资发放花名册一份。证明原告朱永胜的姓名不在工资花名册上。

2. 东至县公安消防大队证明一份。证明原告于 2002 年 6 月 5 日以东至县富邦液化气换气点从业人员的身份报名参加培训。

经东至县人民法院组织质证，双方当事人对原告朱永胜提供的证据 5、7、8、9 及法院调取的证据 2 无异议，法院予以确认。对原告提供的证据 1，被告世平公司有异议，认为富邦换气点的许可证是 2001 年核发的，因 2002 年未参加年审，当年年底该换气点便已停业，且该换气点与被告订立的合同年限是一年，早已过期。对于原告于 2002 年以富邦换气点从业人员的名义报名参加培训一事，被告并不知晓。法院认为，鉴于双方当事人对法院调取的证据 2 无异议，故可以认定 2002 年 6 月 6 日朱永胜以世平公司富邦换气点从业人员的身份参加了池州市消防支队在东至县举办的从业人员培训班。富邦换气点因未参加年检、变更负责人亦未向主管部门申请批准等原因，于 2002 年年底停止经营。对原告提供的证据 2、6，被告有异议，认为沈革联无权指派、事实上也从未指派原告去钱月英家维修，沈革联当时仅仅是接原告的话随口说"是你检测的你就去"。法院认为，被告下属的土地局换气点设有维修业务，接到客户提出的维修请求后是否派人前去维修，作为该换气点的负责人，沈革联有权作出决定。原告在该换气点得知钱月英家液化气打不着火需要维修这一事实后，便称钱月英家的液化气瓶是他检测的。当时无其他维修人员在场，沈革联随即说"是你检测的你就去看看"。对于上述事实双方并无异议，因此对原告提供的这两份证据予以确认。对原告提供的证据 4，被告有异议，认为钱月英是原告个人的客户，并非被告的客户。法院认为，被告没有提供证据证明钱月英是原告个人的客户，同时该证据是几位证人出具的证明，且与其他证据互相印证，故予以采信。对原告提供的证据 3，被告有异议，认为该证据证明力不足，不能充分证明原告是被告的职工。法院认为，该证人证言不能充分证明原告是被告职工，原告也没有提供其他证据予以佐证。被告异议成立，对该证据不予采信。对法院调取的证据1，原告有异议，认为被告有可能对工资表作了变动处理。法院认为，该证据系法院依法取得，原告未能提供相反的证据来推翻该证据，故原告异议不成立。

东至县人民法院经审理查明：

2002年6月6日，原告朱永胜以被告世平公司下属富邦换气点从业人员的身份参加了池州市消防支队在东至县举办的液化气从业人员消防培训班。2002年年底，富邦换气点因未参加年检、变更负责人亦未向主管部门申请批准等原因而停止经营。此后，原告一直从事为客户接送液化气瓶等业务而获取报酬。2003年8月5日，原告在被告下属土地局换气点等候业务时，被告的客户钱月英来到该换气点，称其家液化气打不着火，要求派人维修。原告得知后便称该客户家的液化气瓶是他检测的，该换气点负责人沈革联当即表示："是你检测的，那你就去。"原告故前往该客户家进行维修。在维修中不慎发生燃烧事故，原告及钱月英均被烧伤。经鉴定原告伤情为9级伤残，原告因此花去药费5952.90元。

本案的争议焦点是：1. 原告朱永胜与被告世平公司之间是雇佣关系还是帮工关系；2. 被告应否对原告遭受的人身损害承担赔偿责任。

东至县人民法院认为：

关于原告朱永胜与被告世平公司之间是雇佣关系还是帮工关系的问题。首先，帮工关系是指帮工人无偿为他人处理事务从而与他人形成的法律关系。雇佣关系则是指根据当事人的约定，一方定期或不定期地为对方提供劳务，由对方给付报酬的法律关系。由此可见，帮工关系与雇佣关系存在明显不同。一方面，雇佣关系具有有偿性，帮工关系具有无偿性；另一方面，在雇佣关系中，被雇佣人是在特定的工作时间内、在雇佣人的监督和控制下进行劳务活动，而在帮工关系中，帮工人进行劳务活动时具有自主性。本案中，无任何证据证明原告系被告的职工。原告主要依靠为液化气客户接送气瓶获取劳动收入。案发前，原告在被告下属的土地局换气点等候个人业务，不是为被告提供劳务，被告既不向其支付报酬，也不对其进行控制、指挥和监督。原告称其与被告之间构成雇佣关系，但没有提供充分有力的证据予以证明，故不予认定。其次，原告与被告之间构成帮工关系。成立帮工关系是构成帮工风险责任的基础。本案原告与被告之间的帮工关系是基于特殊的要约承诺方式形成的。被告下属的土地局换气点设有维修业务，当有客户提出维修要求时，该换气点的负责人沈革联有权决定是否上门维修、由谁去维修。当时该换气点的维修人员不在现场，等候业务的原告听说后表示客户钱月英家的液化气瓶是他检测的，沈革联当即表示"是你检测的，那你就去"。原告遂前去钱月英家维修。原告提出客户钱月英家的液化气瓶是他检测的，这句话本身只是对客观事实的叙述，并没有明确表示原告要求负责上门维修，不属于具有帮工意愿的要约。但沈革联随后作出的让原告上门负责维修的表示，则是以请求原告为其处理事务为内容的要约。原告并非被告雇员，沈革联让原告去维修，实际上是请求原告帮工。原告随后前往客户家维修的行为，可以认定是以实际行动对该要约作出的承诺，且沈革联对于原告的承诺行为没有作出明确的拒绝。因此，原告与被告之间形成了帮工关系。

关于被告世平公司应否对原告朱永胜因帮工遭受的人身损害承担赔偿责任的问题。根据《解释》第十四条的规定，帮工人因帮工活动遭受人身损害的，被帮工人应当承担赔偿责任。被帮工人明确拒绝帮工的，不承担赔偿责任，但可以在受益范围内予以适当补偿。根据本案事实，原告确实是在为被告的客户进行维修的过程中，因发生液化气燃烧事故而受伤，即原告遭受人身损害与为被告帮工具有因果关系。因此，被告应当对原告因帮工遭受的人身损害承担赔偿责任。

关于被告世平公司承担赔偿责任的数额问题。根据《解释》第二条的规定，受害人对损害的发生或者扩大有故意、过失的，可以减轻或者免除赔偿义务人的赔偿责任。原告朱永胜在维修过程中，操作不当而引发了液化气燃烧事故，自身具有过失，可以减轻被告的赔偿责任。根据本案的案情，被告应承担的赔偿责任酌定为原告全部损失的50%，原告要求被告对其全部损失承担赔偿责任的请求不予支持。原告遭受的损失包含以下内容：1.医药费。根据原告提供证据7，医药费金额为5952.90元。被告虽然辩称该医疗费未审核，但质证时没有提供证据进行反驳，故予以确认。2.误工费。按每天50元计算7天，共350元。3.护理费。按每天7元计算20天，共140元。4.交通费50元。5.住院伙食补助费。按每人每天10元，以20天2人计算，共400元。6.营养费300元。7.伤残补助费8508元。以上费用合计15700.9元，被告应对此承担50%的赔偿责任，即应赔偿原告7850.45元。

综上，东至县人民法院依照《中华人民共和国民法通则》第一百一十九条、第一百三十一条、《最高人民法院关于审理人身损害赔偿案件适用法律若干问题的解释》第二条、第十四条之规定，于2005年7月21日判决如下：

一、被告世平公司赔偿原告朱永胜7850.45元；

二、驳回原告朱永胜其他诉讼请求。

一审宣判后，双方当事人均未上诉，一审判决发生法律效力。

（二）地方法院典型案例

008. 工程施工中应全面履行资格审查和安全保障义务[①]

基本案情： 某物业公司与某建筑公司签订《燃煤锅炉拆除合同》，约定由某建筑公司负责拆除3台燃煤锅炉，某建筑公司又将该工程转包给解某，解某委托杨某雇佣赵某等五人进行作业。作业中赵某因墙体突然倒塌，致右腿粉碎性骨折、动脉血管及神经断裂，住院48天。经司法鉴定，赵某右下膝

[①] 《渭南市中级人民法院发布涉养老诈骗等典型案例》（2022年9月13日发布），四、工程施工中应全面履行资格审查和安全保障义务——赵某诉某物业公司等提供劳务者受害责任纠纷案，载渭南中院微信公众号，https://mp.weixin.qq.com/s/Tg284cvtk6g13Ol5UTGIjQ，最后访问日期：2023年6月28日。

关节以上缺失，为六级伤残，需安装右大腿假肢，费用一次约需45500元，每4年更换一次，每年假肢维修费用为假肢款的5%。

裁判结果：法院认为，某物业公司与某建筑公司之间、某建筑公司与解某之间均系承揽合同关系。某建筑公司作为定作人疏于审查，将具有一定高危操作风险、行业标准较高、极易造成安全隐患的工作交付给不具有相应资质的承揽人解某，在选任承揽人上存在过失，亦未提供证据证明其对实际施工人进行过风险提示或采取相关措施避免风险，应承担相应的赔偿责任。赵某与解某之间形成雇佣法律关系，赵某在雇佣活动中受伤，解某作为雇主应承担赔偿责任。赵某具有完全民事行为能力，在作业中忽视自身安全，未能尽到合理的安全注意义务，应减轻赔偿义务人的责任。某物业公司没有过错，不承担责任；解某委托杨某雇人干活，杨某系受托人，不承担民事责任；樊某等人均系雇员，不承担民事责任，故判令由解某承担60%的责任，赔偿486236.77元；某建筑公司承担20%的责任，赔偿162078.92元；赵某自行承担20%的责任，即162078.92元。

典型意义

本案中，承揽人解某不具有高危工程施工的资质，未做好施工安全防范，对赔偿承担主要责任；定作人某建筑公司未审查解某的施工资质，承担次要责任；雇工赵某在作业中忽视自身安全，疏于防范，存在一定过错，承担次要责任。法院依法判决各自承担相应责任，体现出权责一致、平等保护的法律原则。需要特别提醒的是，承揽合同、建设工程施工合同中此类问题比较突出，也是导致发生事故承担赔偿责任争议较大的主要原因。在从事一些专业性强、具有一定危险的工程作业时，各方当事人应当厘清工程的性质，对企业资质、施工人员从业资质和施工操作规范、安全施工要求等要全面履行审查、安全提示及保障义务，防范事故的发生，否则将会付出相应的代价。

（三）裁判依据

《中华人民共和国民法典》

第一百二十条 民事权益受到侵害的，被侵权人有权请求侵权人承担侵权责任。

第一千一百七十三条 被侵权人对同一损害的发生或者扩大有过错的，可以减轻侵权人的责任。

第一千一百七十九条 侵害他人造成人身损害的，应当赔偿医疗费、护理费、交通费、营养费、住院伙食补助费等为治疗和康复支出的合理费用，以及因误工减少的收入。造成残疾的，还应当赔偿辅助器具费和残疾赔偿金；造成死亡的，还应当赔偿丧葬费和死亡赔偿金。

第一千一百八十三条 侵害自然人人身权益造成严重精神损害的，被侵权人有权请求精神损害赔偿。

因故意或者重大过失侵害自然人具有人身意义的特定物造成严重精神损害的，被侵权人有权请求精神损害赔偿。

第一千一百九十二条 个人之间形成劳务关系，提供劳务一方因劳务造成他人损害的，由接受劳务一方承担侵权责任。接受劳务一方承担侵权责任后，可以向有故意或者重大过失的提供劳务一方追偿。提供劳务一方因劳务受到损害的，根据双方各自的过错承担相应的责任。

提供劳务期间，因第三人的行为造成提供劳务一方损害的，提供劳务一方有权请求第三人承担侵权责任，也有权请求接受劳务一方给予补偿。接受劳务一方补偿后，可以向第三人追偿。

《最高人民法院关于审理人身损害赔偿案件适用法律若干问题的解释》

第四条 无偿提供劳务的帮工人，在从事帮工活动中致人损害的，被帮工人应当承担赔偿责任。被帮工人承担赔偿责任后向有故意或者重大过失的帮工人追偿的，人民法院应予支持。被帮工人明确拒绝帮工的，不承担赔偿责任。

四、网络侵权责任纠纷

（一）最高人民法院公报案例及典型案例

009. 给网购商品差评是否属于侮辱诽谤行为[①]

申翠华诉王铮韵网络侵权责任纠纷案

> **裁判摘要**
>
> 网络交易中买家基于货品本身与网店描述是否相符、卖家服务态度等综合因素对商家进行的评级、评论，虽具有一定的主观性，但只要不是出于恶意诋毁商业信誉的目的，买家给"差评"不属于侮辱诽谤行为。

原告：申翠华。

被告：王铮韵。

原告申翠华因与被告王铮韵发生网络侵权责任纠纷，向上海市黄浦区人民法院提起诉讼。

原告申翠华诉称： 原告于淘宝网开设思思美国正品代购店，被告王铮韵于 2014 年 11 月 1 日在原告开设的网店购买了一条 CLUBMONACO 品牌的摩登

[①] 参见《最高人民法院公报》2016 年第 12 期。

弹性超显瘦拼皮裤,被告在收到货品后以质疑货品是否正品的理由在淘宝网上对该货品给出差评。因该评论内容与事实严重不符,原告在对被告作出耐心解释后多次与被告联系要求其撤销差评,均被置之不理。且被告追加评论,赤裸裸地诋毁原告商誉。因该差评的存在,导致原告多笔交易被申请退货。故原告诉至法院要求:1. 判令被告撤销在原告淘宝网名为思思代购店网页上的两条差评,并公开书面道歉;2. 判令被告赔偿原告损失人民币7178.80元。

被告王铮韵辩称:不同意原告申翠华的诉讼请求。被告评价属实,原告也未证明其商业信誉受到影响。

上海市黄浦区人民法院一审查明:

原告申翠华于2009年2月24日在淘宝网注册成立名为"思思美国正品代购店"并设有支付宝账户,通过实名认证。2014年11月1日,被告王铮韵以昵称mikiimai_2009在"思思美国正品代购店"订购了一条CLUBMONACO品牌的摩登弹性超显瘦拼皮裤,在收到货品后,被告发表了买家评论并给出了差评。之后,双方为差评事宜产生了争议,被告又追加评论了自身感受。

另查明:在被告王铮韵给予差评之前,思思美国正品代购店亦存在差评。

审理中,原告申翠华表示被告王铮韵的行为类似于对商誉的侵害,还表示实际订单损失是否与被告差评之间有关联,原告难以把握,亦没有相关证据提供。

上海市黄浦区人民法院一审认为:

首先,被告王铮韵根据自身感受及事情经过在淘宝网上给予差评及追加评论,并未使用侮辱诽谤的方式;其次,原告申翠华也未提供证据来证明因被告的差评而导致原告的商誉受损的事实。综上,原告的诉讼请求,法院不予支持。

据此,上海市黄浦区人民法院依照《中华人民共和国民法通则》第一百零一条之规定,于2015年6月5日作出判决:

原告申翠华的诉讼请求,不予支持。

一审宣判后,申翠华不服,向上海市第二中级人民法院提起上诉称:被上诉人王铮韵侮辱诽谤行为明显存在。上诉人商业信誉受损或者说公众对上诉人的信赖下降显而易见。被上诉人的侵权行为本身就已经足以说明损害的存在,不需要提供任何其他证据。上诉人并未提出直接经济损失的索赔要求,因此未提交相应的证据,这与认定被上诉人是否侵权没有关系。综上,请求二审法院依法撤销一审判决并予以改判。

被上诉人王铮韵答辩称:不同意上诉人申翠华的上诉请求。请求二审驳回上诉,维持原判。

上海市第二中级人民法院经二审,确认了一审查明的事实。

上海市第二中级人民法院二审认为:

本案的争议焦点是:被上诉人王铮韵给予差评的行为及相关评论内容是否对上诉人申翠华经营的淘宝网店构成了网络侵权。

淘宝网设置买家评论功能的目的就是出于网络购物具有虚拟性的特征,希望通过买家网购后的真实体验评论在买卖双方之间构建一个信息对称的平台。本案中,被上诉人王铮韵作为买家有权在收到货品后凭借自己购物后的体验感受在上诉人申翠华的淘宝网店评论栏中选择是否给予差评,而买家在淘宝网上给出何种评级和评论往往系基于货品本身是否与网店描述相符、卖家服务态度等综合因素进行考量,且买家作出的相应评级和评论具有一定的主观性,但只要这种评级和评论不是基于主观恶意的目的,卖家则不能过分苛求每一个买家必须给予好评。

从上诉人申翠华提供的相关证据来看,被上诉人王铮韵给予差评的行为及相关评论内容并非系出于恶意诋毁商业信誉的目的。因此,从主观上来看,被上诉人的行为并非属于侮辱诽谤行为。故被上诉人给予差评的行为及相关评论内容并不构成网络侵权行为。

综上所述,一审法院认定事实清楚,判决并无不当。据此,上海市第二中级人民法院依照《中华人民共和国民事诉讼法》第一百七十条第一款第

（一）项之规定，于 2015 年 9 月 2 日作出判决：

驳回上诉，维持原判。

本判决为终审判决。

（二）地方法院典型案例

010. 算法推荐中平台运营商帮助侵权责任认定标准[①]

> **裁判要点**
>
> 采用 RSS 内容源接入同步技术和文本分类算法的网络平台运营商，应承担与其算法能力及平台内容管理模式相符的责任，对分发的内容采取符合其算法能力的预防侵权必要技术措施。

基本案情：加盐公司是《17 年前某公司全员隔离马某是怎么熬过来的?!》文章的著作权人。悠久公司在其运营的科普网转载前述文章后，该文章被 RSS 内容源接入同步技术接入至今日头条平台，该平台运用文本分类算法将前述文章发布于其"首页/科技"版块，字节公司是今日头条平台的运营商。加盐公司以字节公司、悠久公司侵害其信息网络传播权为由，向法院提起诉讼，诉请停止侵权、消除影响及赔偿损失。

裁判结果：广州知识产权法院生效判决认为：字节公司采用 RSS 内容源接入同步技术和文本分类算法来实现其所运营网络平台上用户内容的快速接入和版块分发，进行平台内容的类型化推荐，其具备采取必要预防措施的技术条件和信息管理能力。因此，字节公司对于今日头条平台上展现率高、阅

[①] 《广东法院数字经济知识产权保护典型案例（第一批）》（2023 年 4 月 25 日发布），五、加盐公司诉字节公司、悠久公司侵害信息网络传播权纠纷案，载广东法院网，https://www.gdcourts.gov.cn/gsxx/quanweifabu/anlihuicui/content/post_1151343.html，最后访问日期：2023 年 6 月 28 日。

读量大的文章，负有采取预防侵权必要技术措施的义务，如其未采取预防侵权的必要技术措施，则应根据其所提供网络服务的方式、管理信息能力、获利分配模式以及停止侵权措施等因素，确定其相应的帮助侵权责任。字节公司、悠久公司的行为使悠久公司未经许可所转载的涉案文章得以在今日头条平台发布，广州互联网法院一审判决字节公司、悠久公司赔偿加盐公司经济损失。广州知识产权法院二审判决驳回上诉，维持原判。

典型意义

使用内容源接入同步技术和文本分类算法等数字信息技术作为运营工具，已成为互联网内容平台的新业态。本案明晰了平台运营者帮助侵权责任认定的算法技术基础和法律依据，规范了数字技术在内容平台的应用，对强化网络资讯的著作权保护，护航数字经济健康发展具有积极意义。

011. 虚拟货币投资交易活动不符合法律规定，由此引发的损失自行承担[①]

基本案情：XIN 币为一种加密虚拟"货币"。2019 年 7 月，韦某等组成 A 团队、姜某等组成 B 团队、章某等组成 C 团队，共同投资 XIN 币获取收益，其中韦某等四人投入的 XIN 币是向散户募集所得，委托、募集行为均发生在中国境外。2020 年 3 月，章某将 C 团队保管的私钥删除，导致三团队投资的 XIN 币无法取出。韦某等诉请章某等赔偿 XIN 币丢失的经济损失 1190 万元。

裁判结果：广州互联网法院审理认为，XIN 币不具备法定货币的合法性，投资者通过境外募集获取 XIN 币并进行投资获取收益的投资交易行为，危害

[①] 《广东省高级人民法院发布 2021 年度全省法院涉互联网十大案例》（2022 年 2 月 22 日发布），十、韦某等与章某等网络侵害虚拟财产纠纷案，载广东省高级人民法院微信公众号，https://mp.weixin.qq.com/s/yxcmuw8r6OhXW8ymYHp8LA，最后访问日期：2023 年 6 月 28 日。

公共财产安全，扰乱社会经济秩序，损害社会公共利益，违背公序良俗，不受法律保护，由此引发的损失应自行承担，故驳回韦某等全部诉讼请求。

> **典型意义**
>
> 本案系虚拟货币典型案例。本案认定当事人之间进行的虚拟货币投资交易活动不符合相关规定而无效，由此引发的损失自行承担，亮明不法投融资活动不受法律保护的司法态度，明确损害法定货币地位的投融资行为不受法律保护，依法维护金融秩序稳定、保障经济财产安全、维护社会公共利益。

012. 限制民事行为能力人与其年龄、智力不相符的网络充值款项应当返还[①]

基本案情： 2021年1月，原告刘某之女黎某（11岁）看到某主播宣称免费赠送"迷你世界"皮肤后，按照其指示添加某QQ号以及QQ群。群成员的客服主动联系黎某，以视频通话方式欺诈引导，指导黎某使用刘某的微信账号进行扫码付款等操作。黎某使用其母的账号向两个ID扫码付款6次，共计支付15000元。该两个ID绑定主体分别为黄某、何某，案涉交易平台的运营主体为某文化传媒有限公司。经查，交易过程与游戏"迷你世界"并无关联。刘某诉至法院，要求判令何某、黄某、某文化传媒有限公司共同返还15000元。

裁判结果： 人民法院经审理认为，黎某在行为当时系限制民事行为能力

[①] 《四川法院未成年人司法保护典型案例（二）》（2023年6月25日发布），二、刘某诉何某、黄某、某文化传媒有限公司网络侵权责任纠纷案——限制民事行为能力人与其年龄、智力不相符的网络充值款项应当返还，载四川省高级人民法院网站，http://scfy.scssfw.gov.cn/article/detail/2023/06/id/7364230.shtml，最后访问日期：2023年6月28日。

人，经QQ账号"迷你领取客服D4"的引导，在原告不知情的情况下通过原告的微信账号代付了充值订单，实际充值款由该二账号获取。该二账号的所有人无法律根据获益，且其获益使原告遭受损失，应当予以返还，故判决被告何某和黄某返还其15000元。对于原告要求被告某文化传媒有限公司承担还款责任的诉请，缺乏事实和法律依据，依法不予支持。

典型意义

随着互联网经济爆发增长，大量具有货币充值、打赏、提现等交易功能的网络平台应运而生。由于未成年人判断力有限、网络安全意识薄弱，导致未成年人受到他人欺骗而进行大额网络游戏充值、打赏等现象频发。本案审理中，法院发现案涉平台存在注册账号时无需实名认证、当充值账号IP地址与订单账号IP地址不一致时仍可通过充值流程等程序漏洞。在判决作出后，通过向案涉平台公司发出"司法建议"的方式，提醒平台方应切实履行监管责任，在保护个人隐私基础上，利用技术手段提高未成年人用户识别能力，积极采取设置未成年人模式、加强钱款流动管理等方式，降低交易风险，织密保护网。案涉平台公司亦回函表示将采取必要措施，及时与支付宝、财付通公司对接开展支付的验证功能。该案例也提醒各位家长，应注重对孩子的有效陪伴，以身作则减少对网络游戏、视频等的过度依赖，引导孩子树立正确的消费观和价值观，培养积极健康的生活兴趣，可通过在未成年人使用的电子产品上设置青少年保护模式的方式，防止未成年人长时间沉迷网络，并妥善保管好个人手机和银行卡密码，避免为未成年人网络打赏、充值提供工具和条件。

013. 受害人是否可以通过向人民法院提出请求的方式，由人民法院责令网络服务者提供涉嫌侵权的网络用户姓名等信息[①]

基本案情：原告重庆大渡口某悦口腔门诊部（以下简称"某悦口腔门诊部"）系一家在重庆区域规模较大的口腔门诊，在业内具有良好的口碑。2017年8月，北京某网讯科技有限公司（以下简称"某网讯公司"）为了精准定位地理位置和商户信息，将原告门头及商户信息收录入其所有的某地图进行展示。用户在某地图软件搜索"某悦口腔门诊"，可通过导航到原告处就诊。2019年1月下旬开始，原告发现通过导航来门诊部就诊的客户明显减少，遂登录某地图搜索"某悦口腔门诊部"，发现原告店铺首页及商户相册均是带有丧葬用品的图片。原告认为某网讯公司应有义务对原告在某地图上的商户信息和形象进行维护，出现丧葬用品的图片是导致原告客户数量减少的直接原因。原告认为其权利受到损害，遂起诉至法院。

裁判结果：重庆市大渡口区人民法院在开庭审理过程中针对原告所提交的相关证据进行审查时发现，在某网讯公司所有的某地图APP上传或更改图片必须是经过实名认证的用户。经原告当庭要求，法院责令某网讯公司对实际侵权人予以披露，并通过披露的手机信息，依法调取了实际侵权人钱某的身份信息。某悦口腔门诊部以钱某系直接侵权人为由，申请追加钱某作为共同被告参加诉讼。2020年12月10日，钱某到庭应诉称因前往某悦口腔门诊部就诊时，诊所人员服务态度不好，导致其未就诊而离去，遂打开某地图APP找到该门诊部上传了丧葬用品图片进行泄愤。经与原、被告双方充分沟通后，法院主持双方进行了调解，由钱某上传道歉信图片至原告某悦口腔门诊部在某地图的商户相册或评论区，并给予原告相应的赔偿。

[①] 《重庆法院网络空间司法保障典型案例（第二批）》（2021年9月1日发布），四、重庆大渡口某悦口腔门诊部与北京某网讯科技有限公司、钱某网络侵权责任纠纷案，载重庆市高级人民法院微信公众号，https://mp.weixin.qq.com/s/ECn2GBRdf1aLG0Lqn9cY2w，最后访问日期：2023年6月28日。

> **典型意义**
>
> 　　本案是个人利用 APP 侵害企业网络侵权责任纠纷的典型案件。互联网侵权纠纷案件具有匿名性的特点，在起诉时往往很难找到实际侵权人，同时网络提供方对网络用户又具有保密义务，不能擅自提供涉嫌侵权的网络用户信息。要平衡两者之间的利益关系，原告可以通过向人民法院提出请求的方式，由人民法院责令网络服务者提供涉嫌侵权的网络用户姓名等信息。网络服务者拒不提供的，人民法院可以依据相关规定进行处罚。本案中，人民法院根据某悦口腔门诊部的申请，责令某网讯公司提供涉案侵权用户姓名等信息的方式，找到实际侵权人。通过人民法院主动释法说理促使双方最终达成调解，保障了当事人的合法权益，有效化解了矛盾纠纷。同时也教育了当事人网络空间并非法外之地，参与网络生活也必须依法而行。

（三）裁判依据

《中华人民共和国民法典》

　　第一百一十一条　自然人的个人信息受法律保护。任何组织或者个人需要获取他人个人信息的，应当依法取得并确保信息安全，不得非法收集、使用、加工、传输他人个人信息，不得非法买卖、提供或者公开他人个人信息。

　　第一百二十条　民事权益受到侵害的，被侵权人有权请求侵权人承担侵权责任。

　　第一千一百九十四条　网络用户、网络服务提供者利用网络侵害他人民事权益的，应当承担侵权责任。法律另有规定的，依照其规定。

　　第一千一百九十五条　网络用户利用网络服务实施侵权行为的，权利人有权通知网络服务提供者采取删除、屏蔽、断开链接等必要措施。通知应当包括构成侵权的初步证据及权利人的真实身份信息。

网络服务提供者接到通知后，应当及时将该通知转送相关网络用户，并根据构成侵权的初步证据和服务类型采取必要措施；未及时采取必要措施的，对损害的扩大部分与该网络用户承担连带责任。

权利人因错误通知造成网络用户或者网络服务提供者损害的，应当承担侵权责任。法律另有规定的，依照其规定。

第一千一百九十六条 网络用户接到转送的通知后，可以向网络服务提供者提交不存在侵权行为的声明。声明应当包括不存在侵权行为的初步证据及网络用户的真实身份信息。

网络服务提供者接到声明后，应当将该声明转送发出通知的权利人，并告知其可以向有关部门投诉或者向人民法院提起诉讼。网络服务提供者在转送声明到达权利人后的合理期限内，未收到权利人已经投诉或者提起诉讼通知的，应当及时终止所采取的措施。

第一千一百九十七条 网络服务提供者知道或者应当知道网络用户利用其网络服务侵害他人民事权益，未采取必要措施的，与该网络用户承担连带责任。

《中华人民共和国网络安全法》

第四十四条 任何个人和组织不得窃取或者以其他非法方式获取个人信息，不得非法出售或者非法向他人提供个人信息。

第四十五条 依法负有网络安全监督管理职责的部门及其工作人员，必须对在履行职责中知悉的个人信息、隐私和商业秘密严格保密，不得泄露、出售或者非法向他人提供。

第七十四条 违反本法规定，给他人造成损害的，依法承担民事责任。

违反本法规定，构成违反治安管理行为的，依法给予治安管理处罚；构成犯罪的，依法追究刑事责任。

第七十六条 本法下列用语的含义：

（一）网络，是指由计算机或者其他信息终端及相关设备组成的按照一定的规则和程序对信息进行收集、存储、传输、交换、处理的系统。

（二）网络安全，是指通过采取必要措施，防范对网络的攻击、侵入、干扰、破坏和非法使用以及意外事故，使网络处于稳定可靠运行的状态，以及保障网络数据的完整性、保密性、可用性的能力。

（三）网络运营者，是指网络的所有者、管理者和网络服务提供者。

（四）网络数据，是指通过网络收集、存储、传输、处理和产生的各种电子数据。

（五）个人信息，是指以电子或者其他方式记录的能够单独或者与其他信息结合识别自然人个人身份的各种信息，包括但不限于自然人的姓名、出生日期、身份证件号码、个人生物识别信息、住址、电话号码等。

《中华人民共和国涉外民事关系法律适用法》

第四十六条　通过网络或者采用其他方式侵害姓名权、肖像权、名誉权、隐私权等人格权的，适用被侵权人经常居所地法律。

《信息网络传播权保护条例》

第十三条　著作权行政管理部门为了查处侵犯信息网络传播权的行为，可以要求网络服务提供者提供涉嫌侵权的服务对象的姓名（名称）、联系方式、网络地址等资料。

第十四条　对提供信息存储空间或者提供搜索、链接服务的网络服务提供者，权利人认为其服务所涉及的作品、表演、录音录像制品，侵犯自己的信息网络传播权或者被删除、改变了自己的权利管理电子信息的，可以向该网络服务提供者提交书面通知，要求网络服务提供者删除该作品、表演、录音录像制品，或者断开与该作品、表演、录音录像制品的链接。通知书应当包含下列内容：

（一）权利人的姓名（名称）、联系方式和地址；

（二）要求删除或者断开链接的侵权作品、表演、录音录像制品的名称和网络地址；

（三）构成侵权的初步证明材料。

权利人应当对通知书的真实性负责。

第十五条 网络服务提供者接到权利人的通知书后，应当立即删除涉嫌侵权的作品、表演、录音录像制品，或者断开与涉嫌侵权的作品、表演、录音录像制品的链接，并同时将通知书转送提供作品、表演、录音录像制品的服务对象；服务对象网络地址不明、无法转送的，应当将通知书的内容同时在信息网络上公告。

第十六条 服务对象接到网络服务提供者转送的通知书后，认为其提供的作品、表演、录音录像制品未侵犯他人权利的，可以向网络服务提供者提交书面说明，要求恢复被删除的作品、表演、录音录像制品，或者恢复与被断开的作品、表演、录音录像制品的链接。书面说明应当包含下列内容：

（一）服务对象的姓名（名称）、联系方式和地址；

（二）要求恢复的作品、表演、录音录像制品的名称和网络地址；

（三）不构成侵权的初步证明材料。

服务对象应当对书面说明的真实性负责。

第十七条 网络服务提供者接到服务对象的书面说明后，应当立即恢复被删除的作品、表演、录音录像制品，或者可以恢复与被断开的作品、表演、录音录像制品的链接，同时将服务对象的书面说明转送权利人。权利人不得再通知网络服务提供者删除该作品、表演、录音录像制品，或者断开与该作品、表演、录音录像制品的链接。

第十九条 违反本条例规定，有下列行为之一的，由著作权行政管理部门予以警告，没收违法所得，没收主要用于避开、破坏技术措施的装置或者部件；情节严重的，可以没收主要用于提供网络服务的计算机等设备；非法经营额5万元以上的，可处非法经营额1倍以上5倍以下的罚款；没有非法经营额或者非法经营额5万元以下的，根据情节轻重，可处25万元以下的罚款；构成犯罪的，依法追究刑事责任：

（一）故意制造、进口或者向他人提供主要用于避开、破坏技术措施的装置或者部件，或者故意为他人避开或者破坏技术措施提供技术服务的；

（二）通过信息网络提供他人的作品、表演、录音录像制品，获得经济利益的；

（三）为扶助贫困通过信息网络向农村地区提供作品、表演、录音录像制品，未在提供前公告作品、表演、录音录像制品的名称和作者、表演者、录音录像制作者的姓名（名称）以及报酬标准的。

第二十条 网络服务提供者根据服务对象的指令提供网络自动接入服务，或者对服务对象提供的作品、表演、录音录像制品提供自动传输服务，并具备下列条件的，不承担赔偿责任：

（一）未选择并且未改变所传输的作品、表演、录音录像制品；

（二）向指定的服务对象提供该作品、表演、录音录像制品，并防止指定的服务对象以外的其他人获得。

第二十一条 网络服务提供者为提高网络传输效率，自动存储从其他网络服务提供者获得的作品、表演、录音录像制品，根据技术安排自动向服务对象提供，并具备下列条件的，不承担赔偿责任：

（一）未改变自动存储的作品、表演、录音录像制品；

（二）不影响提供作品、表演、录音录像制品的原网络服务提供者掌握服务对象获取该作品、表演、录音录像制品的情况；

（三）在原网络服务提供者修改、删除或者屏蔽该作品、表演、录音录像制品时，根据技术安排自动予以修改、删除或者屏蔽。

第二十二条 网络服务提供者为服务对象提供信息存储空间，供服务对象通过信息网络向公众提供作品、表演、录音录像制品，并具备下列条件的，不承担赔偿责任：

（一）明确标示该信息存储空间是为服务对象所提供，并公开网络服务提供者的名称、联系人、网络地址；

（二）未改变服务对象所提供的作品、表演、录音录像制品；

（三）不知道也没有合理的理由应当知道服务对象提供的作品、表演、录音录像制品侵权；

（四）未从服务对象提供作品、表演、录音录像制品中直接获得经济利益；

（五）在接到权利人的通知书后，根据本条例规定删除权利人认为侵权的作品、表演、录音录像制品。

第二十三条 网络服务提供者为服务对象提供搜索或者链接服务，在接到权利人的通知书后，根据本条例规定断开与侵权的作品、表演、录音录像制品的链接的，不承担赔偿责任；但是，明知或者应知所链接的作品、表演、录音录像制品侵权的，应当承担共同侵权责任。

第二十四条 因权利人的通知导致网络服务提供者错误删除作品、表演、录音录像制品，或者错误断开与作品、表演、录音录像制品的链接，给服务对象造成损失的，权利人应当承担赔偿责任。

《最高人民法院关于审理利用信息网络侵害人身权益民事纠纷案件适用法律若干问题的规定》

第一条 本规定所称的利用信息网络侵害人身权益民事纠纷案件，是指利用信息网络侵害他人姓名权、名称权、名誉权、荣誉权、肖像权、隐私权等人身权益引起的纠纷案件。

第二条 原告依据民法典第一千一百九十五条、第一千一百九十七条的规定起诉网络用户或者网络服务提供者的，人民法院应予受理。

原告仅起诉网络用户，网络用户请求追加涉嫌侵权的网络服务提供者为共同被告或者第三人的，人民法院应予准许。

原告仅起诉网络服务提供者，网络服务提供者请求追加可以确定的网络用户为共同被告或者第三人的，人民法院应予准许。

第三条 原告起诉网络服务提供者，网络服务提供者以涉嫌侵权的信息系网络用户发布为由抗辩的，人民法院可以根据原告的请求及案件的具体情况，责令网络服务提供者向人民法院提供能够确定涉嫌侵权的网络用户的姓名（名称）、联系方式、网络地址等信息。

网络服务提供者无正当理由拒不提供的，人民法院可以依据民事诉讼法第一百一十四条的规定对网络服务提供者采取处罚等措施。

原告根据网络服务提供者提供的信息请求追加网络用户为被告的，人民法院应予准许。

第四条 人民法院适用民法典第一千一百九十五条第二款的规定，认定网络服务提供者采取的删除、屏蔽、断开链接等必要措施是否及时，应当根据网络服务的类型和性质、有效通知的形式和准确程度、网络信息侵害权益的类型和程度等因素综合判断。

第五条 其发布的信息被采取删除、屏蔽、断开链接等措施的网络用户，主张网络服务提供者承担违约责任或者侵权责任，网络服务提供者以收到民法典第一千一百九十五条第一款规定的有效通知为由抗辩的，人民法院应予支持。

第六条 人民法院依据民法典第一千一百九十七条认定网络服务提供者是否"知道或者应当知道"，应当综合考虑下列因素：

（一）网络服务提供者是否以人工或者自动方式对侵权网络信息以推荐、排名、选择、编辑、整理、修改等方式作出处理；

（二）网络服务提供者应当具备的管理信息的能力，以及所提供服务的性质、方式及其引发侵权的可能性大小；

（三）该网络信息侵害人身权益的类型及明显程度；

（四）该网络信息的社会影响程度或者一定时间内的浏览量；

（五）网络服务提供者采取预防侵权措施的技术可能性及其是否采取了相应的合理措施；

（六）网络服务提供者是否针对同一网络用户的重复侵权行为或者同一侵权信息采取了相应的合理措施；

（七）与本案相关的其他因素。

第七条 人民法院认定网络用户或者网络服务提供者转载网络信息行为的过错及其程度，应当综合以下因素：

（一）转载主体所承担的与其性质、影响范围相适应的注意义务；

（二）所转载信息侵害他人人身权益的明显程度；

（三）对所转载信息是否作出实质性修改，是否添加或者修改文章标题，导致其与内容严重不符以及误导公众的可能性。

第八条 网络用户或者网络服务提供者采取诽谤、诋毁等手段，损害公众对经营主体的信赖，降低其产品或者服务的社会评价，经营主体请求网络用户或者网络服务提供者承担侵权责任的，人民法院应依法予以支持。

第九条 网络用户或者网络服务提供者，根据国家机关依职权制作的文书和公开实施的职权行为等信息来源所发布的信息，有下列情形之一，侵害他人人身权益，被侵权人请求侵权人承担侵权责任的，人民法院应予支持：

（一）网络用户或者网络服务提供者发布的信息与前述信息来源内容不符；

（二）网络用户或者网络服务提供者以添加侮辱性内容、诽谤性信息、不当标题或者通过增删信息、调整结构、改变顺序等方式致人误解；

（三）前述信息来源已被公开更正，但网络用户拒绝更正或者网络服务提供者不予更正；

（四）前述信息来源已被公开更正，网络用户或者网络服务提供者仍然发布更正之前的信息。

第十条 被侵权人与构成侵权的网络用户或者网络服务提供者达成一方支付报酬，另一方提供删除、屏蔽、断开链接等服务的协议，人民法院应认定为无效。

擅自篡改、删除、屏蔽特定网络信息或者以断开链接的方式阻止他人获取网络信息，发布该信息的网络用户或者网络服务提供者请求侵权人承担侵权责任的，人民法院应予支持。接受他人委托实施该行为的，委托人与受托人承担连带责任。

第十一条 网络用户或者网络服务提供者侵害他人人身权益，造成财产损失或者严重精神损害，被侵权人依据民法典第一千一百八十二条和第一千一百八十三条的规定，请求其承担赔偿责任的，人民法院应予支持。

第十二条 被侵权人为制止侵权行为所支付的合理开支，可以认定为民法典第一千一百八十二条规定的财产损失。合理开支包括被侵权人或者委托代理人对侵权行为进行调查、取证的合理费用。人民法院根据当事人的请求和具体案情,可以将符合国家有关部门规定的律师费用计算在赔偿范围内。

被侵权人因人身权益受侵害造成的财产损失以及侵权人因此获得的利益难以确定的,人民法院可以根据具体案情在50万元以下的范围内确定赔偿数额。

第十三条 本规定施行后人民法院正在审理的一审、二审案件适用本规定。

本规定施行前已经终审,本规定施行后当事人申请再审或者按照审判监督程序决定再审的案件,不适用本规定。

五、违反安全保障义务责任纠纷

（一）最高人民法院指导案例

014. 擅自进入禁止公众进入的水利工程设施，发生伤亡事故，水利工程设施的管理人和所有人是否承担赔偿责任[①]

支某1等诉北京市永定河管理处生命权、健康权、身体权纠纷案

（最高人民法院审判委员会讨论通过　2020年10月9日发布）

关键词：民事/生命权纠纷/公共场所/安全保障义务

裁判要点

消力池属于禁止公众进入的水利工程设施，不属于侵权责任法第三十七条第一款规定的"公共场所"。消力池的管理人和所有人采取了合理的安全提示和防护措施，完全民事行为能力人擅自进入造成自身损害，请求管理人和所有人承担赔偿责任的，人民法院不予支持。

相关法条

《中华人民共和国侵权责任法》第三十七条第一款

[①] 最高人民法院指导案例141号。

五、违反安全保障义务责任纠纷

基本案情：2017年1月16日，北京市公安局丰台分局卢沟桥派出所接李某某110报警，称支某3外出遛狗未归，怀疑支某3掉在冰里了。接警后该所民警赶到现场开展查找工作，于当晚在永定河拦河闸自西向东第二闸门前消力池内发现一男子死亡，经家属确认为支某3。发现死者时永定河拦河闸南侧消力池内池水表面结冰，冰面高度与消力池池壁边缘基本持平，消力池外河道无水。北京市公安局丰台分局于2017年1月20日出具关于支某3死亡的调查结论（丰公治亡查字〔2017〕第021号），主要内容为：经过（现场勘察、法医鉴定、走访群众等）工作，根据所获证据，得出如下结论：一、该人系符合溺亡死亡；二、该人死亡不属于刑事案件。支某3家属对死因无异议。支某3遗体被发现的地点为永定河拦河闸下游方向闸西侧消力池，消力池系卢沟桥分洪枢纽水利工程（拦河闸）的组成部分。永定河卢沟桥分洪枢纽工程的日常管理、维护和运行由北京市永定河管理处负责。北京市水务局称事发地点周边安装了防护栏杆，在多处醒目位置设置了多个警示标牌，标牌注明管理单位为"北京市永定河管理处"。支某3的父母支某1、马某某，妻子李某某和女儿支某2向法院起诉，请求北京市永定河管理处承担损害赔偿责任。

裁判结果：北京市丰台区人民法院于2019年1月28日作出（2018）京0106民初2975号民事判决：驳回支某1等四人的全部诉讼请求。宣判后，支某1等四人提出上诉。北京市第二中级人民法院于2019年4月23日作出（2019）京02民终4755号民事判决：驳回上诉，维持原判。

裁判理由：本案的主要争议在于支某3溺亡事故发生地点的查实、相应管理机关的确定，以及该管理机关是否应承担侵权责任。本案主要事实和法律争议认定如下：

一、关于支某3的死亡地点及管理机关的事实认定。首先，从死亡原因上看，公安机关经鉴定认定支某3死因系因溺水导致；从事故现场上看，支某3遗体发现地点为永定河拦河闸前消力池。根据受理支某3失踪查找的公安机关派出所出具工作记录可认定支某3溺亡地点为永定河拦河闸南侧的消力池内。其次，关于消力池的管理机关。现已查明北京市永定河管理处为永定河拦河闸的管理机关，北京市永定河管理处对此亦予以认可，并明确确认消力池属于其管辖范围，据此认定北京市永定河管理处系支某3溺亡地点的管理责任方。鉴于北京市永定河管理处系依法成立的事业单位，依法可独立承担相应的民事责任，故北京市水务局、北京市丰台区水务局、北京市丰台区永定河管理所均非本案的适格被告，支某1等四人要求该三被告承担连带赔偿责任的主张无事实及法律依据，不予支持。

二、关于管理机关北京市永定河管理处是否应承担侵权责任的认定。首先，本案并不适用侵权责任法中安全保障义务条款。安全保障义务所保护的人与义务人之间常常存在较为紧密的关系，包括缔约磋商关系、合同法律关系等，违反安全保障义务的侵权行为是负有安全保障义务的人由于没有履行合理范围内的安全保障义务而实施的侵权行为。根据查明的事实，支某3溺亡地点位于永定河拦河闸侧面消力池。从性质上看，消力池系永定河拦河闸的一部分，属于水利工程设施的范畴，并非对外开放的冰场；从位置上来看，消力池位于拦河闸下方的永定河河道的中间处；从抵达路径来看，抵达消力池的正常路径，需要从永定河的沿河河堤下楼梯到达河道，再从永定河河道步行至拦河闸下方，因此无论是消力池的性质、消力池所处位置还是抵达消力池的路径而言，均难以认定消力池属于公共场所。北京市永定河管理处也不是群众性活动的组织者，故支某1等四人上诉主张四被上诉人未尽安全保障义务，与法相悖。其次，从侵权责任的构成上看，一方主张承担侵权责任，应就另一方存在违法行为、主观过错、损害后果且违法行为与损害后果之间具有因果关系等侵权责任构成要件承担举证责任。永定河道并非正常的活动、通行场所，依据一般常识即可知无论是进入河道或进入冰面的行为，均容易发生危及人身的危险，此类对危险后果的预见性，不需要专业知识就可知晓。支某3在明知进入河道、冰面行走存在风险的情况下，仍进入该区域并导致自身溺亡，其主观上符合过于自信的过失，应自行承担相应的损害后果。成年人应当是自身安危的第一责任人，不能把自己的安危寄托在国家相关机构的无时无刻的提醒之下，户外活动应趋利避害，不随意进入非群众活动场所是每一个公民应自觉遵守的行为规范。综上，北京市永定河管理处对支某3的死亡发生无过错，不应承担赔偿责任。在此需要指出，因支某3意外溺亡，造成支某1、马某某老年丧子、支某2年幼丧父，其家庭境遇令人同情，法院对此予以理解，但是赔偿的责任方是否构成侵权则需法律上严格界定及证据上的支持，不能以情感或结果责任主义为导向将损失交由不构成侵权的他方承担。

015. 擅自攀爬景区内果树采摘果实，不慎跌落致其自身损害，经营管理者是否应承担赔偿责任①

李秋月等诉广州市花都区梯面镇红山村村民委员会违反安全保障义务责任纠纷案

（最高人民法院审判委员会讨论通过　2020年10月9日发布）

关键词：民事/安全保障义务/公共场所/损害赔偿

裁判要点

公共场所经营管理者的安全保障义务，应限于合理限度范围内，与其管理和控制能力相适应。完全民事行为能力人因私自攀爬景区内果树采摘果实而不慎跌落致其自身损害，主张经营管理者承担赔偿责任的，人民法院不予支持。

---

① 最高人民法院指导案例140号。

相关法条

《中华人民共和国侵权责任法》第三十七条第一款

基本案情：红山村景区为国家 AAA 级旅游景区，不设门票。广东省广州市花都区梯面镇红山村村民委员会（以下简称红山村村民委员会）系景区内情人堤河道旁杨梅树的所有人，其未向村民或游客提供免费采摘杨梅的活动。2017 年 5 月 19 日下午，吴某私自上树采摘杨梅不慎从树上跌落受伤。随后，有村民将吴某送红山村医务室，但当时医务室没有人员。有村民拨打 120 电话，但 120 救护车迟迟未到。后红山村村民李某 1 自行开车送吴某到广州市花都区梯面镇医院治疗。吴某于当天转至广州市中西医结合医院治疗，后因抢救无效于当天死亡。

红山村曾于 2014 年 1 月 26 日召开会议表决通过《红山村村规民约》，该村规民约第二条规定：每位村民要自觉维护村集体的各项财产利益，每个村民要督促自己的子女自觉维护村内的各项公共设施和绿化树木，如有村民故意破坏或损坏公共设施，要负责赔偿一切费用。

吴某系红山村村民，于 1957 年出生。李记坤系吴某的配偶，李秋月、李月如、李天托系吴某的子女。李秋月、李月如、李天托、李记坤向法院起诉，主张红山村村民委员会未尽到安全保障义务，在本案事故发生后，被告未采取及时和必要的救助措施，应对吴某的死亡承担责任。请求判令被告承担 70% 的人身损害赔偿责任 631346.31 元。

裁判结果：广东省广州市花都区人民法院于 2017 年 12 月 22 日作出（2017）粤 0114 民初 6921 号民事判决：一、被告广州市花都区梯面镇红山村村民委员会向原告李秋月、李月如、李天托、李记坤赔偿 45096.17 元，于本判决发生法律效力之日起 10 日内付清；二、驳回原告李秋月、李月如、李天托、李记坤的其他诉讼请求。宣判后，李秋月、李月如、李天托、李记坤与广州市花都区梯面镇红山村村民委员会均提出上诉。广东省广州市中级人民法院于 2018 年 4 月 16 日作出（2018）粤 01 民终 4942 号民事判决：驳回上诉，维持原判。二审判决生效后，广东省广州市中级人民法院于 2019 年 11 月 14 日作出（2019）粤 01 民监 4 号民事裁定，再审本案。广东省广州市中级人民法院于 2020 年 1 月 20 日作出（2019）粤 01 民再 273 号民事判决：一、撤销本院（2018）粤 01 民终 4942 号民事判决及广东省广州市花都区人民法院（2017）粤 0114 民初 6921 号民事判决；二、驳回李秋月、李月如、李天托、李记坤的诉讼请求。

裁判理由： 法院生效裁判认为：本案的争议焦点是红山村村民委员会是否应对吴某的损害后果承担赔偿责任。

首先，红山村村民委员会没有违反安全保障义务。红山村村民委员会作为红山村景区的管理人，虽负有保障游客免遭损害的安全保障义务，但安全保障义务内容的确定应限于景区管理人的管理和控制能力的合理范围之内。红山村景区属于开放式景区，未向村民或游客提供采摘杨梅的活动，杨梅树本身并无安全隐患，若要求红山村村民委员会对景区内的所有树木加以围蔽、设置警示标志或采取其他防护措施，显然超过善良管理人的注意标准。从爱护公物、文明出行的角度而言，村民或游客均不应私自爬树采摘杨梅。吴某作为具有完全民事行为能力的成年人，应当充分预见攀爬杨梅树采摘杨梅的危险性，并自觉规避此类危险行为。故李秋月、李月如、李天托、李记坤主张红山村村民委员会未尽安全保障义务，缺乏事实依据。

其次，吴某的坠亡系其私自爬树采摘杨梅所致，与红山村村民委员会不具有法律上的因果关系。《红山村村规民约》规定：村民要自觉维护村集体的各项财产利益，包括公共设施和绿化树木等。该村规民约是红山村村民的行为准则和道德规范，形成红山村的公序良俗。吴某作为红山村村民，私自爬树采摘杨梅，违反了村规民约和公序良俗，导致了损害后果的发生，该损害后果与红山村村民委员会不具有法律上的因果关系。

最后，红山村村民委员会对吴某私自爬树坠亡的后果不存在过错。吴某坠亡系其自身过失行为所致，红山村村民委员会难以预见和防止吴某私自爬树可能产生的后果。吴某跌落受伤后，红山村村民委员会主任李某2及时拨打120电话求救，在救护车到达前，另有村民驾车将吴某送往医院救治。因此，红山村村民委员会对吴某损害后果的发生不存在过错。

综上所述，吴某因私自爬树采摘杨梅不慎坠亡，后果令人痛惜。虽然红山村为事件的发生地，杨梅树为红山村村民委员会集体所有，但吴某的私自采摘行为有违村规民约，与公序良俗相悖，且红山村村民委员会并未违反安全保障义务，不应承担赔偿责任。

（二）地方法院典型案例

016. 物业公司未能尽到安全保障义务，是否应全额承担补充赔偿责任[①]

基本案情：2020年1月15日22时，某小区居民楼楼道一层入口处发生火灾，四层住户廖某沿着楼梯间向下逃生过程中，被火灾产生的大量浓烟、灼热气流等烧伤。经鉴定：廖某双手功能完全丧失，损伤致残程度为四级。中度容貌毁损达四项，损伤致残程度为六级。左前臂旋转功能完全丧失，损伤致残程度为十级。现廖某生活不能自理，日常生活亦需佩戴假肢辅助。经查，起火点为大量堆放在该居民楼2楼业主王某收集的废旧纸箱等易燃杂物。同时，物业公司虽在事发前曾提示王某清理其在楼道内堆积的易燃物，但在劝阻无效后，物业公司并未主动清理，亦未将相关情况向公安消防机关报告。现廖某向法院提起诉讼，请求王某与物业公司共同向其赔偿医药费、误工费、残疾赔偿金、残疾辅助器具费等各项损失。

[①] 《北京市第三中级人民法院2021年度涉民生侵权纠纷典型案例通报》（2022年3月17日发布），一、廖某与王某、物业公司健康权纠纷案，载北京市第三中级人民法院微信公众号，https://mp.weixin.qq.com/s/dF8cKtPG2DXb9EKpsuuwyQ，最后访问日期：2023年6月28日。

五、违反安全保障义务责任纠纷

生效裁判：北京市第三中级人民法院认为，王某对火灾的发生具有过错，由于本案中存在遗留火种人，火灾的发生是堆放易燃物品与遗留火种相结合的后果，故根据王某的过错程度，确定其对本次火灾的后果承担70%的赔偿责任。物业公司未尽到必要的安全保障义务，对王某侵权造成的损失全额承担补充赔偿责任。

案例意义

小区楼道既是居民日常出行的主要通道，又往往是事故发生时逃生的唯一通道，对小区居民的生命安全具有举足轻重的作用。随意在楼道内堆积杂物不但污染环境、影响通行，更存在重大的安全隐患。本案中，在楼道内堆放大量易燃杂物和遗留火种的行为在主观上均具有过错，这两种侵权行为间接结合造成了火灾的损害后果，与廖某烧伤的损害后果之间存在直接因果关系，因火种遗留人并不明确，加之王某长期堆放杂物责任更重，所以确定王某对廖某的损失承担主要赔偿责任。本案同时提醒物业公司，制止消防安全违法行为及排除火灾隐患是物业公司的法定义务，对于无法立即纠正、排除的安全隐患，物业公司必须在第一时间向行政执法机关报告。如果物业公司未能尽到安全保障义务，根据其过错程度，可全额承担补充赔偿责任。本案的审理切实提高了公众对消防安全的认知度和认同感，充分发挥了司法裁判参与社会治理的积极作用。

017. 未尽到与专业管理能力相匹配的安全保障义务而造成滑雪者受到人身伤害，应对侵权损害后果承担主要责任[①]

基本案情：2019年12月，王某和其丈夫共同前往某滑雪场滑雪。当日12时30分左右，王某和其丈夫共同乘坐滑雪场四人吊椅缆车到达下缆车平台，王某在下缆车过程中摔倒受伤。后王某到医院治疗，经诊断，王某踝关节骨折、胫骨骨折。经鉴定：王某伤残等级十级。后王某将某滑雪场诉至法院，要求某滑雪场赔偿医疗费、住院费、护理费、住院伙食补助费、营养费、误工费等各项费用共计25.7万元。

生效裁判：北京市第三中级人民法院认为，某滑雪场作为滑雪场地的经营者、管理者，应当具备滑雪行业要求的相关专业资质和管理能力，但是根据现有证据，该滑雪场存在缆车吊椅高度不符合国家标准、未保证摄像设备正常运行、缆车作业人员不具备相应资质等过错，且其未能按照国家标准保证摄像设备正常运行，无法提供事发当日的录像视频。因其未能尽到作为经营者应当负有的安全保障义务，导致王某下缆车时摔倒受伤，故其应对王某的损害后果承担主要责任。王某自身未能尽到合理的注意义务，应承担次要责任。对于王某要求某滑雪场赔偿其各项损失合理部分的请求，由某滑雪场按照60%的责任比例进行赔偿，故判决某滑雪场赔偿王某12.7万元。

> **案例意义**
>
> 滑雪运动系一种具有较高风险性且有一定专业技术要求的体育活动，滑雪运动中的人身伤害事故时有发生。作为滑雪场的经营者和管理者，其

[①] 《北京市第三中级人民法院2021年度涉民生侵权纠纷典型案例通报》（2022年3月17日发布），四、王某与某滑雪场违反安全保障义务责任纠纷案，载北京市第三中级人民法院微信公众号，https://mp.weixin.qq.com/s/dF8cKtPG2DXb9EKpsuuwyQ，最后访问日期：2023年6月28日。

负有保障滑雪者人身安全的安全保障义务。对于滑雪场的经营者而言，其应当具备滑雪行业要求的相关专业资质和管理能力，并按照相关国家标准建设滑雪场地及配套运营设施，为滑雪者营造安全、合格的滑雪环境。本案中，涉案滑雪场未尽到与专业管理能力相匹配的安全保障义务而造成滑雪者受到人身伤害，故涉案滑雪场应对侵权损害后果承担主要责任。本案的审理对于引导滑雪场切实提升安全保障水平，依法合规开展经营具有导向作用。

018. 对于经营存在较高风险的营利性娱乐项目，经营者应当负有更高的安全保障义务[①]

基本案情：2020年8月，陈某于某公司经营的极限蹦床公园高空坠落项目游玩时，自高台坠入海绵池受伤，后被诊断为胸椎骨折T11-T12并进行相应手术。术后陈某要求该公司赔偿其医疗费、精神损害抚慰金等，因双方无法就此达成一致，故陈某诉至法院，要求该公司赔偿其医疗费、护理费等各项损失合计48.2万元。经鉴定：陈某被评定为九级伤残。

生效裁判：北京市第三中级人民法院认为，某公司作为娱乐场所的经营者，其设置该类游玩项目是以营利为目的，根据收益与风险相一致原则，其应当负有保障游玩者人身安全的注意义务，即安全保障义务。涉案高台项目具有一定风险性，且无具体的国家标准与行业规范。对于经营存在较高风险的营利性娱乐项目，经营者应当负有更高的安全保障义务。本案中，涉案高空项目具有一定刺激性和风险性，必然会存在一些因胆怯犹豫导致动作不规

[①] 《北京市第三中级人民法院2021年度涉民生侵权纠纷典型案例通报》（2022年3月17日发布），五、陈某与某公司违反安全保障义务责任纠纷案，载北京市第三中级人民法院微信公众号，https://mp.weixin.qq.com/s/dF8cKtPG2DXb9EKpsuuwyQ，最后访问日期：2023年6月28日。

范甚至变形的游玩者,作为经营者应当有这种预见义务,并应尽最大可能采取积极有效措施防范和制止危险的发生。现该公司未对设置该项目的安全性进行合理说明,未对陈某尽到安全风险和注意事项的提示告知义务,现场配备的安全员未经严格专业培训,事发后亦未对陈某进行专业救治等。综上,本院认为该公司在履行安全保障义务上存在过错,应对陈某的受伤承担主要责任。故判决该公司承担60%的赔偿责任,并赔偿陈某各项损失共计25.7万元。

案例意义

司法实践中,在娱乐设施运行或文体项目参加过程中受伤的人身损害赔偿案件屡见不鲜。本案特殊之处在于案涉高空项目虽然具有一定的危险性,但目前并无具体的国家标准、行业标准予以规范,亦未被列入国家公布的高危险性体育项目监管清单,缺乏相应的行业监管。因此,判断经营者是否尽到合理限度的安全保障义务成为处理此类纠纷的难点。本案通过对具有一定危险性,但并无具体的国家标准、行业标准予以规范的文体项目的安保措施执行情况和免责事由进行分析,明确指出大型营利性公共娱乐场所应当负有比非营利公共场所更严格的安全保障责任,事前其应尽到安全风险和注意事项的提示告知义务、禁止性事项的审查义务,事中其安保人员应具有专业资质或经过专业培训,对危险尽到合理注意义务,事后应对受害人采取必要的救助措施等。本案生效判决有助于督促此类项目的经营者改进安全保障措施,有效避免伤害事故反复发生。

019. 老年人免费参观博物馆，不慎跌倒，造成骨折，博物馆是否应当承担责任[①]

基本案情：2019年6月9日，66岁的孙某某通过提前网上预约的方式，与其夫、其子共同前往某博物馆参观。13时15分许，孙某某在博物馆某展厅内的台阶处迈步下最后一级台阶时，回望同行家属，左脚部分踩空，不慎跌倒，左侧髋部着地。监控视频显示：事发处的台阶呈不规则状分布、宽度不一，台阶侧立面安装了发光警示条，便于行走处铺贴了小脚丫图案，里面印有"小心台阶"的文字。孙某某摔倒后，与家人自行离开博物馆，于当日15时18分许被送至医院急诊，并住院接受治疗。医院主要诊断为左股骨颈骨折，其他诊断为高血压、心律不齐等。经鉴定，孙某某左下肢损伤构成九级伤残，误工期365天、护理期120天、营养期120天。治疗期间，孙某某累计支出各项医疗费用65159.57元。

裁判结果：法院经审理认为，某博物馆属于向公众提供服务的场所，应纳入安全保障义务人范围。法律规定的"公共场所"可以分为以公众为对象进行商业性经营的场所和对公众提供服务的场所，不同的公共场所负有的安全保障义务标准是不同的。本案中博物馆作为公益性场所，负有比经营性场所更轻的安全保障义务，只有在场所设施设备存在缺陷、缺乏有效警示和安全防范措施、怠于救治等情况下承担相应责任。博物馆内某展厅不规则的台阶分布改变了游客的正常行走习惯，增大了受害风险，虽然博物馆通过安设发光警示条和铺贴小脚丫图案等形式进行常规警示防范，但该防范措施就不规则台阶的潜在风险情况而言并不充分，从监控视频可见，事发处的最后一级台阶比倒数第二级台阶明显变宽，孙某某的摔倒与其对台阶宽度的认知及

[①] 《天津高院发布保障老年人合法权益典型案例》（2020年10月23日发布），孙某某诉某博物馆违反安全保障义务责任纠纷案，载天津法院网 https://tjfy.tjcourt.gov.cn/article/detail/2020/10/id/5539313.shtml，最后访问日期：2023年6月28日。

预判偏差存在一定因果关系。另外，孙某某下台阶时已经注意到台阶的存在并且顺利下行至最后一级台阶，踩空摔倒时正在回望家属，其损害结果发生与其自身专注和谨慎程度不高也存在因果关系。孙某某是老年人，陪同参观的家属有随身照顾的义务，孙某某损害后果的发生，与其子缺乏预见、疏于防范存在一定因果关系。综合考虑上述各种因素对孙某某损害结果发生的原因力大小，博物馆未完全尽到合理限度的安全保障义务，最终判处博物馆对孙某某的损失承担20%的赔偿责任。

典型意义

案涉博物馆属于公益性场所，老年人通过提前预约可免费参观，但是免费服务并不意味着免责。虽然公益性博物馆不属于经营性场所，但若未尽到安全保障义务，存在过失，造成他人损害，也应当承担相应的损害赔偿责任。该案的裁判启示公共场所管理人要进一步增强法律意识和服务意识，在场馆设计、场景布置上，从视听、体感和安全等多角度做好规划。从老年人的自身认知能力、肢体活动能力等多方面考虑现有设施可能会给这一弱势群体带来的安全隐患，进而提供充分的安全保障和隐患防范措施。此外，老年人及其家属也应提升风险意识，老年人前往公共场所最好有成年子女陪伴。同行成年子女应视老人身体状况，做好充分的出行准备工作，在出行过程中应密切关注、随身照顾老年人，选择安全的时间和地点，在公共场所帮助老年人最大程度分辨、识别有可能发生安全隐患的路线、方位、场馆等，使其避免因自身过错而发生事故，确保老年人健康、安全、放心、愉快出行。

020. 合理界定经营者安全保障义务边界[①]

基本案情：2021年4月3日晚上，朱某与同事一行四人外出聚餐喝酒，随后相约前往某酒店管理公司经营的温泉汗蒸馆泡浴。公安机关调取的监控视频录像显示，朱某进入温泉汗蒸馆大堂时步态正常，与同行人员、工作人员均正常交谈。在泡浴过程中，朱某突发身体不适，被浴池内其他顾客察觉并施救，洗浴中心工作人员发现后立即参与救助并拨打120急救电话。次日凌晨，朱某经抢救无效死亡，诊断为"急性心肌梗死"。朱某的家属刘某等认为某酒店管理公司违反了经营者安全保障义务造成朱某死亡后果，应承担侵权责任，遂诉至法院，请求判令某酒店管理公司赔偿各项损失共计120万元。

裁判结果：珠海市香洲区人民法院一审认为，某酒店管理公司在大堂醒目位置摆放宣传提示牌，在洗浴、汗蒸场所张贴警示标语，对"醉酒"等特殊人群不宜接受泡浴、汗蒸等服务已作充分告知，尽到了安全提示义务。朱某进入温泉汗蒸馆消费时并未表现身体不适，泡浴时身体不适属于突发状况，某酒店管理公司未预知朱某身体状况并进行干预并不属于安保行为的疏忽及纰漏。朱某发病后，被浴池内其他顾客察觉并马上施救，工作人员立刻参与救助并及时拨打了120急救电话，并无延误对朱某的救治。医疗机构诊断朱某为"急性心肌梗死"，现有证据不能认定朱某的死亡与该酒店管理公司提供的洗浴服务之间存在因果关系。综上，鉴于该酒店管理公司已尽到安全提示、谨慎注意和及时救助义务，且不能认定朱某死亡与洗浴服务之间存在因果关系，某酒店管理公司无需承担赔偿责任，故判决驳回朱某家属的诉讼请

[①]《广东法院弘扬社会主义核心价值观典型案例》（2022年3月4日发布），八、合理界定经营者安全保障义务边界——刘某等与某酒店管理公司违反安全保障义务责任纠纷案，载广东法院网，https://www.gdcourts.gov.cn/gsxx/quanweifabu/anlihuicui/content/post_1047354.html，最后访问日期，2023年6月28日。

求。珠海市中级人民法院二审维持原判。

典型意义

遵守社会公德、注意行为规范是每位公民应当坚守的准则。成年人是自身安危的第一责任人，不能将自身安危寄托于管理者无时无刻的提醒下。本案合理界定经营者安全保障义务需要恪守的范围和限度，避免安全保障义务成为维权"万金油"，表明司法"不以谁死谁有理"的态度，倡导遵守规则的社会文明风尚，对于规范人们行为方式、提高个体安全意识具有积极引导意义。

021. "自甘风险"规则与活动组织者安全保障义务的责任界定[①]

基本案情：2019年8月，闫某（时年12周岁）在母亲陪同下，前往珠海某公司经营的蹦床公园游玩。入场游玩前，闫某母亲填写的《客户信息登记表》以加黑加粗字体提示了入园安全责任须知，载明"请勿做可能导致身体失衡的动作""非专业人士禁止做高难度动作……如不按此规范使用造成意外事故，后果自负"等内容。蹦床活动区域内墙面明显位置亦有入园安全责任须知，提示上述信息。玩耍期间，闫某试图在蹦床上做前空翻动作，因动作失败，左眼撞到自身膝部受伤。现场监控显示，在闫某做前空翻动作前后，同一区域有其他二人先后做前空翻动作，但现场没有工作人员制止。闫某遂诉至法院要求珠海某公司赔偿全部损失。

裁判结果：珠海市香洲区人民法院经审理认为，闫某在《中华人民共和国民法典》施行前自愿参加具有一定风险的文体活动受到损害引起民事纠纷，

[①] 《广东省高级人民法院发布未成年人司法保护典型案例》（2022年6月1日发布），六、闫某与珠海某公司违反安全保障义务责任纠纷案——"自甘风险"规则与活动组织者安全保障义务的责任界定，载广东省高级人民法院微信公众号，https：//mp.weixin.qq.com/s/PllDbcQFaAVaVki9soc2cA，最后访问日期：2023年6月28日。

依法应当适用《中华人民共和国民法典》的相关规定审查蹦床公园的经营者是否已尽到安全保障义务。本案中闫某并非因遭到他人推搡、碰撞等外力，亦非因蹦床本身有质量缺陷受伤，而是因其违反"禁止前空翻"的安全注意事项擅自进行前空翻导致受伤，是导致事件发生的主要原因。珠海某公司作为蹦床公园经营者，虽然制定、公示了安全守则，但在游玩人员反复做出危险动作时却无工作人员上前制止，容易使在场其他游玩人员特别是未成年人忽视危险性，引起效仿。因此，珠海某公司在场馆现场管理上存在一定管理失当，是事件发生的次要原因。综合双方各自过错程度和原因力大小，酌定由珠海某公司承担20%的赔偿责任，其余80%责任由闫某监护人自行承担。

典型意义

本案的处理明确了相关文体娱乐活动场所的经营者或管理者在合理范围内应履行安全保障义务，以减少相关活动风险，对未成年人的权益给予全面保护。考虑到该类文娱活动缺乏行业监管，法院还向相关场所行政管理部门发出司法建议，防范相关体育竞技风险，促进行业规范发展。

（三）裁判依据

《中华人民共和国民法典》

第一百二十条　民事权益受到侵害的，被侵权人有权请求侵权人承担侵权责任。

第一千一百九十八条　宾馆、商场、银行、车站、机场、体育场馆、娱乐场所等经营场所、公共场所的经营者、管理者或者群众性活动的组织者，未尽到安全保障义务，造成他人损害的，应当承担侵权责任。

因第三人的行为造成他人损害的，由第三人承担侵权责任；经营者、管理者或者组织者未尽到安全保障义务的，承担相应的补充责任。经营者、管理者或者组织者承担补充责任后，可以向第三人追偿。

《中华人民共和国消费者权益保护法》

第十八条 经营者应当保证其提供的商品或者服务符合保障人身、财产安全的要求。对可能危及人身、财产安全的商品和服务，应当向消费者作出真实的说明和明确的警示，并说明和标明正确使用商品或者接受服务的方法以及防止危害发生的方法。

宾馆、商场、餐馆、银行、机场、车站、港口、影剧院等经营场所的经营者，应当对消费者尽到安全保障义务。

六、教育机构责任纠纷

（一）最高人民法院公报案例及典型案例

022. 未成年人在学校学习、生活期间受到人身损害，学校承担相应赔偿责任[①]

基本案情： 汪某为某光学校（位于江苏省南京市栖霞区）在读五年级学生，周某之子事发时亦系该校三年级学生。某光学校提供的2013年3月14日10时59分至12时16分的操场视频显示：11时25分20秒时视频第一次显示汪某在操场上活动；11时35分34秒，几个学生做老鹰抓小鸡游戏时摔倒后自行爬起；11时41分许，几个学生玩游戏时再次摔倒，有五六个学生围观并有互相推搡行为；11时42分28秒，汪某亦走近前去看热闹，后自由步行至视频可见范围外；约11时42分37秒时，汪某用左手捂着右胳膊肘从上述学生群里往外走，重新回到视频可见范围内；此后，汪某一直捂着右胳膊肘继续在操场上来回走动；11时45分33秒，汪某捂着右胳膊后垂耷着右臂向其教室方向走去；12时15分，汪某的父母亲在接到某光学校的电话后来到学校。汪某之父要求某光学校派员陪同就医，校方未予同意，让其自行就

[①] 《最高人民法院2014年11月24日发布未成年人审判工作典型案例98例》，七十八、汪某诉某光学校校园人身损害赔偿案，载最高人民法院网站，https://www.court.gov.cn/zixun-xiangqing-13447.html，最后访问日期：2023年6月28日。

医。汪某父母遂自行送汪某前往医院就诊治疗,经诊断为右尺桡骨骨折,共计花去医疗费21678.41元。后汪某诉至法院,请求依法判令:周某支付其医疗费等各项损失合计31498.41元;某光学校对上述损失承担补充赔偿责任。

裁判结果:江苏省南京市栖霞区人民法院经审理认为,现有证据只能证实汪某在校期间受伤,而无法证明其受伤系包括周某之子在内的四个学生所致,报警证明也不能证明汪某被何人撞倒,故对汪某主张的周某作为直接侵权人之一的监护人承担全部连带赔偿责任的诉讼请求,不予支持。限制民事行为能力人在学校学习、生活期间受到人身损害,学校未尽到教育、管理职责的,应当承担责任。本案中,据某光学校的操场监控视频反映,对于学生在校生活期间发生的多次以及人数较多的危险行为,某光学校始终没有任何管理人员前去教育、告诫和制止;且在汪某受伤后疏于发现,也未及时采取救助措施。汪某作为限制民事行为能力人,故意前往已经发生肢体碰擦的人群密集区,对于发生意外伤害的风险性应有一定的认知和预见,故汪某自身对其损害的发生亦有一定过错。综上,某光学校对于损害的发生存在主要过错,法院酌定某光学校对汪某所受损害承担70%的赔偿责任。原审法院判决,某光学校赔偿汪某共计18968.90元;驳回汪某对周某的诉讼请求。某光学校不服一审判决,向南京市中级人民法院提起上诉。南京市中级人民法院二审认为,某光学校未尽到相应的教育、管理职责,判决驳回某光学校的上诉,维持原判。

案例评析

本案是涉及未成年人在学校学习、生活期间受到人身损害,学校承担相应赔偿责任的典型案例。对于未成年人在学校或其他教育机构学习、生活期间受伤,学校或者其他教育机构应如何承担责任,法律将在校学习、生活的未成年人区分为无民事行为能力人和限制行为能力人,在归责原则上也作出了不同的规定。无民事行为能力的儿童是一个弱势群体,不能完全表达自己的意思，法律采取过错推定原则对其予以特殊保护，符合"儿童最大利益原则"。对于限制民事行为能力的学生，因为其具有一定的认知能力，一定程度上能较好表达自己的意思，为了衡平受害学生的利益与教育机构正常教学秩序的维护，实行过错责任原则。

未成年人有大量的时间是在校园中度过，在校期间，正常体育活动的开展为锻炼学生强健体格所必须，课间玩耍嬉闹亦是孩子天真烂漫童年不可或缺的活动，如果过分苛重学校等教育机构的责任，则会使得学校限制此类活动的开展，导致孩子无法健康快乐成长，是一种因噎废食的错误做法。学校与其他教育机构如果对在校学生的行为疏于管束、放任自流亦会大大加剧校园伤害事故的发生概率，亦不利于学校自身的管理发展需要。司法裁判应发挥其社会指引功能，在保护未成年学生的合法权益与维护校园正常教学活动开展之间寻得平衡，通过司法判决去规制教育机构更加谨慎、积极地履行教育、管理职责。

023. 限制民事行为能力的未成年学生校园伤害事故，受害方、致害方与学校的责任如何认定[①]

基本案情：刘某辉（时年16岁）与陈某路（时年17岁）均系福建省泉港某中学学生。2013年6月5日上午8时许，刘某辉与陈某路在该校教室内嬉闹玩耍。其间，刘某辉站在讲台桌附近，四处张望，未注意到陈某路撞袭。被撞后，刘某辉身体向后倾倒，后腰撞击讲台桌角致伤，当日中午，被家长送往医院治疗。伤经鉴定为8级伤残。刘某辉的父亲邹某华与陈某路的父亲

---

① 《最高人民法院2014年11月24日发布未成年人审判工作典型案例98例》，八十、刘某辉诉陈某路、陈某忠、沈某琴、福建省泉港某中学身体权纠纷案，载最高人民法院网站，https://www.court.gov.cn/zixun-xiangqing-13447.html，最后访问日期：2023年6月28日。

陈某忠在某中学的主持下签订《协议书》一份，约定陈某路家长一次性支付刘某辉家长医药费17000元，双方家长不再互相追究其他责任"，并已实际支付。2013年9月26日，刘某辉诉至福建省泉州市泉港区人民法院，要求各被告共同承担损害赔偿责任，后补充要求撤销该协议。

裁判结果：泉州市泉港区人民法院经审理认为，该协议内容显失公平，原告请求撤销，于法有据。陈某路对事故的发生存在主要过错，应承担主要责任。陈某忠、沈某琴系陈某路的父母即监护人，依法应承担本应由陈某路承担的侵权行为致人损害的民事赔偿责任。刘某辉安全意识淡薄，疏忽大意，对事故发生具有一定过错，应承担次要责任。该起事故发生于校园内及正常工作时间，刘某辉和陈某路均系未成年学生，某中学对其校园内的活动存在教育、管理疏漏，对事故的发生也具有一定过错，亦应承担次要责任。陈某忠、沈某琴与某中学分别承担70%和15%的赔偿责任，原告自负15%的责任。根据案件实际，判决撤销协议书，陈某忠、沈某琴与某中学分别赔偿刘某辉损失人民币126681.32元和30917.43元。

案例评析

本案是一起典型的限制民事行为能力的未成年学生校园伤害事故，涉及受害方、致害方与学校的责任认定。未成年学生，具有一定的辨别和认知能力，对危险行为也有一定认识。玩耍中刘某辉受到的伤害确系陈某路的撞击行为所致，故陈某路对事故发生负有主要过错，其监护人应承担主要责任。刘某辉本应预见该项危险活动可能伤害自身或他人，其疏忽大意的主观状态应受批评，负次要责任。某中学未及时发现学生进行危险活动，施与必要管理和制止，未尽到足够谨慎的安全注意义务，存在过错，也应承担相应责任。

024. 教育机构未尽到安全保障义务及违反安全保障义务，导致未成年人身损害的，应承担的责任如何认定[①]

基本案情： 2012年7月14日上午，康某轩与康某伟、萧某宇等四人（均为未成年人）一同进入对外开放的建阳某中心小学下属的鸿庇小学校园内玩耍。因学校正处在放假期间，没有护校人员和值班老师。原告康某轩一行四人擅自进入未上锁、未粘贴警示标识、未配备灭火器等安全器材的学校仪器室。康某轩等四人用随身携带的打火机在仪器室门口点燃一些废纸等杂物玩耍。康某轩将存放于仪器室的工业酒精等物抱出点燃玩耍，不慎将酒精沾到身上，与明火接触后，导致康某轩全身起火烧伤，引发纠纷。

裁判结果： 建阳市人民法院一审审理认为，康某轩四人在没有监护人的监护下，擅自进入学校仪器室并将室内物品及其他杂物进行燃烧，是事故发生的主因，其监护人对此应负有主要责任。被告建阳某中心小学对外开放期间，没有安排护校人员，对原告的不当行为未能及时制止，且对鸿庇小学的仪器室疏于管理，仪器室未上门锁，未粘贴警示标识，未配备灭火器等安全器材是事故发生的次要原因。判决被告建阳某中心小学赔偿原告康某轩105241.8元。

宣判后，康某轩提出上诉。南平市市中级人民法院经依法审理，撤销建阳市人民法院民事判决；判决被上诉人建阳某中心小学赔偿上诉人康某轩经济损失人民币260684元。

[①] 《最高人民法院2014年11月24日发布未成年人审判工作典型案例98例》，八十一、康某轩诉建阳市小湖中心小学生命权、健康权、身体权纠纷案，载最高人民法院网站，https://www.court.gov.cn/zixun-xiangqing-13447.html，最后访问日期：2023年6月28日。

案例评析

本案是一起教育机构未尽到安全保障义务及违反安全保障义务,而导致未成年人身损害的案件,属于典型的校园安全保障义务侵权类案件。放假期间,对外开放的学校有一定的安全保障义务。教育机构特别是中小学必须履行最高的安全保障义务,包括消除危险、隔离危险、采取其他措施保障不对未成年人造成损害等义务。学校不能以放假期间校园安全难以监管,监管压力太大作为逃避责任的理由。只要学校违反了《中小学幼儿园安全管理办法》,就可以判定学校违反法律或政策法规直接规定的义务,学校应承担与其过错相适应的责任。而本案的审理也反映出学校对其保护对象,特别是未成年人负有更高的安全保障义务。

025. 无民事行为能力人在学校受到伤害,应由学校举证证实尽到教育管理职责[①]

基本案情: 郑某某与耿某某分别系被告焦村庙小学一年级和三年级的学生。2010年3月12日上午大课间时间,耿某某用竹签扎伤原告郑某某的右眼。下午,郑某某的班主任老师载郑某某到常乐集乡卫生院进行了简单治疗。次日,原告称其右眼仍看不清东西,其亲属带郑某某先后三次到山东省省立医院治疗,实施了右眼玻璃体切除及相关治疗手术。经鉴定,原告右眼属七级伤残,且需定期更换义眼片。原告要求被告焦村庙小学、被告耿某某赔偿各项损失149074.5元。被告耿某某对伤害事实无异议,但辩称应由被告焦村庙小学承担主要赔偿责任;被告焦村庙小学辩称其已尽到主要监护责任,只

[①] 《最高人民法院2014年11月24日发布未成年人审判工作典型案例98例》,九十一、郑某某诉耿某某、曹县常乐集乡焦村庙小学健康权纠纷案,载最高人民法院网站,https://www.court.gov.cn/zixun-xiangqing-13447.html,最后访问日期:2023年6月28日。

承担20%-30%的责任。

裁判结果：菏泽市曹县人民法院认为，被告焦村庙小学的在校学生系未成年人，学校在组织学生上课间操时，没有安排老师带队，也没有发现原告郑某某和被告耿某某的异常行为。事件发生后，焦村庙小学没有及时发现和救治，也是导致本案伤害事故发生的主要原因，应当对伤害后果承担主要赔偿责任。被告耿某某致伤他人，其监护人耿某起、郑某红应承担相应的赔偿责任。综合本案事实，结合当事人的过错程度，被告焦村庙小学应承担70%的赔偿责任，被告耿某某的法定代理人耿某起、郑某红应承担30%的赔偿责任。依照相关法律规定，判决被告曹县常乐集乡焦村庙小学赔偿原告郑某某各项损失9万余元、被告耿某某的法定代理人耿某起和郑某红赔偿原告郑某某的各项损失2万余元；驳回原告郑某某其他诉讼请求。

案例评析

未成年人上学期间在校园内加害他人和受到伤害，学校承担过错责任，并因未成年人年龄阶段不同而举证责任分配不同。无民事行为能力人在学校受到伤害，应由学校举证证实尽到教育管理职责，限制民事行为能力人在学校受到伤害，则遵循"谁主张谁举证"的原则，由其监护人负举证责任。未成年人受到的侵害是其他在校未成年人造成时，监护责任不能免除，监护人依法也应承担民事赔偿责任。学校对在校的未成年人未尽到教育、管理、保护的职能，应当依法承担与其过错相适应的赔偿责任，以上两责任之和是一个责任总量，是对受害人的完全赔偿。

（二）地方法院典型案例

026. 教育机构不当行使教育惩戒权构成侵权[①]

基本案情： 2019年11月，某学校初一年级级长王某，未经核实将方某早恋的虚假信息传达给班主任张某，张某据此公开批评方某，拍桌子大声责骂方某"不想读就滚"等，之后违规给方某停课超过一周。2019年12月，因长时间停课担心跟不上以及害怕被同学嘲笑，方某企图在家中自杀。后方某被诊断为"抑郁状态"，住院治疗56天，出院后转至其他学校上学。方某诉至法院，要求某学校及张某、王某公开澄清事实、赔礼道歉并赔偿医疗费等。

裁判结果： 珠海市香洲区人民法院生效判决认为，王某、张某误信误传方某早恋信息，公开批评、责骂方某，并违规给方某停课超过一周，王某在事后已知真相的情况下不澄清事实，也不纠正给方某长时间停课的错误行为，最终导致方某心理健康受到损害形成心理疾病，其行为属行使教育惩戒权不当，构成侵权行为。以上行为系张某、王某在履行教学职务过程中作出，应由某学校承担民事责任。故判决某学校书面向方某赔礼道歉，赔偿医疗费、心理咨询费、精神损害抚慰金等共计6.5万元。

> **典型意义**
>
> 本案系因学校不当实施教育惩戒权引发的侵权案件。人民法院厘清了学校、教师行使教育惩戒权的法律边界，明确了单纯心理伤害后果也属于

[①] 《广东法院未成年人司法保护典型案例》（2023年5月30日发布），五、教育机构不当行使教育惩戒权构成侵权——方某与某学校教育机构责任纠纷案，载广东法院网，http://www.gdcourts.gov.cn/gsxx/quanweifabu/anlihuicui/content/post_1217908.html，最后访问日期：2023年6月28日。

> 人身损害赔偿范围，引导学校、教师在遵守法律法规、职业道德规范内，妥善履行教育职责，积极护航未成年人健康成长成才。

027. 无民事行为能力人校园受害事件，对学校适用过错推定原则[①]

基本案情： 高某某与吕某甲均为重庆某学校的学生，吕某乙、李某某为吕某甲的监护人，重庆某学校系一所集幼儿园、小学、初中、高中为一体的民办学校。2021年中秋节返校后的学生自由活动期间，高某某和吕某甲均在操场上高约2米的平杠处玩耍，吕某甲看到高某某在吊杠时快要跌落，遂跑过去抱住高某某腿部，但最终二人不幸一起摔倒在草坪上，致使高某某右侧桡骨远端骨折并构成十级伤残。事发时，高某某为一年级学生（6岁），吕某甲为二年级学生（7岁），重庆某学校未在平杠处设立醒目的安全警示标识，也未安排专人对事发区域进行有效安全监管。事发后，高某某的监护人与吕某甲的监护人及重庆某学校就赔偿事宜协商未果。高某某的监护人认为系吕某甲的抱腿行为导致高某某跌倒摔伤，同时重庆某学校未尽到充分的管理职责，遂起诉要求吕某甲及其监护人吕某乙、李某某与重庆某学校赔偿高某某各项损失共计191796.11元。

裁判结果： 重庆市长寿区人民法院经审理认为，无民事行为能力人对事物的认知和判断存在明显欠缺，故法律对于无民事行为能力人校园受害事件，对学校适用过错推定原则。本案中，重庆某学校未举证证明其对无民事行为能力人高某某尽到相当的注意及保护义务，未充分履行教育及管理职责，存

[①] 《重庆法院弘扬社会主义核心价值观典型案例（第五批）》（2023年6月22日发布），六、高某某与吕某甲、吕某乙、李某某、重庆某学校教育机构责任纠纷案，载重庆市高级人民法院微信公众号，https://mp.weixin.qq.com/s/GhOpvQgnz5FeUXFRURjILw，最后访问日期：2023年6月28日。

在过错,应承担赔偿责任。吕某甲善意救助行为,符合社会主义核心价值观的价值准则,值得鼓励和倡导;同时,其主观上不存在过错,客观上其行为亦不具有违法性,即使其救助行为未达到其预想效果,仍应免除责任,故吕某甲及其监护人不承担责任。因此,判决由重庆某学校向高某某赔偿各项损失共计122176.71元,其余各方不承担责任。一审判决后,各方服判息诉,该判决已履行完毕。

典型意义

本案中,作为未成年人的无民事行为能力人吕某甲见到高某某即将跌落时毅然伸出友爱之手,虽然高某某最终仍不幸跌倒受伤,但吕某甲不顾危险帮助他人的温暖行为与友爱互助的品质值得肯定和褒扬。若让行善者充满"后顾之忧",让善举背负责任,对善举进行贬斥和责难,无疑会起到消极的社会引领作用,进而导致友善的缺位或迟到。本案裁判充分肯定无民事行为能力人善意救助、保护同伴的行为,判决善意救助人及其监护人不承担侵权责任,有利于传播未成年人助人为乐、见义勇为之正能量,有利于引领团结友善、诚信互助的优良道德风尚,有利于指引广大少年儿童积极践行和谐友善的社会主义核心价值观。

028. 学校应加强安全防范意识,杜绝安全隐患[①]

基本案情:缪某系某小学六年级的学生。2019年11月,缪某在校园内玩耍时被一根横拉的铁丝绊倒致牙齿、牙龈等摔伤。事发地点位于校园内读书广场与师生人行通道之间的绿化带某处,该绿化带系用条石修筑,长逾100

---

① 《重庆法院第三批未成年人司法保护典型案例》(2021年6月1日发布),五、缪某与某小学教育机构责任纠纷案——学校应加强安全防范意识,杜绝安全隐患,载重庆市高级人民法院微信公众号,https://mp.weixin.qq.com/s/PX1KZBXtBka_O3MvW37ofQ,最后访问日期:2023年6月28日。

米,宽约1.3米,高出地面约20厘米。绿化带里主要种植树木。该绿化带将读书广场与师生人行通道隔开,绿化带间隙处也留有通道,供行人通行。涉案铁丝系该小学为防止学生直接从绿化带处穿行踩踏树苗而在两棵树之间横拴的一段细铁丝,但未设置任何警示标志。现缪某诉至人民法院要求学校赔偿医疗费等损失4万余元。

裁判结果: 铜梁区人民法院经审理认为,本案事发地系校园内读书广场与师生人行通道之间的绿化带,该处常有学生走动。因绿化带仅高出地面约20厘米,鉴于小学生的认知能力以及爱跑动的天性,极易直接穿行绿化带,而该校在绿化带内的杂树丛间横拉一段细铁丝,隐蔽性较强,极易绊倒通行学生,存在较大的安全隐患。遂根据过错酌情认定学校承担80%的赔偿责任,判决学校赔偿缪某经济损失17000余元及精神抚慰金1600元。宣判后,双方均未提起上诉。

典型意义

中小学校园安全的内部环境对未成年人健康成长有着至关重要的作用,一方面要求校园内的设备、器材完整完好无安全隐患,另一方面要求学校不得设置有危险隐患的装置。若未成年人因学校内有潜在危险性装置受到损害的,学校作为第一责任人应当承担赔偿责任。校园绿化带虽不用于学生通行,但考虑到未成年人的好动天性,有在绿化带穿梭戏耍的可能,学校也不得以保护花草树木为由在绿化带设置铁丝等具有危险隐患的装置,因此导致未成年人受到伤害的,仍应承担侵权责任。本案对学校加强安全防范意识、营造安全的校园环境具有一定启发意义。

029. 教育机构承担责任的前提和基础是"未尽到教育、管理职责"①

基本案情：原告刘某某系被告鹰潭市某中学初二年级的住宿生。2022年3月24日下午5时许，刘某某去学校食堂就餐，在食堂过道行走时，为避让其他同学侧身摔倒。班主任接到报告后，通知家长接人送医。刘某某的奶奶立即带其前往鹰潭市余江区人民医院就医。初步诊断为右肱骨小头骨折后，医师建议住院手术治疗。但刘某某的奶奶带其前往诊所保守治疗，未进行手术。后刘某因症状未好转，前往南昌大学第一附属医院做手术，住院治疗12天。同年7月29日，刘某某以教育机构责任纠纷为由诉至法院，要求鹰潭市某中学赔偿医疗费等各项损失。

裁判结果：鹰潭市余江区人民法院经审理认为，被告作为食堂的管理者，未在醒目处张贴安全警示标语、铺设防滑设施，也未在用餐高峰期安排秩序维护人员；原告是托管制的住宿生，被告有着较普通学校更高的安全保障义务；原告向班主任报告后，被告未及时将其送医等，救治措施存在不当。综上，被告未尽到管理职责的行为与原告的损失之间存在因果关系，因果程度为70%。原告年满13周岁，在食堂拥挤的过道上行走时未尽到充分的注意义务，自担30%的责任。原告家人选择保守治疗，在一定程度上延误了治疗，导致损失扩大，住院医疗费总额的10%由原告自行承担。遂判决被告向原告支付赔偿金94662.76元。宣判后，原、被告均未提出上诉，判决已发生法律效力。

---

① 《江西高院发布2022年度全省法院贯彻实施民法典十大典型案例》（2023年2月7日发布），十、适用《民法典》第一千二百条认定教育机构在未成年学生伤害事故中未尽到教育、管理职责之案例——刘某某诉鹰潭市某中学教育机构责任纠纷案，载江西法院网，http://jxgy.jxfy.gov.cn/article/detail/2023/02/id/7131118.shtml，最后访问日期：2023年6月28日。

六、教育机构责任纠纷

> **典型意义**
>
> 校园安全是社会公众关注的热点问题。当学生在校园内遭受到人身损害时，校方是否要承担责任，往往成为司法实践中原、被告双方的争议焦点。根据《中华人民共和国民法典》第一千二百条之规定，限制民事行为能力人在教育机构受到人身损害的，对教育机构适用"过错责任原则"，即教育机构承担责任的前提和基础是"未尽到教育、管理职责"。本案审理法院在查明事故原因的基础上，准确区分原、被告各自的过错对损害发生的影响程度，合理确定原、被告双方的责任比例，既坚持了《中华人民共和国民法典》第一千二百条规定的"过错责任原则"，有利于推动教育机构落实安全主体责任，又根据过失相抵原则，在学生及家长对损害发生及扩大也有过错时，适当减轻校方的赔偿责任，合理平衡学生和校方之间的关系，有利于引导学生提高安全防范意识，促进双方共同维护校园安全。

030. 校外培训机构应当具备专业培训能力，在培训中对未成年学员给予充分关注和保护[①]

基本案情：某校外活动中心采取与第三方联合办班的形式为青少年提供培训服务。李某在该校外活动中心成立舞蹈工作室，从事舞蹈培训工作。方某（2009 年出生）自 2016 年起在该舞蹈工作室接受培训。某日，方某在参加舞蹈培训做下腰动作时感到身体不适而哭泣，随后在旁休息。下课后方某的母亲接其回家，发现方某出现双腿无法站立症状，经医院诊断为脊髓损伤、截瘫。后经司法鉴定，方某构成一级伤残，双下肢瘫痪伤情主要为外伤造成

---

① 《2022 年湖北省高级人民法院少年审判工作新闻发布会典型案例》（2022 年 5 月 30 日），七、方某与李某某校外活动中心教育机构责任纠纷案，载湖北法院微信公众号，https://mp.weixin.qq.com/s/dZzuJv2H3qbHkzM7DzMkfw，最后访问日期：2023 年 6 月 28 日。

相应脊髓损伤所致。事发时该舞蹈工作室以及李某个人均没有办理相关营业证照或行业许可，事发后李某才办理个体工商户登记。因为未能就赔偿事宜达成一致，方某父母以李某和某校外活动中心未尽到教育、管理的法定义务为由，代表方某提起本案诉讼，请求依法赔偿方某因伤残所致医疗费、残疾赔偿金等各项损失。

裁判结果：法院经审理认为，李某个人在某校外活动中心成立舞蹈工作室对未成年人进行有偿舞蹈培训，方某在舞蹈培训时致使脊髓受伤、双下肢瘫痪，李某并未采取预防和避免损害发生的相应措施，未举证证明尽到了教育、管理的法定义务，对教学过程中出现的损害事故存在过错，应对方某的损害承担赔偿责任。某校外活动中心与李某联合办班，未尽到应有的管理责任，应当对教学过程中出现的事故共同承担赔偿责任。同时，方某的父母作为监护人未尽谨慎义务，对方某的损害后果应自行承担一定的民事责任。判决李某对方某承担65%的赔偿责任，某校外活动中心承担25%的赔偿责任。

典型意义

无民事行为能力人在幼儿园、学校或者其他教育机构学习、生活期间受到人身损害，幼儿园、学校或者其他教育机构应当承担责任，但能够证明尽到教育、管理职责的，不承担责任。本案两被告系从事校外培训的经营者，应当依照上述法律规定履行相应的教育、管理职责。近年来，随着"双减"政策的施行，各类提供专业特长培训的校外培训机构蓬勃发展，无论是提供服务的校外培训机构还是接受服务的家庭，应当更多关注未成年人在校外培训中的健康和安全。校外培训机构应当具备专业培训能力，在培训中对未成年学员给予充分关注和保护。本案也警示家庭应注重甄别，选取合法合规的培训机构，相关监管部门也要加强监管，不断完善未成年人成长、教育环境。

031. 老师未及时制止学生打闹，学生受伤后亦未及时送医治疗，应认定学校未充分履行教育管理义务[①]

> **法官提醒**
>
> 家长要教育中小学生在校追逐嬉闹需要节制有度，尽可能避免给他人造成伤害。在校未成年学生要增强法治意识，自觉遵守校规校纪，规范自身行为。中小学校也需加强课间秩序管理。各方共同努力，减少未成年人校园伤害事件发生。

基本案情： 原告赵某（12周岁）与被告朱某某（11周岁）系被告天津市某区某小学（以下简称某小学）六年级学生。2018年11月8日下午第三、第四节课课间，同学刘某、韩某某在教室打闹，韩某某因追不上刘某，便让赵某抱住了刘某。朱某某负责班级纪律，要求赵某松手，赵某不松手，朱某某推开赵某，赵某与朱某某相互厮打，朱某某将赵某推撞到墙上。赵某感到疼痛。班主任得知此事后通知了赵某、朱某某的家长。放学后，赵某前往医院就诊，诊断伤情为锁骨骨折，住院11天，支出医疗费36097.86元。2019年8月1日，赵某在天津医院进行二次手术，住院6天，支出医疗费12202.24元。赵某先后两次起诉要求朱某某、朱某某的父母及某小学赔偿医疗费、住院伙食补助费、交通费、护理费、营养费、精神损害抚慰金等各项损失共计6.8万余元。

裁判结果： 法院经审理认为：事发时，原告赵某12周岁、被告朱某某11周岁，均系限制民事行为能力人，作为六年级学生对自己的行为具有一定的

[①] 《赵某与朱某某、天津市某区某小学等健康权纠纷案》，载天津法院网，https://tjfy.tjcourt.gov.cn/article/detail/2020/06/id/5252641.shtml，最后访问日期：2023年6月28日。

辨认能力，对其行为后果具有一定的预见能力。朱某某制止同学打闹，未注意采取合理的方式方法，致原告受伤，应承担与其过错相应的赔偿责任，其作为限制民事行为能力人造成他人损害的，由监护人承担侵权责任。赵某未遵守课间纪律与同学打闹，亦未听从同学朱某某的制止，与朱某某厮打，对其损害的发生也有过错，可以减轻侵权人的责任。本事件发生在校园内，教育机构依法负有对未成年学生的教育、管理和保护的义务。课间教师未及时发现情况制止学生打闹，学生受伤后亦未及时送医治疗，应认定学校未充分履行教育管理义务，也应对伤害后果承担一定的赔偿责任。综上，结合对原告实际损失数额的认定，法院判决被告朱某某的监护人，即朱某某的父母赔偿原告损失的50%即24203元，学校赔偿原告损失的30%即19021元。

典型意义

本案是一起未成年人校园伤害典型案例。近年来，校园伤害案件频发，引起了社会的广泛关注。据统计，该类案件多发于课间休息及体育运动中，且大部分发生于在校生之间。活泼好动是青少年的天性，在课间追逐嬉闹及体育运动中难免发生身体冲撞，引发侵权纠纷。此类案件的审理，关键在于厘清各方的责任。本案中，两名未成年人分别为11、12周岁，根据《中华人民共和国民法典》的规定，8周岁以上的未成年人为限制民事行为能力人，可以独立实施与其智力、精神健康状况相适应的民事法律行为。同时，根据法律规定，限制民事行为能力人造成他人损害的，由监护人承担侵权责任。限制民事行为能力人在学校学习期间受到人身损害，学校未尽到教育、管理职责的，也应承担责任。被侵权人对损害的发生也有过错的，可以减轻侵权人的责任。据此，法院经审理，综合分析认定侵权人为维护班级秩序推搡受害人的行为过当存在过错；受害人不遵守纪律，课间与同学打斗自身行为存在过错；学校未维护好课间秩序、未及时送受害人就医亦存在过错，判决侵权人的监护人、受害人、和学校分担受害人的损失。

该判决结果责任认定准确，比例分担合理，各方当事人在一审判决后均未提起上诉，息诉服判。本案裁判结果依法保障了未成年人的合法权利，同时该案例也警示中小学校需进一步加强课间秩序管理，呼吁在校未成年学生增强法治意识，自觉遵守校规校纪，规范自身行为，避免类似事件的发生。

（三）裁判依据

《中华人民共和国民法典》

第一百二十条 民事权益受到侵害的，被侵权人有权请求侵权人承担侵权责任。

第一千一百九十九条 无民事行为能力人在幼儿园、学校或者其他教育机构学习、生活期间受到人身损害的，幼儿园、学校或者其他教育机构应当承担侵权责任；但是，能够证明尽到教育、管理职责的，不承担侵权责任。

第一千二百条 限制民事行为能力人在学校或者其他教育机构学习、生活期间受到人身损害，学校或者其他教育机构未尽到教育、管理职责的，应当承担侵权责任。

第一千二百零一条 无民事行为能力人或者限制民事行为能力人在幼儿园、学校或者其他教育机构学习、生活期间，受到幼儿园、学校或者其他教育机构以外的第三人人身损害的，由第三人承担侵权责任；幼儿园、学校或者其他教育机构未尽到管理职责的，承担相应的补充责任。幼儿园、学校或者其他教育机构承担补充责任后，可以向第三人追偿。

《中华人民共和国未成年人保护法》

第二十五条 学校应当全面贯彻国家教育方针，坚持立德树人，实施素质教育，提高教育质量，注重培养未成年学生认知能力、合作能力、创新能力和实践能力，促进未成年学生全面发展。

学校应当建立未成年学生保护工作制度，健全学生行为规范，培养未成年学生遵纪守法的良好行为习惯。

第二十六条 幼儿园应当做好保育、教育工作，遵循幼儿身心发展规律，实施启蒙教育，促进幼儿在体质、智力、品德等方面和谐发展。

第二十七条 学校、幼儿园的教职员工应当尊重未成年人人格尊严，不得对未成年人实施体罚、变相体罚或者其他侮辱人格尊严的行为。

第二十八条 学校应当保障未成年学生受教育的权利，不得违反国家规定开除、变相开除未成年学生。

学校应当对尚未完成义务教育的辍学未成年学生进行登记并劝返复学；劝返无效的，应当及时向教育行政部门书面报告。

第二十九条 学校应当关心、爱护未成年学生，不得因家庭、身体、心理、学习能力等情况歧视学生。对家庭困难、身心有障碍的学生，应当提供关爱；对行为异常、学习有困难的学生，应当耐心帮助。

学校应当配合政府有关部门建立留守未成年学生、困境未成年学生的信息档案，开展关爱帮扶工作。

第三十条 学校应当根据未成年学生身心发展特点，进行社会生活指导、心理健康辅导、青春期教育和生命教育。

第三十一条 学校应当组织未成年学生参加与其年龄相适应的日常生活劳动、生产劳动和服务性劳动，帮助未成年学生掌握必要的劳动知识和技能，养成良好的劳动习惯。

第三十二条 学校、幼儿园应当开展勤俭节约、反对浪费、珍惜粮食、文明饮食等宣传教育活动，帮助未成年人树立浪费可耻、节约为荣的意识，养成文明健康、绿色环保的生活习惯。

第三十三条 学校应当与未成年学生的父母或者其他监护人互相配合，合理安排未成年学生的学习时间，保障其休息、娱乐和体育锻炼的时间。

学校不得占用国家法定节假日、休息日及寒暑假期，组织义务教育阶段的未成年学生集体补课,加重其学习负担。

幼儿园、校外培训机构不得对学龄前未成年人进行小学课程教育。

第三十四条 学校、幼儿园应当提供必要的卫生保健条件,协助卫生健康部门做好在校、在园未成年人的卫生保健工作。

第三十五条 学校、幼儿园应当建立安全管理制度,对未成年人进行安全教育,完善安保设施、配备安保人员,保障未成年人在校、在园期间的人身和财产安全。

学校、幼儿园不得在危及未成年人人身安全、身心健康的校舍和其他设施、场所中进行教育教学活动。

学校、幼儿园安排未成年人参加文化娱乐、社会实践等集体活动,应当保护未成年人的身心健康,防止发生人身伤害事故。

第三十六条 使用校车的学校、幼儿园应当建立健全校车安全管理制度,配备安全管理人员,定期对校车进行安全检查,对校车驾驶人进行安全教育,并向未成年人讲解校车安全乘坐知识,培养未成年人校车安全事故应急处理技能。

第三十七条 学校、幼儿园应当根据需要,制定应对自然灾害、事故灾难、公共卫生事件等突发事件和意外伤害的预案,配备相应设施并定期进行必要的演练。

未成年人在校内、园内或者本校、本园组织的校外、园外活动中发生人身伤害事故的,学校、幼儿园应当立即救护,妥善处理,及时通知未成年人的父母或者其他监护人,并向有关部门报告。

第三十八条 学校、幼儿园不得安排未成年人参加商业性活动,不得向未成年人及其父母或者其他监护人推销或者要求其购买指定的商品和服务。

学校、幼儿园不得与校外培训机构合作为未成年人提供有偿课程辅导。

第三十九条 学校应当建立学生欺凌防控工作制度,对教职员工、学生等开展防治学生欺凌的教育和培训。

学校对学生欺凌行为应当立即制止,通知实施欺凌和被欺凌未成年学生的父母或者其他监护人参与欺凌行为的认定和处理；对相关未成年学生及时给予心理辅导、教育和引导；对相关未成年学生的父母或者其他监护人给予必要的家庭教育指导。

对实施欺凌的未成年学生，学校应当根据欺凌行为的性质和程度，依法加强管教。对严重的欺凌行为，学校不得隐瞒，应当及时向公安机关、教育行政部门报告，并配合相关部门依法处理。

第四十条 学校、幼儿园应当建立预防性侵害、性骚扰未成年人工作制度。对性侵害、性骚扰未成年人等违法犯罪行为，学校、幼儿园不得隐瞒，应当及时向公安机关、教育行政部门报告，并配合相关部门依法处理。

学校、幼儿园应当对未成年人开展适合其年龄的性教育，提高未成年人防范性侵害、性骚扰的自我保护意识和能力。对遭受性侵害、性骚扰的未成年人，学校、幼儿园应当及时采取相关的保护措施。

第四十一条 婴幼儿照护服务机构、早期教育服务机构、校外培训机构、校外托管机构等应当参照本章有关规定，根据不同年龄阶段未成年人的成长特点和规律，做好未成年人保护工作。

《学生伤害事故处理办法》

第九条 因下列情形之一造成的学生伤害事故，学校应当依法承担相应的责任：

（一）学校的校舍、场地、其他公共设施，以及学校提供给学生使用的学具、教育教学和生活设施、设备不符合国家规定的标准，或者有明显不安全因素的；

（二）学校的安全保卫、消防、设施设备管理等安全管理制度有明显疏漏，或者管理混乱，存在重大安全隐患，而未及时采取措施的；

（三）学校向学生提供的药品、食品、饮用水等不符合国家或者行业的有关标准、要求的；

（四）学校组织学生参加教育教学活动或者校外活动，未对学生进行相应的安全教育，并未在可预见的范围内采取必要的安全措施的；

（五）学校知道教师或者其他工作人员患有不适宜担任教育教学工作的疾病，但未采取必要措施的；

（六）学校违反有关规定，组织或者安排未成年学生从事不宜未成年人参加的劳动、体育运动或者其他活动的；

（七）学生有特异体质或者特定疾病，不宜参加某种教育教学活动，学校知道或者应当知道，但未予以必要的注意的；

（八）学生在校期间突发疾病或者受到伤害，学校发现，但未根据实际情况及时采取相应措施，导致不良后果加重的；

（九）学校教师或者其他工作人员体罚或者变相体罚学生，或者在履行职责过程中违反工作要求、操作规程、职业道德或者其他有关规定的；

（十）学校教师或者其他工作人员在负有组织、管理未成年学生的职责期间，发现学生行为具有危险性，但未进行必要的管理、告诫或者制止的；

（十一）对未成年学生擅自离校等与学生人身安全直接相关的信息，学校发现或者知道，但未及时告知未成年学生的监护人，导致未成年学生因脱离监护人的保护而发生伤害的；

（十二）学校有未依法履行职责的其他情形的。

第十一条 学校安排学生参加活动，因提供场地、设备、交通工具、食品及其他消费与服务的经营者，或者学校以外的活动组织者的过错造成的学生伤害事故，有过错的当事人应当依法承担相应的责任。

第十二条 因下列情形之一造成的学生伤害事故，学校已履行了相应职责，行为并无不当的，无法律责任：

（一）地震、雷击、台风、洪水等不可抗的自然因素造成的；

（二）来自学校外部的突发性、偶发性侵害造成的；

（三）学生有特异体质、特定疾病或者异常心理状态，学校不知道或者难于知道的；

（四）学生自杀、自伤的；

（五）在对抗性或者具有风险性的体育竞赛活动中发生意外伤害的；

（六）其他意外因素造成的。

第十三条 下列情形下发生的造成学生人身损害后果的事故，学校行为并无不当的，不承担事故责任；事故责任应当按有关法律法规或者其他有关规定认定：

（一）在学生自行上学、放学、返校、离校途中发生的；

（二）在学生自行外出或者擅自离校期间发生的；

（三）在放学后、节假日或者假期等学校工作时间以外，学生自行滞留学校或者自行到校发生的；

（四）其他在学校管理职责范围外发生的。

第十四条 因学校教师或者其他工作人员与其职务无关的个人行为，或者因学生、教师及其他个人故意实施的违法犯罪行为，造成学生人身损害的，由致害人依法承担相应的责任。

七、产品责任纠纷

（一）最高人民法院公报案例及典型案例

032. 销售企业或经销商的虚假宣传行为与消费者延误治疗是否具有关联，应由被侵权人承担相应举证责任[①]

颜某某、程某某1诉周某某、吉林天药科技有限责任公司等侵权责任纠纷案

> **裁判摘要**
>
> 一、保健食品的广告内容必须真实，应以行政主管部门核准的保健功能为准，不得更改和扩大，不得含有虚假、夸大的内容，不得涉及疾病预防、治疗功能。销售企业或经销商推销保健食品时提供的大量宣传资料，如其内容与该保健食品产品说明书载明的功效不一，且不同程度明示或暗示该保健食品具有抗菌、消炎、抗病毒、抗肿瘤、消除疾病等药理作用，则销售企业或经销商宣传保健食品功效的上述违规行为构成虚假宣传，依法应承担虚假宣传责任。

[①] 参见《最高人民法院公报》2019年第1期。

> 二、根据谁主张谁举证的举证规则，销售企业或经销商的虚假宣传行为与消费者延误治疗是否具有关联，以及与消费者死亡是否存在因果关系及参与度如何确定，应由死者近亲属承担相应举证责任。如当事人未能提供证据或者证据不足以证明其事实主张的，依法由负有举证证明责任的当事人承担不利的后果。
>
> 三、经营者向消费者提供有关商品或者服务的质量、性能、用途、有效期限等信息，应当真实、全面，不得作虚假或者引人误解的宣传。经营者提供商品或者服务有欺诈行为的，消费者有权在法律规定的幅度内主张惩罚性赔偿金。

原告：颜某某。

原告：程某某1。

被告：周某某。

被告：吉林天药科技有限公司，住所地：吉林省长春市高新技术产业开发区。

法定代表人：曲连琴，该公司董事长。

被告：吉林天药生物科技有限公司，住所地：吉林省长春市高新技术产业开发区。

法定代表人：李玉明，该公司董事长。

原告颜某某、程某某1因与被告周某某、吉林天药科技有限公司（以下简称天药公司）、吉林天药生物科技有限公司（以下简称天药生物公司）发生侵权责任纠纷，向安徽省宣城市中级人民法院提起诉讼。

原告颜某某、程某某1诉称： 2010年8月，受害人苏某某经上海复旦大学附属医院检查，发现右乳上方有一小肿块，遂打算防治乳腺疾病或×××。2010年9月中旬，被告周某某向苏某某推销被告天药公司生产的"活力宝"保健品，并称该保健品在德国是处方药，在美国是非处方药，癌症患者服用后能够使肿瘤变小、小肿瘤消失、没有肿瘤的人服用后能够防病治病、延年益寿。为达到其推销产品的目的,周某某向苏某某提供产品宣传资料,并组织其参加产品培训,以此夸大宣传"活力宝"保健品包治百病、治愈不治之症的特异功效,致使苏某某相信并开始购买服用该保健品。使用初期,苏某某出现不适症状,周某某称系"好转反应"继续欺骗苏某某,并以公司将对大额用户奖励股票为许诺说服苏某某长期服用该保健品。2011年3月、4月期间,苏某某感觉疲惫,胸部疼痛,其向被告邀集的专家进行咨询,专家答复是"好转反应",告知其肿块已软化,仍需加大服用量。2010年10月至2011年7月期间,苏某某先后在周某某处采购了5万余元的保健品。2011年8月,经黄山市人民医院、安徽医科大学第一附属医院检查,确诊苏某某患×××并转移至肝肺。随后苏某某辗转至杭州、合肥、上海等地治疗,历经八次手术、六次化疗,受尽病痛折磨,最终因病情恶化于2013年1月5日去世。两原告认为,周某某及天药公司、天药生物公司共同向苏某某虚假宣传"活力宝"保健品的疗效,采用仪器检查及聘用专家解答、诊疗等方式,欺骗苏某某购买并服用"活力宝"保健品,误导苏某某确信其服用保健品的疗效,致使苏某某放弃了通过正规医疗措施防治癌症、治愈癌症的机会,并最终酿成了失去生命的严重后果,周某某与天药公司、天药生物公司应承担全部赔偿责任。请求判令:1.周某某与天药公司、天药生物公司连带赔偿双倍货款10.162万元;2.周某某与天药公司、天药生物公司连带赔偿误工费、护理费、医药费、丧葬费、死亡赔偿金、被抚养人生活费、精神损害抚慰金等共计70万元。

被告周某某辩称:1.受害人苏某某从未对其提及自己患有疾病或癌症事宜,仅告知其个人家庭矛盾及生活困扰。苏某某为让其女原告程某某1生活有着落,经过努力,取得"天耀牌系列产品"的黄山代理权,故其与苏某某、程某某1均为同事关系,周某某仅帮助苏某某、程某某1汇款进货,苏某某所进货品是为销售而非其个人使用。周某某既不是经营者,也不是广告发布者，其未违反广告法的规定从事广告活动。2. 苏某某、程某某1是被告天药公司产品的销售者，具有民事行为能力和一定的文化知识，"天耀牌菊泰产品"说明书中已提示"本产品不能替代药物"，其二人是明知的。苏某某、程某某1参加过被告公司组织的培训，对产品是否存在危及人身安全的缺陷也是清楚的。3. 原告颜某某、程某某1以产品责任为由起诉，既未提供该产品存在质量缺陷及危险的相关证据，也无证据证实苏某某服用了该产品及因服用"活力宝"保健品而死亡。苏某某、程某某1提供的相关病例及派出所的死亡证明等证据，仅能反映苏某某死于疾病。综上，颜某某、程某某1的起诉无事实及法律依据，请求法院驳回颜某某、程某某1的起诉。

被告天药公司、天药生物公司共同辩称：1. 原告颜某某、程某某1诉称受害人苏某某因服用"活力宝"而延误了治疗时机，但其未对产品质量提出异议，故本案案由不应确定为产品责任纠纷；2. 苏某某系完全民事行为能力人，根据生活常识，其对"活力宝"作为保健品能否治疗癌症的功效应当知晓；3. 两公司与苏某某及两原告并不相识，既没有直接向其销售"活力宝"产品，也未向其宣传"活力宝"可以治愈癌症；4. 苏某某死亡与其服用"活力宝"之间没有直接因果关系，原告所称延误治疗时机，既无证据证实，也与颜某某、程某某1称苏某某做了八次手术及化疗的事实不符。综上，两公司对苏某某死亡均不承担赔偿责任，请求法院依法判决驳回两原告的诉请。

安徽省宣城市中级人民法院一审查明：

原告颜某某系死者苏某某之母，原告程某某1系受害人苏某某之女。2007年，苏某某与其夫程某某办理离婚登记手续，2006年，苏某某之父苏定德离世。被告周某某与苏某某相熟，其系被告天药生物公司授权的安徽省绩溪县域内产品经销商，经销该公司的"活力宝"等保健产品。

2010年8月19日，受害人苏某某因身体不适前往复旦大学附属肿瘤医院检查，门诊检查初步诊断为"右乳上方肿块恶性"，医生处方为"检验科申请：肝功能（全套），钼靶申请：乳腺双侧钼靶；超声波申请；乳腺、腋下"。同日，该院超声波检查提示：1. 右乳实质不匀质占位；2. 双乳符合小叶增生声像图；3. 右腋下肿大淋巴结；4. 右腋下未见异常淋巴结。苏某某未再继续检查，即行返回绩溪县。此后，苏某某遇见被告周某某，即将其在医院检查发现右乳长有肿块的情况告知了周某某，周某某遂向苏某某推荐其经营的系列保健产品，并邀其参加相关产品的推介会、培训会。苏某某通过了解"活力宝"等保健产品宣传资料及参与上述宣传活动后，轻信"活力宝"等保健产品对其体内肿块具有治疗作用，遂通过周某某购买服用。2010年10月至2011年7月期间，苏某某陆续出资49760元用以购买天耀牌"活力宝"、松花粉、钙片等系列产品。2011年8月，苏某某自觉病情加重，遂到安徽医科大学第一附属医院检查，经诊断为"右乳癌伴右腋下淋巴结，考虑双肺及肝脏转移"。同年8月25日，苏某某在该院行"右侧乳房切除+右侧腋窝淋巴结切除术"，术后病情好转，于2011年9月5日出院。此后至2012年12月期间，苏某某因右乳癌术后伴肝、肺等部位转移先后在合肥市第二人民医院、黄山市人民医院、安徽省立医院、杭州艾克中医肿瘤门诊部治疗，病情未见明显好转。2012年12月28日，苏某某因病情恶化入住绩溪县中医院治疗，于2013年1月5日出院，并于同日死亡。经绩溪县医疗保险管理中心结算，苏某某于2011年10月至2013年1月期间发生的医疗费用为171808.86元，其中的100483.41元由医保报销，余额71325.45元由苏某某自行负担。2013年5月2日，原告颜某某、程某某1以周某某及天药公司为被告向法院提起诉讼，因两原告未举证证实其与死者苏某某之间的亲属关系，法院于2013年9月13日裁定驳回了两原告的起诉。2014年1月16日，颜某某、程某某1以被告周某某、天药公司虚假宣传为由，诉至法院，请求判如所请。诉讼中，颜某某、程某某1申请追加天药生物公司为本案被告参加诉讼，法院依法予以准许。

另查明：被告天药公司与天药生物公司均系独立法人，天药生物公司成立于2002年，其经营范围为研究、开发保健食品；天耀牌菊泰软胶囊销售；

方便食品的生产、销售。案涉的"活力宝"菊泰软胶囊包装盒及瓶身上载有统一规范的天蓝色"保健食品"标志［批准文号为：卫食健字（2002）第0522号］及"企业名称：吉林天药科技有限公司保健功能：免疫调节、抗疲劳注意事项：本品不能替代药物"等基本信息。苏某某服用的其他产品包括"芯舒"沙棘黄精胶囊、"松花粉片""骨钙素"，上述产品的瓶身上载明的企业名称均为天药生物公司。2010年4月，天药生物公司颁发"天耀授权书"给被告周某某，授权周某某为天药生物公司在安徽省绩溪县产品经销商，负责天药生物公司产品在该地区的销售与售后服务。周某某在销售过程中，向受害人苏某某展示了天药生物公司提供的相关宣传资料，包括《产品健康手册》、"活力宝"软胶囊产品介绍、《天药健康家园》期刊、《骨髓是最强生产力》读本以及部分产品宣传单页。宣传资料主要介绍骨髓功能及对人体各项机能的重要性，"活力宝"菊泰软胶囊的成分及该成分对滋养骨髓达到提高人体免疫力的药物原理等内容。其中，《产品健康手册》记载"活力宝"主要作用及适用人群："抗菌、消炎、抗病毒，改善体质、预防伤风、感冒，增强免疫力、缓解体力疲劳、抗肿瘤。适用于免疫力低下，极易患病人群；长期服用抗生素类药及慢×××患者；不能或不愿手术及手术、放化疗肿瘤患者；对于体质虚弱、容易患伤风感冒，及经常感觉疲惫人士，效果尤为显著"。"活力宝"产品介绍资料中记载："活力宝是选用免疫药王紫锥菊和补益大王性温的西洋参复合而成……，具有滋养骨髓，全面、持久、安全、根本恢复免疫系统；修复身体机能、根本消除疾病；强心、强脑、强体力的全康复作用……"2011年9月，天药生物公司颁发股票持有凭证给苏某某，相关内容为："兹证明苏某某在2011年度天药健康家园品牌产品的推广奖励活动中，获赠天药科技公司股票1000股……"

又查明："活力宝"保健食品说明书中载明的保健功能为"免疫调节，抗疲劳"。受害人苏某某死亡后，原告程某某1的父亲程某某与被告周某某进行交涉，并对双方的对话内容予以了录音。交涉过程中，周某某表示对剩余产品,其愿意另找他人出售,同时周某某称其对苏某某身患癌症的情况不知情,对苏某某乳腺处长有肿块的客观情况知悉和了解。

再查明:诉讼中,原告颜某某、程某某1申请对受害人苏某某服用被告天药公司及天药生物公司的相关产品、延误乳腺疾病治疗与受害人因乳腺疾病死亡之间的因果关系及原因力大小进行鉴定,经法院联系多家鉴定机构,或未作答复,或明确回复无法鉴定,本案鉴定程序无法启动。

安徽省宣城市中级人民法院一审认为:

本案的争议焦点:1. 被告周某某、天药公司、天药生物公司是否存在虚假宣传等违规行为;2. 虚假宣传行为与受害人苏某某延误治疗时机有无关联及苏某某死亡有无因果关系;3. 受害人的损失及责任主体和责任承担方式如何确定。

关于争议焦点一的审查。根据国务院卫生行政部门《保健食品管理办法》规定,保健食品系指表明具有特定保健功能的食品,适宜于特定人群食用,具有调节机体功能,不以治疗疾病为目的的食品。保健食品的标签、说明书和广告内容必须真实,符合其产品质量要求,不得有暗示可使疾病痊愈的宣传。《中华人民共和国食品安全法》第五十四条规定:"食品广告的内容应当真实合法,不得含有虚假、夸大的内容,不得涉及疾病预防、治疗功能。"保健食品广告应以行政主管部门核准的保健功能为准,不得更改和扩大。被告周某某在向受害人苏某某推销"活力宝"系列产品时提供了大量的宣传资料与图册,业经法院查证属实。上述宣传资料的内容与"活力宝"保健食品产品说明书载明的功效不一,且不同程度地明示或暗示"活力宝"产品具有抗菌、消炎、抗病毒、抗肿瘤,消除疾病等药理作用,违反了法律的强制性规定,周某某明知上述宣传资料的内容,仍向苏某某销售天耀牌"活力宝"等产品,其行为属虚假宣传行为。周某某经销的产品系被告天药生物公司销售,且周某某根据天药生物公司的授权在特定区域内从事经营活动,结合天药生物公司的经营范围和上述宣传资料兼具保健等专业知识以及天药生物公司认可苏某某购买"活力宝"系列产品获赠公司股份的客观事实,可以认定上述宣传资料为天药生物公司所提供，天药生物公司作为销售天耀牌"活力宝"菊泰软胶囊的经营主体，其行为亦构成虚假宣传。天药生物公司辩称周某某的促销宣传行为与其无关且相关宣传资料非本公司提供，因未提举反驳证据，法院对其该节辩解主张不予采信。周某某辩称苏某某及原告程某某1为案涉保健产品的代理经销商，未提供证据证实，且从原告方提供的大量产品空瓶图片及周某某在录音中承诺对剩余产品可以代苏某某出售的情况，可以判断苏某某所购产品为自己服用，属于消费者，法院对周某某的该节辩解意见不予支持。原告颜某某和程某某1提供的举证材料，仅能证明被告天药公司系"活力宝"保健产品的生产商，不能证实天药公司在本案中亦向消费者虚假宣传、推荐案涉保健产品，故对颜某某和程某某1有关天药公司存在虚假宣传行为的诉讼主张，法院不予采纳。

关于争议焦点二的审查。首先，从受害人苏某某出现病症、接受治疗直至死亡的过程来看，2010年8月苏某某经医院诊断发现其右乳出现肿块并疑似恶性肿瘤时，苏某某未作进一步检查和治疗，其本人迟至次年8月方经医院确诊为右乳癌伴右腋下淋巴结并转移至肝肺等部位，此后苏某某辗转在多家医院进行治疗，后因医治无效于2013年1月5日死亡。苏某某作为完全民事行为能力人，在医院诊断其右乳肿块疑似恶性肿瘤时，疏于关注个人生命健康和安危，是其未及时接受医疗机构诊疗的客观原因和主导因素。其次，被告周某某得知苏某某右乳生有肿块时，苏某某是否罹患×××尚未经医疗机构确诊。被告周某某作为普通的个体经营者，对右乳肿块疾病的发展、演化及后果不具备医务工作者的专业判断能力，苏某某对此应具备常人的基本辨识能力。周某某在推销"活力宝"产品过程中的不实宣传行为，虽与苏某某没有通过常规方法、程序治疗自身疾病存在一定牵连，但鉴于苏某某订购产品的包装盒、瓶身及产品说明书对产品疗效和注意事项予以了提示，苏某某作为大量服用活力宝产品的直接使用者，主观上对"活力宝"产品属性为"保健品"、产品功能限于"免疫调节、抗疲劳"以及"本品不能替代药物"

的注意事项是知情的，其未及时寻医就诊，系其自身对所患疾病性质的错误预估和判断所致。最后，癌症为凶险顽症，人类目前的医学科技水平难以治愈。原告颜某某和程某某1称苏某某贻误诊疗时机，与周某某等被告夸大宣传"活力宝"产品的功效存在关联并致苏某某死亡，应提举证据予以证明。本案中，颜某某和程某某1虽申请就苏某某死亡与周某某等被告夸大宣传、贻误治疗时机的因果关系及原因力大小进行鉴定，但因相关鉴定机构对其申请评定的事项无法鉴定等客观原因，致苏某某死亡、贻误诊疗时机与周某某及被告天药生物公司违规宣传之间的因果关系及参与度无法确定。综上，根据谁主张谁举证的举证规则，颜某某、程某某1应承担相应不利后果，其有关苏某某死亡与周某某等被告虚假宣传产品功效相关的诉讼主张不能成立。

关于争议焦点三的审查。原告颜某某和程某某1作为死者苏某某的近亲属，其于本案中主张被告周某某与天药公司、天药生物公司连带返还双倍货款10.162万元并连带赔偿误工费、护理费、医药费、丧葬费、死亡赔偿金、被抚养人生活费、精神损害抚慰金等共计70万元。经查实，受害人苏某某生前购置"活力宝"、松花粉片等系列产品的货款总值为49760元，颜某某和程某某1主张苏某某支付的货款总额为50810元，超额部分的货款因无证据证实，法院不予支持；苏某某死于×××，无证据证明其死亡与周某某、天药生物公司的违规宣传行为具有因果关系，因此，苏某某为治疗疾病支出的医疗费用，以及苏某某近亲属因其死亡造成的各项财产损失，均应由其本人或其近亲属自行承担；本案纠纷性质为虚假广告宣传引发的财产损失赔偿纠纷，与产品缺陷造成的人身权益和财产损害赔偿纠纷的性质不一，颜某某和程某某1主张周某某等被告承担给付精神损害抚慰金的民事责任，没有事实依据和法律依据。周某某、天药生物公司销售或经销"活力宝"等系列产品过程中，违反法定义务，违规宣传案涉保健产品的功效，致使苏某某误识误信后购置49760元产品的事实清楚，根据《中华人民共和国消费者权益保护法》第五十五条的规定，颜某某、程某某1主张周某某、天药生物公司按双倍货款承担赔偿责任，符合法律规定，周某某与天药生物公司依法应予承担的赔偿数额为 49760 元×2＝99520 元。至于天药公司应否承担连带赔偿责任，因颜某某和程某某 1 未能举证证明天药公司亦存在虚假宣传行为，故天药公司在本案中不应承担民事赔偿责任，颜某某和程某某 1 有关天药公司承担赔偿责任的诉讼请求，法院不予支持。

综上，安徽省宣城市中级人民法院依照《中华人民共和国侵权责任法》第二条第一款、第八条、第十三条、第十五条第一款（六）项，《中华人民共和国食品安全法》第五十四条、第五十五条，第九十九条第一款，《中华人民共和国消费者权益保护法》第二十条第一款、第五十五条第一款之规定，于 2014 年 7 月 23 日作出判决：

被告周某某、吉林天药生物科技有限公司于本判决生效后十日内连带赔偿原告颜某某、程某某 1 经济损失 99520 元。

原告颜某某、程某某 1、被告周某某、天药生物公司均不服一审判决，向安徽省高级人民法院提起上诉。

安徽省高级人民法院经二审，确认了一审查明的事实。

颜某某、程某某 1 上诉称：1. 原审遗漏了主要事实和证据的审查，程序违法。本案不仅仅是欺诈销售的问题，非法医疗的侵权行为是导致延误治疗的重要原因，如果没有非法治疗行为，受害人不会这么长久持续购买并服用而上当受骗。颜某某、程某某 1 已经提出非法治疗侵权的事实主张，并且提供了翔实的证据。原审并没有依法审查和认定，客观上导致判决结果的严重失衡。2. 原审认定事实错误。第一，原审不予认定虚假宣传与死亡结果存在因果关系错误。原审已经查明并认定了受害人苏某某通过了解活力宝等保健产品宣传资料及参与上述宣传活动后，轻信活力宝等保健产品对其体内肿瘤具有治疗作用，遂通过周某某购买服用。这实际是受害人选择服用活力宝代替正规医疗，轻信了周某某、天药公司、天药生物公司实施的虚假宣传等行为，也就是查明了虚假宣传与延误治疗存在因果关系。第二，原审认定受害人延误治疗系自己原因没有任何事实依据，且犯了逻辑错误。原审判决的主要理由是受害人"疏于关注个人生命××和安危""应具备常人的基本辨识能力""系其自身对所患××性质的错误判断所致"这是无视周某某、天药公司、天药生物公司所实施的一系列欺诈行为和非法医疗行为的事实的武断认定，严重脱离本案的事实。相反受害人是非常某某自己的生命××和安危而认真选择医治措施才受骗上当的，受害人并无过错。第三，因果关系认定并不完全依赖司法鉴定。受害人并不是毫无根据的选择涉案保健品，而是基于宣传内容和非法治疗行为的欺骗性具有很高的可信度而和众多的受害者一样被动做出了接受"不能或不愿手术及手术、××患者"的"免疫疗法"持续服用所谓治癌消除肿瘤作用的产品，足以证明造成受害人错过了最佳的治疗期，因果关系证据充分，乳腺肿瘤患××变癌细胞转移扩散无法医治而死亡。本案没有司法鉴定机构鉴定绝对不能作为否认因果关系成立的理由。3. 适用法律错误。（1）原审以周某某对受害人身患癌症未确诊、无法判断其演变为由，为其开脱延误治疗的责任，没有法律依据。周某某明知受害人患乳腺肿瘤需要进行医治，所以宣传的内容就是防癌治癌的虚假信息，推销的是防癌治癌的假药，从事非法销售和非法诊疗的商业诈骗行为，对造成受害人损害的后果主观上持放任的间接故意心态，完全符合侵权的构成要件。原审把延误治疗的责任归于受害人轻信，显然属于没有依法作出的认定。（2）原审在认定虚假宣传事实成立的同时，以无法确定虚假宣传与延误治疗、致人死亡之间的因果关系及原因力大小、无鉴定单位鉴定、（法官）无法判断为由，判定颜某某、程某某1承担举证不能的法律后果，这显然没有法律依据。没有司法鉴定机构，不是当事人的责任。没有鉴定，但有其侵权行为、损害后果、侵权因果关系证据的，不能以无鉴定结论否定侵权事实的存在，应当依法作出保护受害人的判决。综上，请求判令：1. 撤销原审判决第二项；2. 周某某与天药公司、天药生物公司连带赔偿误工费、护理费、医药费、丧葬费、死亡赔偿金、被扶养人生活费、精神损害抚慰金等共计70万元。

周某某上诉称：1. 原审判决认定部分事实错误，苏某某采购的涉案产品是用于销售。原审判决以"颜某某、程某某1提供的大量产品空瓶图片及周某某在录音中承诺对剩余产品可以代某某出售的情况，可以判断苏某某所购产品为自己服用，属于消费者"。该判断证据不足，为主观臆断。第一、周某某没有对苏某某家属承诺过代为出售剩余产品；第二、单凭空瓶图片就认定苏某某服用了该产品是消费者，违反了孤证不能定案的原则。事实上周某某没有向苏某某销售涉案产品，苏某某本人也是涉案产品的销售代理人，其购买涉案产品是用于代理销售。苏某某作为具有完全民事行为能力人，其一次性采购80瓶钙片等产品，货值45000元，很明显不是用于自己服用，其目的是用于销售，上诉人颜某某、程某某1向原审法院提供的票据证据，也证明了苏某某直接从厂家采购45000元货物是用于销售。另外，颜某某、程某某1也提供证据证明，苏某某持有涉案产品生产商天药公司为奖励其推广产品赠送的1000股股票，为涉案产品所属公司的股东。以上事实均证明苏某某不是消费者，而是涉案产品的代理商。因此，原审判决认定苏某某是消费者的事实错误。2. 原审判决适用法律错误。第一，根据《中华人民共和国消费者权益保护法》第五十五条规定：经营者提供商品或者服务有欺诈行为的，应当赔偿消费者的损失。该法条规定的赔偿对象是消费者。但本案苏某某不是消费者，而是销售代理者，周某某与苏某某之间没有买卖商品或者服务的商事关系。因此，原审判决适用该条法律要求周某某赔偿颜某某、程某某1损失错误。第二，苏某某代理销售的产品并不全是涉案产品"活力宝"还包括钙片等其他产品。原审法院在对涉案产品"活力宝"数额没有查清的情况下，将非涉案产品钙片等与涉案产品"活力宝"的数额一并计算赔偿，没有依据。综上，原审判决认定事实、适用法律和判决周某某承担连带责任错误。请求二审法院依法判决。

天药生物公司上诉称：原审认定事实错误，适用法律不当。第一，根据《中华人民共和国广告法》的规定，广告是指商品经营者或者服务提供者承担费用，通过一定媒介和形式直接或者间接地介绍自己所推销的商品或者所提供的服务的商业广告。广告内容存在虚假或欺骗内容的为虚假广告。本案中，上诉人颜某某、程某某1向原审法庭提供的所谓广告均无广告主、无广告发布者、无广告经营者，无媒介传播，为私自印刷品，不属法律意义上的广告，应当由制造者承担责任。天药生物公司针对这些广告并不知情，无法履行监控义务，自身没有过错。颜某某、程某某1也没有提供相应证据证明天药生物公司存在过错，故原审认定天药生物公司存在虚假广告宣传错误。第二，根据国家相关法律法规，经销保健品的企业应当向所在地县级食品药品监督管理部门提出申请，取得《保健食品经营许可证》并在工商行政管理部门办理登记注册。周某某不是天药生物公司的员工，其作为自然人无保健品经营资质，仅负责向当地的药品经销商推介活力宝产品，其自身更无发布广告宣传的主体资格，也无广告宣传的授权书。第三，根据《中华人民共和国广告法》第三十八条的规定，发布虚假广告，欺骗和误导消费者，使购买商品或者接受服务的消费者的合法权益受到损害的，由广告主依法承担民事责任。根据此规定，虚假广告只有给消费者造成损害才能承担民事责任，本案中苏某某的死亡系因身患癌症，不能证明与所谓的虚假广告之间存在因果关系。故颜某某、程某某1的诉讼无事实依据。综上所述，请求：1. 撤销原审判决第一项中由天药生物公司连带赔偿颜某某、程某某1经济损失99520元；2. 驳回颜某某、程某某1的诉讼请求。

安徽省高级人民法院二审认为：

本案二审争议焦点为：1. 涉案产品是否存在虚假广告宣传，以及应承担虚假广告宣传的责任主体；2. 受害人苏某某是涉案产品的消费者还是销售者；3. 苏某某是否因为涉案产品的宣传延误治疗，其死亡与涉案产品是否存在因果关系，本案因客观原因无法鉴定，上诉人颜某某、程某某1是否应承担举证不能的法律后果；4. 上诉人周某某、天药生物公司和被上诉人天药公司是否要对苏某某的死亡承担赔偿责任，以及赔偿的项目和数额。

一、关于涉案产品是否存在虚假广告宣传以及应承担虚假广告宣传的责任主体问题。

根据国务院卫生行政部门《保健食品管理办法》规定，保健食品系指表明具有特定保健功能的食品，适宜于特定人群食用，具有调节机体功能，不以治疗疾病为目的的食品。保健食品的标签、说明书和广告内容必须真实，符合其产品质量要求，不得有暗示可使疾病痊愈的宣传。《中华人民共和国食品安全法》第五十四条规定："食品广告的内容应当真实合法，不得含有虚假、夸大的内容，不得涉及疾病预防、治疗功能。"保健食品广告应以行政主管部门核准的保健功能为准，不得更改和扩大。上诉人颜某某、程某某1举证的上诉人周某某在向受害人苏某某推销"活力宝"系列产品时提供了大量的宣传资料与图册的内容与"活力宝"保健食品产品说明书载明的功效不一致，且不同程度地明示或暗示"活力宝"产品具有抗菌、消炎、抗病毒、抗肿瘤等药理作用，违反了法律的强制性规定，周某某的行为属虚假宣传行为。因周某某经销的产品系上诉人天药生物公司销售，且周某某是根据上诉人天药生物公司的授权在特定区域内从事经营活动，结合天药生物公司认可苏某某购买"活力宝"系列产品获赠公司股份的客观事实，原审认定上述宣传资料为天药生物公司所提供，天药生物公司作为销售天耀牌"活力宝"菊泰软胶囊的经营主体，其行为亦构成虚假宣传并无不当。天药生物公司上诉称周某某的促销宣传行为与其无关且相关宣传资料非本公司提供，因未提供证据，其主张不予采信。但颜某某和程某某1提供的证据，仅能证明被上诉人天药公司系"活力宝"保健产品的生产商，不能证实天药公司在本案中亦向消费者虚假宣传、推荐案涉保健产品，故对颜某某和程某某1有关天药公司存在虚假宣传行为的诉讼主张，不予采纳。

二、关于受害人苏某某是涉案产品的消费者还是销售者问题。

上诉人周某某上诉称苏某某及上诉人程某某1为案涉保健产品的代理经销商，未提供证据证实。苏某某在推广会，销售商培训会上发言系作为服用产品者谈感受，不能证明苏某某是作为销售者参与组织了推广会、销售商培训会。从上诉人颜某某、程某某1提供的大量产品空瓶图片，原审认定苏某某所购产品为自己服用，属于消费者并无不当，周某某上诉认为苏某某是涉案产品的销售者主张不能成立，法院不予支持。

三、关于本案受害人苏某某是否因为涉案产品的宣传延误治疗，苏某某的死亡与涉案产品是否存在因果关系，上诉人颜某某、程某某1是否应承担因客观原因无法鉴定的法律后果的问题。

从苏某某检查出病症、接受治疗直至死亡的过程来看，2010年8月苏某某经医院诊断发现其右乳出现肿块并疑似恶性肿瘤时，苏某某未作进一步检查和治疗，至次年8月经医院确诊为右乳癌伴右腋下淋巴结并转移至肝肺等部位，此后苏某某辗转在多家医院进行治疗，后因医治无效于2013年1月5日死亡。苏某某作为完全民事行为能力人，在医院诊断其右乳肿块疑似恶性肿瘤时，未及时接受医疗机构诊疗，疏于关注个人生命安危，是死亡的客观原因和主导因素。在上诉人周某某得知苏某某右乳生有肿块时，苏某某是否罹患×××尚未经医疗机构确诊。周某某作为普通的个体经营者，对右乳肿块的发展、演化及后果不具备医务工作者的专业判断能力。周某某在推销"活力宝"产品过程中的不实宣传行为，虽与苏某某没有通过常规方法、程序治疗自身存在一定牵连，但鉴于苏某某订购产品的包装盒、瓶身及产品说明书对产品疗效和注意事项予以了提示，苏某某对此应具备常人的基本辨识能力，主观上对"活力宝"产品属性为"保健品"、产品功能仅限于"免疫调节、抗疲劳"以及"本品不能替代药物"的注意事项是知情的，其未及时寻医就诊，系其自身对所患肿瘤性质的错误预估和判断所致。同时，癌症为凶险顽症，人类目前的医学科技水平难以治愈。颜某某和程某某1称苏某某贻误诊疗时机，与周某某等夸大宣传"活力宝"产品的功效存在关联并致苏某某死亡，应提供证据予以证明。本案中，上诉人颜某某和程某某1虽申请就苏某某死亡与周某某等夸大宣传、贻误治疗时机的因果关系及原因力大小进行鉴定，但因相关鉴定机构对其申请评定的事项无法鉴定等客观原因，致苏某某死亡、贻误诊疗时机与周某某及上诉人天药生物公司违规宣传之间的因果关系及参与度无法确定。因本案系一般侵权赔偿纠纷，根据谁主张谁举证的举证规则，颜某某、程某某1应承担相应的不利法律后果。

四、关于上诉人周某某、上诉人天药生物公司和被上诉人天药公司是否要对受害人苏某某的死亡承担赔偿责任，以及赔偿的项目和数额问题。

上诉人颜某某和程某某1上诉主张周某某、天药生物公司、天药公司连带赔偿误工费、护理费、医药费、丧葬费、死亡赔偿金、被扶养人生活费、精神损害抚慰金等共计70万元。因苏某某死于×××，无证据证明其死亡与周某某、天药生物公司的违规宣传行为具有因果关系，因此，颜某某和程某某1要求赔偿上述各项财产损失没有依据。同时，本案纠纷性质为虚假广告宣传引发的财产损失赔偿纠纷，颜某某和程某某1主张周某某、天药生物公司、天药公司承担给付精神损害抚慰金的民事责任，没有事实和法律依据。周某某、天药生物公司销售或经销"活力宝"等系列产品过程中，违反法定义务，违规宣传案涉保健产品的功效，致使苏某某误识误信后购置49760元产品的事实清楚，根据《中华人民共和国消费者权益保护法》第五十五条的规定，颜某某、程某某1主张周某某、天药生物公司按双倍货款承担赔偿责任，符合法律规定，苏某某生前购置"活力宝"、松花粉片等系列产品的货款总值为49760元，颜某某和程某某1主张苏某某支付的货款总额为50810元，因对其中1050元生物断层分析仪没有提供相关购买证据证明，故法院不予支持。至于天药公司应否承担连带赔偿责任，因颜某某和程某某1未能举证证明天药公司亦存在虚假宣传行为，故天药公司在本案中不应承担民事赔偿责任，颜某某和程某某1上诉要求天药公司承担赔偿责任的理由不能成立，法院不予支持。

综上，原审判决认定事实清楚，适用法律正确。安徽省高级人民法院依照《中华人民共和国民事诉讼法》第一百七十条第一款第（一）项之规定，于 2015 年 8 月 25 日作出判决：

驳回上诉，维持原判。

本判决为终审判决。

033. 产品跨境召回责任的认定[1]

基本案情：贝某迪大药厂指定香港某公司在中国独家销售细菌溶解物"兰菌净"。2013 年 11 月，某草公司与某公司签订《独家经销协议》，从该公司进口"兰菌净"，在内地独家销售。2016 年 1 月，国家食品药品监督管理总局发布公告，要求停止进口"兰菌净"，并责令召回。因贝某迪大药厂未召回"兰菌净"，导致某草公司尚未销售的 234719 瓶库存产品无法处理。某草公司起诉要求贝某迪大药厂赔偿其库存产品的损失及利息等。

裁判结果：最高人民法院审理认为，某草公司与贝某迪大药厂未成立合同关系，其不能向贝某迪大药厂主张合同权利。但贝某迪大药厂作为生产者，在负有召回义务的情况下，怠于采取召回措施，给某草公司造成了损失，系不作为方式的侵权，应对某草公司承担侵权赔偿责任。故判决贝某迪大药厂向某草公司赔偿库存"兰菌净"的损失和利息、分销商退回"兰菌净"的损失和利息、库存的处理费用等。

典型意义

该案是最高人民法院第一国际商事法庭实体审理的"第一案"，也是其作出的首个国际商事判决。该案根据《最高人民法院关于设立国际商事法庭若干问题的规定》，实行一审终审制，判决一经作出即生效，以公正高

---

[1] 《最高法发布第三批涉"一带一路"建设典型案例》（2022 年 2 月 28 日发布），一、高效审结国际商事案件明晰产品跨境召回责任——广东某草药业集团有限公司与意大利贝某迪大药厂产品责任纠纷案，在最高人民法院网站，https：//www.court.gov.cn/zixun/xiangqing/347711.html，最后访问日期：2023 年 6 月 28 日。

效的争议解决优势极大满足了商事主体高效率解决纠纷的需求，并对国际商事法庭的运行和发展作出了有益的探索。该案系因跨境销售的缺陷产品召回而引起的赔偿纠纷。针对境内销售商能否超越合同相对性原则，直接向境外生产商索赔这一法律问题，首次明确了裁判规则，即确认境外生产商作为缺陷产品的最终责任主体，在其怠于履行产品召回责任的情况下，境内销售商可以在履行召回义务后，依法向境外生产商直接主张侵权赔偿责任。该归责原则对今后类似纠纷案件的解决具有示范指导作用。

034. 残疾辅助器具的经营者若因服务缺失导致购买人产生人身损害，应根据其过错程度承担相应的侵权责任[①]

基本案情：王某某因交通事故手术截肢，向某康复器具公司购买假肢产品。2016年4月25日，双方签署《产品配置单》，约定由某康复器具公司为王某某提供假肢产品，并根据王某某的个人适应性提供修正装配方案以及终生免费调整、保养、维修等专业技术服务。某康复器具公司根据王某某情况先为其装配了临时假肢，王某某支付相应价款8000元。2017年4月18日，王某某因左下肢残端溃烂住院治疗，支付医疗费52725.42元。王某某称其安装假肢后不到10天便出现溃疡，向某康复器具公司业务员反映情况，对方称需要磨合，慢慢就会好，故未及时入院治疗。王某某起诉请求某康复器具公司赔偿其购买假肢费用8000元、医疗费52725.42元、住院伙食补助费5500元、营养费11500元、护理费17400元、交通费2000元。

裁判结果：北京市丰台区人民法院经审理认为，某康复器具公司未向王

[①] 《最高人民法院中国残疾人联合会残疾人权益保护十大典型案例》（2021年12月2日发布），十、王某某诉某康复器具公司侵权责任纠纷案，载最高人民法院网站，https://www.court.gov.cn/zixun/xiangqing/334501.html，最后访问日期：2023年6月28日。

某某提供足够的假肢佩戴指导和跟踪服务，导致王某某在使用假肢的过程中出现残端溃烂的损害后果，应对王某某的损害后果承担侵权责任，遂判决某康复器具公司退还王某某假肢款 8000 元，赔偿王某某医疗费 52725.42 元、住院伙食补助费 5500 元、护理费 11500 元、营养费 5750 元、交通费 500 元。二审中双方调解结案。

典型意义

残疾辅助器具对残疾人生活具有重大影响。残疾辅助器具的质量是否合格，以及能否安全有效地使用，与辅助器具使用人的身体健康和人身、财产权益密切相关。残疾辅助器具产品除具有物的属性外，还包含服务属性，任何一项属性存在缺陷都有可能对使用者造成损害。本案确立了残疾辅助器具侵权责任纠纷的基本裁判规则，即残疾辅助器具的经营者在向购买人出售产品后，除应保证产品质量合格外，还应根据产品性能及合同约定，为购买人提供装配、调整、使用指导、训练、查访等售后服务，若因服务缺失导致购买人产生人身损害，经营者应根据其过错程度承担相应的侵权责任。

（二）地方法院典型案例

035. 当监制方被认定为实质意义上的生产者后，产品造成消费者损伤的，监制方应承担连带赔偿责任[①]

基本案情：左某购买某品牌电动车一台，《产品使用手册》封底载明：

---

① 《北京市第三中级人民法院 2021 年度涉民生侵权纠纷典型案例通报》（2022 年 3 月 17 日发布），八、左某与甲公司、乙公司产品生产者责任纠纷案，载北京市第三中级人民法院微信公众号，https://mp.weixin.qq.com/s/dF8cKtPG2DXb9EKpsuuwyQ，最后访问日期：2023 年 6 月 28 日。

"美国独资乙公司监制，制造商：甲公司"，内页载明："电动车是非机动车"……空白的《自行车销售（保修）登记单》载明："生产企业：A-乙公司，B-甲公司"。后左某驾驶该电动车与一辆大型客车发生交通事故，据认定，涉案电动车为两轮摩托车，属于机动车范畴，左某未取得机动车驾驶证驾驶机动车且违反分道行驶规定，与事故的发生有因果关系。后左某起诉法院要求甲公司赔偿事故部分费用，并由乙公司承担连带责任。

生效裁判：本院认为，左某提供的证据显示，乙公司具有生产能力，使用该品牌名称，涉案电动车亦于明显位置悬挂该品牌标识。作为消费者，左某在购买产品时并未被明确告知甲公司和乙公司谁为真正的生产者，其仅能凭借随车交付的书面产品资料进行判断。在此情况下，左某已经尽到其举证责任，证明了涉案两公司之间的关系以及在本案中的法律地位。法院依据在案证据认定，监制方乙公司为实质意义上的生产者，当被监制方甲公司实施了侵权行为时，应认定监制方构成共同侵权。故判决甲公司赔偿左某相关费用，乙公司承担连带赔偿责任。

案例意义

所谓生产者，是指具有产品生产行为的人。实践中，在产品上标明"监制"，被视为一种类似参与生产的行为，但参与的程度应结合监制方和被监制方之间的具体商业合作模式、合同约定、技术方案、生产能力等因素综合判定。如果经综合考量可以认定被监制方在涉案产品的生产过程中体现了监制方的技术方案、技术要求等，则可以认定两方共同实施了制造涉案产品的行为，即监制方为实质意义上的生产者。当监制方被认定为实质意义上的生产者后，若被监制方实施了侵权行为，则应认定监制方与之构成共同侵权，监制方应就被监制方的侵权行为承担连带赔偿责任。该案判决监制方承担连带赔偿责任，对于明确产品监制方责任，督促监制方加强对被监制方的监督管理，维护消费者权益具有重要意义，能够切实避免监制方企业以"监制"为借口逃避法律责任，充分保障人民群众的合法权益。

036. 产品的生产者、销售者存在主体混同，构成共同侵权的，应当就消费者因产品缺陷造成的人身损害后果承担连带赔偿责任[①]

基本案情：2020年2月，未成年人李某通过乙公司开设的网店购买了甲公司生产的免打孔单杠。2020年3月，李某在家中使用该单杠锻炼时，单杠两端与两侧墙体接触部位的墙皮脱落，单杠从墙上滑脱，李某坠地受伤。事发当日，李某经医院诊断为摔伤、牙齿掉落、头皮血肿等。故李某诉至法院，要求甲公司、乙公司赔偿其医疗费、护理费等。

生效裁判：生效判决认为，事发当日李某使用单杠过程未见不当使用情形，事发前正常使用的情况亦无法推断出李某安装不当。本案确系因单杠原因脱落导致李某坠地受伤。甲公司作为涉案单杠的生产者，未能提供证据证实涉案单杠的安全性，不存在缺陷，亦未能证实该产品存在法律规定的免责事由，故应承担相应赔偿责任。乙公司作为单杠的销售者明确陈述该免打孔单杠不允许未成年人使用，但并未就此向李某进行明确提示，对于涉及该单杠安全使用的重要环节未详细充分提示本案消费者，故乙公司未尽到充分提示义务，亦应承担赔偿责任。该单杠的包装箱上记载的生产厂家是乙公司，而条形码显示的生产厂家则是甲公司。两公司的控股股东均为同一人，具有关联关系。以上情形在一定程度上造成本案消费者对该单杠生产者、销售者的混淆，可以认定本案生产者和销售者系共同侵权。甲公司与乙公司的共同侵权行为造成未成年人李某的损害，甲公司与乙公司应当承担连带赔偿责任。故判决：甲公司、乙公司赔偿李某医疗费、护理费、营养费、后续治疗费。

[①] 《北京市第三中级人民法院保障民生弘扬社会主义核心价值观典型案例通报》（2023年2月1日发布），一、李某诉甲公司、乙公司产品责任纠纷案——产品的生产者、销售者存在主体混同，构成共同侵权的，应当就消费者因产品缺陷造成的人身损害后果承担连带赔偿责任，载北京市第三中级人民法院微信公众号，https://mp.weixin.qq.com/s/nW2HtRk6iEERK5ClwYb40Q，最后访问日期：2023年6月28日。

典型意义

　　产品安全不仅关系到人民群众的身体健康和生命财产安全，亦关系到经济发展和社会稳定。本案涉及对未成年人群体及消费者权益的双重保护问题。本案的生产者甲公司与销售者乙公司存在关联关系，在经营中存在主体混同，在一定程度上造成消费者对产品生产者和销售者的混淆。法院明确对于某些企业存在控股股东同一、股东身份具有家族性等关联关系，在生产销售环节存在混同情形，且产品存在缺陷，在销售中亦未尽到诚信原则，未尽到清晰全面的提示义务，依法认定生产者与销售者存在共同侵权行为，应就消费者的损害后果承担连带赔偿责任。本案将法治、诚信的社会主义核心价值观融入裁判文书说理，确立了在生产者和销售者在此种情形下应当承担连带赔偿责任的裁判规则，最大限度保护消费者合法权益的同时，充分发挥个案的指引、评价、教育功能，警示产品的生产者切实承担社会责任，生产的产品应进行检验测试确保产品无不合理风险后投入市场，产品的销售者应在销售环节诚信告知消费者安全风险。相信在社会各界的共同努力下，定将不断推进产品的更新发展，促进生活的便利，社会的和谐发展。

037. 具有"合理危险"的产品侵权责任的认定[①]

　　基本案情：2021年2月，林某某的亲戚林某从王某某烟花爆竹短期零售经营点购买烟花后在小区燃放，林某某在观看烟花时右眼被炸伤。经鉴定，林某某的伤情构成十级伤残。事故发生后，林某向当地执法部门举报案涉烟

[①] 《消费避坑，法官为你支招！| 3·15 特辑》（福建省高级人民法院2023年3月15日发布），四、林某某与平潭某烟花公司、浏阳某烟花公司、王某某等产品责任纠纷案——具有"合理危险"的产品侵权责任的认定，载福建高院微信公众号，https://mp.weixin.qq.com/s/zciDNSjRixGXq2gAD6tqQg，最后访问日期：2023年6月28日。

花爆竹存在质量问题。当地执法部门通过对案涉企业经营情况、燃放烟花小区监控视频、燃放所残留的碎片等调查取证了解，王某某烟花爆竹短期零售经营点、平潭某烟花公司分别持有烟花爆竹经营（零售）许可证、烟花爆竹经营（批发）许可证，浏阳某烟花公司持有安全生产许可证，案涉烟花系平潭某烟花公司从浏阳某烟花公司进货，向监管部门报备后批发给王某某烟花爆竹短期零售经营点，经执法人员开箱查验发现该批次烟花在保质期内，且系浏阳某烟花公司在安全生产许可证有效期内生产，核查中未发现案涉企业存在安全生产违法行为。当地执法部门遂将案涉烟花质量问题移交质量监督部门处理。嗣后，相关质量监督部门未因案涉烟花质量问题对浏阳某烟花公司作出处理。现林某某以案涉烟花存在缺陷造成其损害为由诉至法院，请求判令平潭某烟花公司、浏阳某烟花公司及王某某共同赔偿其各项损失44万余元。

裁判结果：一、二审法院审理认为，根据《中华人民共和国民法典》第一千二百零二条、第一千二百零三条规定，案涉烟花存在缺陷是生产者浏阳某烟花公司及销售者平潭某烟花公司、王某某向林某某承担侵权责任的前提条件。从在案证据来看，本案生产者和销售者均依法持证经营，案涉烟花在安全生产有效期内生产且在保质期内销售，当地执法部门在核查中未发现生产者浏阳某烟花公司及销售者平潭某烟花公司、王某某存在安全生产违法行为，相关质量监督部门也未因案涉烟花质量问题对浏阳某烟花公司作出处理，本案林某某亦未能举证证明燃放烟花的场所、方法、燃放方式及其观看方式、距离均符合要求，且在案涉事故发生后未第一时间妥善保护现场，也未对爆炸后的残留物进行保存或申请鉴定等，在案证据不足以证明案涉烟花存在缺陷，故林某某的诉讼请求不能支持。据此，一、二审判决驳回林某某的诉讼请求。

> **典型意义**
>
> 　　本案系产品责任纠纷，产品责任的构成要件包括：产品具有缺陷，缺陷产品造成了受害人的损害，缺陷产品与造成的损害事实之间有因果关系。其中，产品具有缺陷是认定产品侵权责任的最关键要素，亦即"无缺陷，无责任"。根据《中华人民共和国产品质量法》的相关规定，判断某一产品是否存在缺陷的标准分为"不合理危险"标准和"国家标准、行业标准"。烟花爆竹属于带有一定危险性的特殊产品，即本身即存在"合理危险"，故对燃放烟花爆竹的场所、方法、燃放人员及观看人员均有严格要求，消费者应依法安全燃放，尽到谨慎注意义务。本案中林某某在观看烟花燃放时致右眼受伤，但在案证据不足以证明案涉烟花存在缺陷，故林某某只能自行承担损害后果。烟花虽绚烂，燃放需谨慎。近年来，烟花爆竹致人损害事件频发，本案提醒消费者既要通过正规途径购买烟花爆竹，更要严格按照操作规范安全燃放，观看人员亦应保持安全距离。若不幸发生事故，要妥善保护现场，保存烟花爆竹的外包装、燃放后的残留物等，及时取证，依法维权。

038. 销售超过最高车速的电动车造成消费者损害的应承担责任[①]

　　基本案情：肖某在某自行车行购买了一辆电动车，该电动车使用说明书显示最高车速≤20km/h，并注明"因产品不断改进，所列性能参数如有变动，以实物为准，恕不另行通知。"3个月后，肖某驾驶该车发生意外并受伤。检验报告显示，电动车事发时的行驶速度为27.5km/h，为两轮轻便摩托

[①] 《广州法院消费者权益保护十大典型案例（2023年）》（2023年3月13日发布），六、肖某与某自行车行产品责任纠纷案——销售超过最高车速的电动车造成消费者损害的应承担责任，载广州市中级人民法院微信公众号，https://mp.weixin.qq.com/s/X14y9bEftYC2FodhctjHjQ，最后访问日期：2023年6月28日。

七、产品责任纠纷

车,属于机动车。《道路交通事故认定书》认定肖某无机动车驾驶证驾驶未经登记的机动车在道路行驶时未按操作规范驾驶,且没有按规定戴安全头盔。肖某认为该自行车行应当对自己损失承担赔偿责任,遂诉至法院。

法院认为：根据《中华人民共和国消费者权益保护法》第八条、《中华人民共和国产品质量法》第二十七条及第三十六条的规定,消费者有权要求经营者提供商品的价格、产地、性能、规格等有关情况。产品的生产者及销售者根据产品的特点和使用要求,需要事先让消费者知晓的,应当在外包装上标明,或者预先向消费者提供有关资料。

该自行车行作为销售者,应当告知肖某其所购买车辆的真实情况,产品的使用说明书显示最高车速不超过 20km/h,但发生事故时实际车速为 27.5km/h,并无证据证实肖某对车辆进行了改装,故某车行未如实告知车辆的相关信息。该自行车行以说明书上载明的"因产品不断改进,所列性能参数如有变动,以实物为准,恕不另行通知"为由主张已尽到告知义务,与法律规定不符。该自行车行销售的车辆存在缺陷,该缺陷与肖某的损害后果存在因果关系。根据双方过错程度,判令该自行车行对肖某的损失承担一定的赔偿责任。

> **法官说法**
>
> 作为一种经济便捷的交通工具,电动自行车是许多消费者近距离出行的选择,车辆的保有量不断上升。但在方便之余,因电动车引发的安全事故时有发生,引发社会关注。本案的自行车行作为销售者,对自己所销售的车辆应该具有足够的认识,但并没有将车辆有关信息告知给消费者,导致消费者对产品使用的理解上存在偏差,存在过错,法院据此认定自行车行承担责任维护了消费者的合法权益,也警示教育了销售者应对自己所售产品负责,向消费者告知产品的特点和使用要求,不能一卖了之。

039. 电暖宝爆裂烫伤婴儿，销售者负有先行赔付义务[①]

基本案情：个体工商户屈某夫妇租赁商场柜台售卖日杂商品。2020年1月初，王某的祖母张某从该柜台购买电暖宝一枚。同年1月23日，张某使用该电暖宝给8个月大的婴儿王某取暖过程中，电暖宝发生爆裂致王某背、臀部多处烫伤。经鉴定，王某构成十级伤残。王某的父亲代理其起诉至法院，要求屈某夫妇、某电器商店、某电器商行、某电器厂连带赔偿经济损失203060.21元。

裁判结果：陕西省商洛市中级人民法院审理认为，根据相关法律规定，销售者不能指明缺陷产品的生产者也不能指明缺陷产品的供货者的，销售者应当承担侵权责任。该案中，各方当事人均认可张某从屈某夫妇处购买案涉电暖宝，屈某夫妇出售的同类电暖宝从某电器商店购入，某电器商店的电暖宝是从某电器商行批发购入。现某电器商行作为案涉电暖宝的一级销售商拒不到庭参加诉讼，也未举证证明其上级供货商或案涉电暖宝的生产者，对消费者维权造成障碍，某电器商行应首先承担责任。故判决由某电器商行赔偿王某各项损失共计138337.93元，屈某夫妇、某电器商店承担连带赔偿责任。

典型意义

目前，消费市场日益呈现多元化、个性化发展趋势，消费链条上的隐形市场主体也在不断增加，消费者若遭遇产品责任侵权，维权比较困难。该案明确普通消费者只需证明商品的直接出售者，倒逼中间销售商举证证明其他供货商和生产者，怠于举证的销售商应首先承担侵权赔偿责任。该案落实产品质量首负责任制，降低消费者维权门槛，减轻消费者维权成本，

[①] 《陕西高院发布10件消费者权益保护典型案例》（2023年3月14日发布），一、电暖宝爆裂烫伤婴儿销售者负有先行赔付义务——王某诉某电器商行等产品责任纠纷案，载陕西法院网，http://sxgy.sxfywcourt.gov.cn/article/detail/2023/03/id/7191684.shtml，最后访问日期：2023年6月28日。

在产品责任侵权领域具有示范引领作用，并引导销售者严控进货渠道，保证产品质量。

（三）裁判依据

《中华人民共和国民法典》

第五百六十六条 合同解除后，尚未履行的，终止履行；已经履行的，根据履行情况和合同性质，当事人可以请求恢复原状或者采取其他补救措施，并有权请求赔偿损失。

合同因违约解除的，解除权人可以请求违约方承担违约责任，但是当事人另有约定的除外。

主合同解除后，担保人对债务人应当承担的民事责任仍应当承担担保责任，但是担保合同另有约定的除外。

第一千二百零四条 因运输者、仓储者等第三人的过错使产品存在缺陷，造成他人损害的，产品的生产者、销售者赔偿后，有权向第三人追偿。

第一千二百零五条 因产品缺陷危及他人人身、财产安全的，被侵权人有权请求生产者、销售者承担停止侵害、排除妨碍、消除危险等侵权责任。

第一千二百零六条 产品投入流通后发现存在缺陷的，生产者、销售者应当及时采取停止销售、警示、召回等补救措施；未及时采取补救措施或者补救措施不力造成损害扩大的，对扩大的损害也应当承担侵权责任。

依据前款规定采取召回措施的，生产者、销售者应当负担被侵权人因此支出的必要费用。

第一千二百零七条 明知产品存在缺陷仍然生产、销售，或者没有依据前条规定采取有效补救措施，造成他人死亡或者健康严重损害的，被侵权人有权请求相应的惩罚性赔偿。

《中华人民共和国产品质量法》

第四十一条 因产品存在缺陷造成人身、缺陷产品以外的其他财产（以下简称他人财产）损害的，生产者应当承担赔偿责任。

生产者能够证明有下列情形之一的，不承担赔偿责任：

（一）未将产品投入流通的；

（二）产品投入流通时，引起损害的缺陷尚不存在的；

（三）将产品投入流通时的科学技术水平尚不能发现缺陷的存在的。

第四十二条 由于销售者的过错使产品存在缺陷，造成人身、他人财产损害的，销售者应当承担赔偿责任。

销售者不能指明缺陷产品的生产者也不能指明缺陷产品的供货者的，销售者应当承担赔偿责任。

第四十三条 因产品存在缺陷造成人身、他人财产损害的，受害人可以向产品的生产者要求赔偿，也可以向产品的销售者要求赔偿。属于产品的生产者的责任，产品的销售者赔偿的，产品的销售者有权向产品的生产者追偿。属于产品的销售者的责任，产品的生产者赔偿的，产品的生产者有权向产品的销售者追偿。

第四十四条 因产品存在缺陷造成受害人人身伤害的，侵害人应当赔偿医疗费、治疗期间的护理费、因误工减少的收入等费用；造成残疾的，还应当支付残疾者生活自助具费、生活补助费、残疾赔偿金以及由其扶养的人所必需的生活费等费用；造成受害人死亡的，并应当支付丧葬费、死亡赔偿金以及由死者生前扶养的人所必需的生活费等费用。

因产品存在缺陷造成受害人财产损失的，侵害人应当恢复原状或者折价赔偿。受害人因此遭受其他重大损失的，侵害人应当赔偿损失。

第四十五条 因产品存在缺陷造成损害要求赔偿的诉讼时效期间为二年，自当事人知道或者应当知道其权益受到损害时起计算。

因产品存在缺陷造成损害要求赔偿的请求权，在造成损害的缺陷产品交付最初消费者满十年丧失；但是，尚未超过明示的安全使用期的除外。

《中华人民共和国消费者权益保护法》

第十九条 经营者发现其提供的商品或者服务存在缺陷，有危及人身、财产安全危险的，应当立即向有关行政部门报告和告知消费者，并采取停止销售、警示、召回、无害化处理、销毁、停止生产或者服务等措施。采取召回措施的，经营者应当承担消费者因商品被召回支出的必要费用。

《中华人民共和国电子商务法》

第三十八条 电子商务平台经营者知道或者应当知道平台内经营者销售的商品或者提供的服务不符合保障人身、财产安全的要求，或者有其他侵害消费者合法权益行为，未采取必要措施的，依法与该平台内经营者承担连带责任。

对关系消费者生命健康的商品或者服务，电子商务平台经营者对平台内经营者的资质资格未尽到审核义务，或者对消费者未尽到安全保障义务，造成消费者损害的，依法承担相应的责任。

《中华人民共和国涉外民事关系法律适用法》

第四十二条 消费者合同，适用消费者经常居所地法律；消费者选择适用商品、服务提供地法律或者经营者在消费者经常居所地没有从事相关经营活动的，适用商品、服务提供地法律。

第四十五条 产品责任，适用被侵权人经常居所地法律；被侵权人选择适用侵权人主营业地法律、损害发生地法律的，或者侵权人在被侵权人经常居所地没有从事相关经营活动的，适用侵权人主营业地法律或者损害发生地法律。

《最高人民法院关于审理食品药品纠纷案件适用法律若干问题的规定》

第一条 消费者因食品、药品纠纷提起民事诉讼，符合民事诉讼法规定受理条件的，人民法院应予受理。

第二条 因食品、药品存在质量问题造成消费者损害，消费者可以分别起诉或者同时起诉销售者和生产者。

消费者仅起诉销售者或者生产者的，必要时人民法院可以追加相关当事人参加诉讼。

第三条 因食品、药品质量问题发生纠纷,购买者向生产者、销售者主张权利,生产者、销售者以购买者明知食品、药品存在质量问题而仍然购买为由进行抗辩的,人民法院不予支持。

第四条 食品、药品生产者、销售者提供给消费者的食品或者药品的赠品发生质量安全问题,造成消费者损害,消费者主张权利,生产者、销售者以消费者未对赠品支付对价为由进行免责抗辩的,人民法院不予支持。

第五条 消费者举证证明所购买食品、药品的事实以及所购食品、药品不符合合同的约定,主张食品、药品的生产者、销售者承担违约责任的,人民法院应予支持。

消费者举证证明因食用食品或者使用药品受到损害,初步证明损害与食用食品或者使用药品存在因果关系,并请求食品、药品的生产者、销售者承担侵权责任的,人民法院应予支持,但食品、药品的生产者、销售者能证明损害不是因产品不符合质量标准造成的除外。

第六条 食品的生产者与销售者应当对于食品符合质量标准承担举证责任。认定食品是否安全,应当以国家标准为依据;对地方特色食品,没有国家标准的,应当以地方标准为依据。没有前述标准的,应当以食品安全法的相关规定为依据。

第七条 食品、药品虽在销售前取得检验合格证明,且食用或者使用时尚在保质期内,但经检验确认产品不合格,生产者或者销售者以该食品、药品具有检验合格证明为由进行抗辩的,人民法院不予支持。

第八条 集中交易市场的开办者、柜台出租者、展销会举办者未履行食品安全法规定的审查、检查、报告等义务,使消费者的合法权益受到损害的,消费者请求集中交易市场的开办者、柜台出租者、展销会举办者承担连带责任的,人民法院应予支持。

第九条 消费者通过网络交易第三方平台购买食品、药品遭受损害,网络交易第三方平台提供者不能提供食品、药品的生产者或者销售者的真实名称、地址与有效联系方式,消费者请求网络交易第三方平台提供者承担责任的,人民法院应予支持。

网络交易第三方平台提供者承担赔偿责任后,向生产者或者销售者行使追偿权的,人民法院应予支持。

网络交易第三方平台提供者知道或者应当知道食品、药品的生产者、销售者利用其平台侵害消费者合法权益,未采取必要措施,给消费者造成损害,消费者要求其与生产者、销售者承担连带责任的,人民法院应予支持。

第十条 未取得食品生产资质与销售资质的民事主体,挂靠具有相应资质的生产者与销售者,生产、销售食品,造成消费者损害,消费者请求挂靠者与被挂靠者承担连带责任的,人民法院应予支持。

消费者仅起诉挂靠者或者被挂靠者的,必要时人民法院可以追加相关当事人参加诉讼。

第十一条 消费者因虚假广告推荐的食品、药品存在质量问题遭受损害,依据消费者权益保护法等法律相关规定请求广告经营者、广告发布者承担连带责任的,人民法院应予支持。

其他民事主体在虚假广告中向消费者推荐食品、药品,使消费者遭受损害,消费者依据消费者权益保护法等法律相关规定请求其与食品、药品的生产者、销售者承担连带责任的,人民法院应予支持。

第十二条 食品检验机构故意出具虚假检验报告,造成消费者损害,消费者请求其承担连带责任的,人民法院应予支持。

食品检验机构因过失出具不实检验报告,造成消费者损害,消费者请求其承担相应责任的,人民法院应予支持。

第十三条 食品认证机构故意出具虚假认证,造成消费者损害,消费者请求其承担连带责任的,人民法院应予支持。

食品认证机构因过失出具不实认证,造成消费者损害,消费者请求其承担相应责任的,人民法院应予支持。

第十四条 生产、销售的食品、药品存在质量问题,生产者与销售者需同时承担民事责任、行政责任和刑事责任,其财产不足以支付,当事人依照民法典等有关法律规定,请求食品、药品的生产者、销售者首先承担民事责任的,人民法院应予支持。

第十五条 生产不符合安全标准的食品或者销售明知是不符合安全标准的食品,消费者除要求赔偿损失外,依据食品安全法等法律规定向生产者、销售者主张赔偿金的,人民法院应予支持。

生产假药、劣药或者明知是假药、劣药仍然销售、使用的,受害人或者其近亲属除请求赔偿损失外,依据药品管理法等法律规定向生产者、销售者主张赔偿金的,人民法院应予支持。

第十六条 食品、药品的生产者与销售者以格式合同、通知、声明、告示等方式作出排除或者限制消费者权利、减轻或者免除经营者责任、加重消费者责任等对消费者不公平、不合理的规定,消费者依法请求认定该内容无效的,人民法院应予支持。

第十七条 消费者与化妆品、保健食品等产品的生产者、销售者、广告经营者、广告发布者、推荐者、检验机构等主体之间的纠纷,参照适用本规定。

法律规定的机关和有关组织依法提起公益诉讼的,参照适用本规定。

第十八条 本规定所称的"药品的生产者"包括药品上市许可持有人和药品生产企业,"药品的销售者"包括药品经营企业和医疗机构。

第十九条 本规定施行后人民法院正在审理的一审、二审案件适用本规定。

本规定施行前已经终审,本规定施行后当事人申请再审或者按照审判监督程序决定再审的案件,不适用本规定。

《最高人民法院关于审理食品安全民事纠纷案件适用法律若干问题的解释（一）》

第一条 消费者因不符合食品安全标准的食品受到损害,依据食品安全法第一百四十八条第一款规定诉请食品生产者或者经营者赔偿损失,被诉的生产者或者经营者以赔偿责任应由生产经营者中的另一方承担为由主张免责的,人民法院不予支持。属于生产者责任的,经营者赔偿后有权向生产者追偿;属于经营者责任的，生产者赔偿后有权向经营者追偿。

第二条 电子商务平台经营者以标记自营业务方式所销售的食品或者虽未标记自营但实际开展自营业务所销售的食品不符合食品安全标准，消费者依据食品安全法第一百四十八条规定主张电子商务平台经营者承担作为食品经营者的赔偿责任的，人民法院应予支持。

电子商务平台经营者虽非实际开展自营业务，但其所作标识等足以误导消费者让消费者相信系电子商务平台经营者自营，消费者依据食品安全法第一百四十八条规定主张电子商务平台经营者承担作为食品经营者的赔偿责任的，人民法院应予支持。

第三条 电子商务平台经营者违反食品安全法第六十二条和第一百三十一条规定，未对平台内食品经营者进行实名登记、审查许可证，或者未履行报告、停止提供网络交易平台服务等义务，使消费者的合法权益受到损害，消费者主张电子商务平台经营者与平台内食品经营者承担连带责任的，人民法院应予支持。

第四条 公共交通运输的承运人向旅客提供的食品不符合食品安全标准，旅客主张承运人依据食品安全法第一百四十八条规定承担作为食品生产者或者经营者的赔偿责任的，人民法院应予支持；承运人以其不是食品的生产经营者或者食品是免费提供为由进行免责抗辩的，人民法院不予支持。

第五条 有关单位或者个人明知食品生产经营者从事食品安全法第一百二十三条第一款规定的违法行为而仍为其提供设备、技术、原料、销售渠道、运输、储存或者其他便利条件，消费者主张该单位或者个人依据食品安全法第一百二十三条第二款的规定与食品生产经营者承担连带责任的，人民法院应予支持。

第六条 食品经营者具有下列情形之一，消费者主张构成食品安全法第一百四十八条规定的"明知"的，人民法院应予支持：

（一）已过食品标明的保质期但仍然销售的；

（二）未能提供所售食品的合法进货来源的；

（三）以明显不合理的低价进货且无合理原因的；

（四）未依法履行进货查验义务的；

（五）虚假标注、更改食品生产日期、批号的；

（六）转移、隐匿、非法销毁食品进销货记录或者故意提供虚假信息的；

（七）其他能够认定为明知的情形。

第七条 消费者认为生产经营者生产经营不符合食品安全标准的食品同时构成欺诈的，有权选择依据食品安全法第一百四十八条第二款或者消费者权益保护法第五十五条第一款规定主张食品生产者或者经营者承担惩罚性赔偿责任。

第八条 经营者经营明知是不符合食品安全标准的食品，但向消费者承诺的赔偿标准高于食品安全法第一百四十八条规定的赔偿标准，消费者主张经营者按照承诺赔偿的，人民法院应当依法予以支持。

第九条 食品符合食品安全标准但未达到生产经营者承诺的质量标准，消费者依照民法典、消费者权益保护法等法律规定主张生产经营者承担责任的，人民法院应予支持，但消费者主张生产经营者依据食品安全法第一百四十八条规定承担赔偿责任的，人民法院不予支持。

第十条 食品不符合食品安全标准，消费者主张生产者或者经营者依据食品安全法第一百四十八条第二款规定承担惩罚性赔偿责任，生产者或者经营者以未造成消费者人身损害为由抗辩的，人民法院不予支持。

第十一条 生产经营未标明生产者名称、地址、成分或者配料表，或者未清晰标明生产日期、保质期的预包装食品，消费者主张生产者或者经营者依据食品安全法第一百四十八条第二款规定承担惩罚性赔偿责任的，人民法院应予支持，但法律、行政法规、食品安全国家标准对标签标注事项另有规定的除外。

第十二条 进口的食品不符合我国食品安全国家标准或者国务院卫生行政部门决定暂予适用的标准，消费者主张销售者、进口商等经营者依据食品安全法第一百四十八条规定承担赔偿责任，销售者、进口商等经营者仅以进口的食品符合出口地食品安全标准或者已经过我国出入境检验检疫机构检验检疫为由进行免责抗辩的，人民法院不予支持。

第十三条 生产经营不符合食品安全标准的食品，侵害众多消费者合法权益，损害社会公共利益，民事诉讼法、消费者权益保护法等法律规定的机关和有关组织依法提起公益诉讼的，人民法院应予受理。

第十四条 本解释自 2021 年 1 月 1 日起施行。

本解释施行后人民法院正在审理的一审、二审案件适用本解释。

本解释施行前已经终审，本解释施行后当事人申请再审或者按照审判监督程序决定再审的案件，不适用本解释。

最高人民法院以前发布的司法解释与本解释不一致的，以本解释为准。

八、机动车交通事故责任纠纷

（一）最高人民法院指导案例

040. 交通事故的受害人没有过错，其体质状况对损害后果的影响不属于可以减轻侵权人责任的法定情形[①]

荣宝英诉王阳、永诚财产保险股份有限公司江阴支公司机动车交通事故责任纠纷案

（最高人民法院审判委员会讨论通过　2014年1月26日发布）

关键词：民事/交通事故/过错责任

裁判要点

交通事故的受害人没有过错，其体质状况对损害后果的影响不属于可以减轻侵权人责任的法定情形。

相关法条

《中华人民共和国侵权责任法》第二十六条

《中华人民共和国道路交通安全法》第七十六条第一款第（二）项

[①] 最高人民法院指导案例24号。

八、机动车交通事故责任纠纷

基本案情： 原告荣宝英诉称：被告王阳驾驶轿车与其发生刮擦，致其受伤。该事故经江苏省无锡市公安局交通巡逻警察支队滨湖大队（简称滨湖交警大队）认定：王阳负事故的全部责任，荣宝英无责。原告要求下述两被告赔偿医疗费用30006元、住院伙食补助费414元、营养费1620元、残疾赔偿金27658.05元、护理费6000元、交通费800元、精神损害抚慰金10500元，并承担本案诉讼费用及鉴定费用。

被告永诚财产保险股份有限公司江阴支公司（简称永诚保险公司）辩称：对于事故经过及责任认定没有异议，其愿意在交强险限额范围内予以赔偿；对于医疗费用30006元、住院伙食补助费414元没有异议；因鉴定意见结论中载明"损伤参与度评定为75%，其个人体质的因素占25%"，故确定残疾赔偿金应当乘以损伤参与度系数0.75，认可20743.54元；对于营养费认可1350元，护理费认可3300元，交通费认可400元，鉴定费用不予承担。

被告王阳辩称：对于事故经过及责任认定没有异议，原告的损失应当由永诚保险公司在交强险限额范围内优先予以赔偿；鉴定费用请求法院依法判决，其余各项费用同意保险公司意见；其已向原告赔偿20000元。

法院经审理查明：2012年2月10日14时45分许，王阳驾驶号牌为苏MT1888的轿车，沿江苏省无锡市滨湖区蠡湖大道由北往南行驶至蠡湖大道大通路口人行横道线时，碰擦行人荣宝英致其受伤。2月11日，滨湖交警大队作出《道路交通事故认定书》，认定王阳负事故的全部责任，荣宝英无责。事故发生当天，荣宝英即被送往医院治疗，发生医疗费用30006元，王阳垫付20000元。荣宝英治疗恢复期间，以每月2200元聘请一名家政服务人员。号牌苏MT1888轿车在永诚保险公司投保了机动车交通事故责任强制保险，保险期间为2011年8月17日0时起至2012年8月16日24时止。原、被告一致确认荣宝英的医疗费用为30006元、住院伙食补助费为414元、精神损害抚慰金为10500元。

荣宝英申请并经无锡市中西医结合医院司法鉴定所鉴定，结论为：1. 荣宝英左桡骨远端骨折的伤残等级评定为十级；左下肢损伤的伤残等级评定为九级。损伤参与度评定为75%，其个人体质的因素占25%。2.荣宝英的误工期评定为150日，护理期评定为60日，营养期评定为90日。一审法院据此确认残疾赔偿金27658.05元扣减25%为20743.54元。

裁判结果：江苏省无锡市滨湖区人民法院于2013年2月8日作出（2012）锡滨民初字第1138号判决：一、被告永诚保险公司于本判决生效后十日内赔偿荣宝英医疗费用、住院伙食补助费、营养费、残疾赔偿金、护理费、交通费、精神损害抚慰金共计45343.54元。二、被告王阳于本判决生效后十日内赔偿荣宝英医疗费用、住院伙食补助费、营养费、鉴定费共计4040元。三、驳回原告荣宝英的其他诉讼请求。宣判后，荣宝英向江苏省无锡市中级人民法院提出上诉。无锡市中级人民法院经审理于2013年6月21日以原审适用法律错误为由作出（2013）锡民终字第497号民事判决：一、撤销无锡市滨湖区人民法院（2012）锡滨民初字第1138号民事判决；二、被告永诚保险公司于本判决生效后十日内赔偿荣宝英52258.05元。三、被告王阳于本判决生效后十日内赔偿荣宝英4040元。四、驳回原告荣宝英的其他诉讼请求。

裁判理由：法院生效裁判认为：《中华人民共和国侵权责任法》第二十六条规定："被侵权人对损害的发生也有过错的，可以减轻侵权人的责任。"《中华人民共和国道路交通安全法》第七十六条第一款第（二）项规定，机动车与非机动车驾驶人、行人之间发生交通事故，非机动车驾驶人、行人没有过错的，由机动车一方承担赔偿责任；有证据证明非机动车驾驶人、行人有过错的，根据过错程度适当减轻机动车一方的赔偿责任。因此，交通事故中在计算残疾赔偿金是否应当扣减时应当根据受害人对损失的发生或扩大是否存在过错进行分析。本案中，虽然原告荣宝英的个人体质状况对损害后果的发生具有一定的影响，但这不是侵权责任法等法律规定的过错，荣宝英不应因个人体质状况对交通事故导致的伤残存在一定影响而自负相应责任，原审判决以伤残等级鉴定结论中将荣宝英个人体质状况"损伤参与度评定为75%"为由，在计算残疾赔偿金时作相应扣减属适用法律错误，应予纠正。

从交通事故受害人发生损伤及造成损害后果的因果关系看，本起交通事故的引发系肇事者王阳驾驶机动车穿越人行横道线时，未尽到安全注意义务碰擦行人荣宝英所致；本起交通事故造成的损害后果系受害人荣宝英被机动车碰撞、跌倒发生骨折所致，事故责任认定荣宝英对本起事故不负责任，其对事故的发生及损害后果的造成均无过错。虽然荣宝英年事已高，但其年老骨质疏松仅是事故造成后果的客观因素，并无法律上的因果关系。因此，受害人荣宝英对于损害的发生或者扩大没有过错，不存在减轻或者免除加害人赔偿责任的法定情形。同时，机动车应当遵守文明行车、礼让行人的一般交通规则和社会公德。本案所涉事故发生在人行横道线上，正常行走的荣宝英对将被机动车碰撞这一事件无法预见，而王阳驾驶机动车在路经人行横道线时未依法减速慢行、避让行人，导致事故发生。因此，依法应当由机动车一方承担事故引发的全部赔偿责任。

根据我国《中华人民共和国道路交通安全法》的相关规定，机动车发生交通事故造成人身伤亡、财产损失的，由保险公司在机动车第三者责任强制保险责任限额范围内予以赔偿。而我国交强险立法并未规定在确定交强险责任时应依据受害人体质状况对损害后果的影响作相应扣减，保险公司的免责事由也仅限于受害人故意造成交通事故的情形，即便是投保机动车无责，保险公司也应在交强险无责限额内予以赔偿。因此，对于受害人符合法律规定的赔偿项目和标准的损失，均属交强险的赔偿范围，参照"损伤参与度"确定损害赔偿责任和交强险责任均没有法律依据。

041. 放任他人使用自己的机动车号牌，是否均需承担连带责任[①]

赵春明等诉烟台市福山区汽车运输公司、卫德平等机动车交通事故责任纠纷案

（最高人民法院审判委员会讨论通过 2013年11月8日发布）

关键词：民事/机动车交通事故/责任/套牌/连带责任

裁判要点

> 机动车所有人或者管理人将机动车号牌出借他人套牌使用，或者明知他人套牌使用其机动车号牌不予制止，套牌机动车发生交通事故造成他人损害的，机动车所有人或者管理人应当与套牌机动车所有人或者管理人承担连带责任。

相关法条

《中华人民共和国侵权责任法》第八条

《中华人民共和国道路交通安全法》第十六条

基本案情： 2008年11月25日5时30分许，被告林则东驾驶套牌的鲁F41703货车在同三高速公路某段行驶时，与同向行驶的被告周亚平驾驶的客车相撞，两车冲下路基，客车翻滚致车内乘客冯永菊当场死亡。经交警部门认定，货车司机林则东负主要责任，客车司机周亚平负次要责任，冯永菊不负事故责任。原告赵春明、赵某某、冯某某、侯某某分别系死者冯永菊的丈夫、儿子、父亲和母亲。

鲁F41703号牌在车辆管理部门登记的货车并非肇事货车，该号牌登记货

[①] 最高人民法院指导案例19号。

车的所有人系被告烟台市福山区汽车运输公司（以下简称福山公司），实际所有人系被告卫德平，该货车在被告永安财产保险股份有限公司烟台中心支公司（以下简称永安保险公司）投保机动车第三者责任强制保险。

套牌使用鲁F41703号牌的货车（肇事货车）实际所有人为被告卫广辉，林则东系卫广辉雇用的司机。据车辆管理部门登记信息反映，鲁F41703号牌登记货车自2004年4月26日至2008年7月2日，先后15次被以损坏或灭失为由申请补领号牌和行驶证。2007年8月23日卫广辉申请补领行驶证的申请表上有福山公司的签章。事发后，福山公司曾派人到交警部门处理相关事宜。审理中，卫广辉表示，卫德平对套牌事宜知情并收取套牌费，事发后卫广辉还向卫德平借用鲁F41703号牌登记货车的保单去处理事故，保单仍在卫广辉处。

发生事故的客车的登记所有人系被告朱荣明，但该车辆几经转手，现实际所有人系周亚平，朱荣明对该客车既不支配也未从该车运营中获益。被告上海腾飞建设工程有限公司（以下简称腾飞公司）系周亚平的雇主，但事发时周亚平并非履行职务。该客车在中国人民财产保险股份有限公司上海市分公司（以下简称人保公司）投保了机动车第三者责任强制保险。

裁判结果：上海市宝山区人民法院于2010年5月18日作出（2009）宝民一（民）初字第1128号民事判决：一、被告卫广辉、林则东赔偿四原告丧葬费、精神损害抚慰金、死亡赔偿金、交通费、误工费、住宿费、被扶养人生活费和律师费共计396863元；二、被告周亚平赔偿四原告丧葬费、精神损害抚慰金、死亡赔偿金、交通费、误工费、住宿费、被扶养人生活费和律师费共计170084元；三、被告福山公司、卫德平对上述判决主文第一项的赔偿义务承担连带责任；被告卫广辉、林则东、周亚平对上述判决主文第一、二项的赔偿义务互负连带责任；四、驳回四原告的其余诉讼请求。宣判后，卫德平提起上诉。上海市第二中级人民法院于2010年8月5日作出（2010）沪二中民一（民）终字第1353号民事判决：驳回上诉，维持原判。

裁判理由：法院生效裁判认为：根据本案交通事故责任认定，肇事货车司机林则东负事故主要责任，而卫广辉是肇事货车的实际所有人，也是林则东的雇主，故卫广辉和林则东应就本案事故损失连带承担主要赔偿责任。永安保险公司承保的鲁 F41703 货车并非实际肇事货车，其也不知道鲁 F41703 机动车号牌被肇事货车套牌，故永安保险公司对本案事故不承担赔偿责任。根据交通事故责任认定，本案客车司机周亚平对事故负次要责任，周亚平也是该客车的实际所有人，故周亚平应对本案事故损失承担次要赔偿责任。朱荣明虽系该客车的登记所有人，但该客车已几经转手，朱荣明既不支配该车，也未从该车运营中获益，故其对本案事故不承担责任。周亚平虽受雇于腾飞公司，但本案事发时周亚平并非在为腾飞公司履行职务，故腾飞公司对本案亦不承担责任。至于承保该客车的人保公司，因死者冯永菊系车内人员，依法不适用机动车交通事故责任强制保险，故人保公司对本案不承担责任。另，卫广辉和林则东一方、周亚平一方虽各自应承担的责任比例有所不同，但车祸的发生系两方的共同侵权行为所致，故卫广辉、林则东对于周亚平的应负责任份额、周亚平对于卫广辉、林则东的应负责任份额，均应互负连带责任。

鲁 F41703 货车的登记所有人福山公司和实际所有人卫德平，明知卫广辉等人套用自己的机动车号牌而不予阻止，且提供方便，纵容套牌货车在公路上行驶，福山公司与卫德平的行为已属于出借机动车号牌给他人使用的情形，该行为违反了《中华人民共和国道路交通安全法》等有关机动车管理的法律规定。将机动车号牌出借他人套牌使用，将会纵容不符合安全技术标准的机动车通过套牌在道路上行驶，增加道路交通的危险性，危及公共安全。套牌机动车发生交通事故造成损害，号牌出借人同样存在过错，对于肇事的套牌车一方应负的赔偿责任，号牌出借人应当承担连带责任。故福山公司和卫德平应对卫广辉与林则东一方的赔偿责任份额承担连带责任。

（二）最高人民法院公报案例及典型案例

042. 在合同有效期内，被保险人未通知保险人保险标的的危险程度显著增加的，发生的保险事故，保险人不承担赔偿责任[①]

程春颖诉张涛、中国人民财产保险股份有限公司南京市分公司机动车交通事故责任纠纷案

裁判摘要

在合同有效期内，保险标的的危险程度显著增加的，被保险人应当及时通知保险人，保险人可以增加保险费或者解除合同。被保险人未作通知，因保险标的危险程度显著增加而发生的保险事故，保险人不承担赔偿责任。以家庭自用名义投保的车辆从事网约车营运活动，显著增加了车辆的危险程度，被保险人应当及时通知保险公司。被保险人未作通知，因从事网约车营运发生的交通事故，保险公司可以在商业三者险范围内免赔。

原告：程春颖，女，34岁，汉族，住江苏省南京市。

被告：张涛，男，31岁，汉族，住江苏省南京市。

被告：中国人民财产保险股份有限公司南京市分公司，住所地：江苏省南京市玄武区龙蟠中路。

负责人：娄伟民，该分公司总经理。

原告程春颖因与被告张涛、中国人民财产保险股份有限公司南京市分公

[①] 参见《最高人民法院公报》2017年第4期。

司（以下简称人保南京分公司）发生机动车交通事故责任纠纷，向江苏省南京市江宁区人民法院提起诉讼。

原告程春颖诉称： 2015年7月28日，被告张涛驾驶轿车与原告程春颖驾驶的电动自行车碰撞，致程春颖受伤，车辆损坏。经鉴定，原告已构成九级和十级伤残。被告张涛驾驶的轿车在被告人保南京分公司投保了机动车交通事故责任强制保险（以下简称交强险）和第三者责任商业保险（以下简称商业三者险）。请求判令二被告赔偿医药费、营养费、残疾赔偿金等合计255339.75元。

被告张涛辩称： 张涛没有过错，原告程春颖应当承担同等以上责任。张涛驾驶的轿车在被告人保南京分公司投保了交强险和商业三者险。张涛因分担油费成本而在下班途中顺路搭载乘客，不属于营运行为，未使车辆危险程度显著增加，应当由人保南京分公司在交强险及商业三者险限额内赔偿。

被告人保南京分公司辩称： 被告张涛没有过错，原告程春颖应当承担同等以上责任。张涛驾驶家庭自用车辆从事营运活动，改变车辆用途，危险程度显著增加，且张涛未通知人保南京分公司，人保南京分公司在商业三者险范围内免赔。

江苏省南京市江宁区人民法院一审查明：

2015年7月28日下午，被告张涛通过打车软件接到网约车订单一份，订单内容为将乘客从南瑞集团送至恒大绿洲小区。张涛驾驶其自有轿车至南瑞集团，接到网约车乘客。17时5分许，张涛驾车搭载网约车乘客，沿前庄路由西向东行驶至清水亭东路丁字路口往南右转弯过程中，遇原告程春颖驾驶电动自行车沿清水亭东路由北向南通过该路口，两车碰撞，致程春颖受伤、车辆损坏。南京市公安局江宁分局交通警察大队以无法查清程春颖遵守交通信号灯的情况为由，出具宁公交证字[2015]第0018号道路交通事故证明。

原告程春颖受伤住院治疗，医院诊断其急性闭合性重型颅脑损伤。经鉴定，程春颖颅脑损伤所致轻度精神障碍，日常活动能力部分受限构成九级伤残；颅骨缺损6平方厘米以上构成十级伤残；误工期限180日，护理期限90日，营养期限90日。经审查确认原告因本次事故产生医疗费99122.26元（其中张涛垫付59321元，人保南京分公司垫付10000元）、住院伙食补助费560元、营养费1350元、误工费3427.48元、护理费7650元、残疾赔偿金156126.6元、精神损害抚慰金10500元、交通费500元，合计279236.34元。

被告张涛驾驶的轿车行驶证上的使用性质为"非营运"。2015年3月27日，张涛在被告人保南京分公司为该车投保了交强险、保额为100万的商业三者险，保险期间均自2015年3月28日起至2016年3月27日止。保单上的使用性质为"家庭自用汽车"。

江苏省南京市江宁区人民法院一审认为：

公民的健康权受法律保护。行为人因过错侵害他人权益的承担侵权责任。

关于本次交通事故责任划分问题。《中华人民共和国道路交通安全法》第七十六条规定，机动车发生交通事故造成损失的，首先由保险公司在交强险责任限额内赔偿，不足部分，机动车与非机动车驾驶人之间发生交通事故，非机动车驾驶人无过错的，由机动车一方承担赔偿责任；有证据证明非机动车驾驶人有过错的，根据过错程度适当减轻机动车一方的赔偿责任。本案中，被告张涛驾驶机动车向右转弯，原告程春颖驾驶非机动车直行，转弯应当避让直行，张涛未能避让存在过错。被告不能证明原告程春颖存在闯红灯等过错行为，故张涛应负事故全部责任，程春颖因本次交通事故产生的损失首先由被告人保南京分公司在交强险责任限额内赔偿，不足部分，由机动车一方赔偿。

关于被告人保南京分公司是否应当在商业三者险内赔偿的问题。《中华人民共和国保险法》第五十二条规定："在合同有效期内，保险标的的危险程度显著增加的，被保险人应当按照合同约定及时通知保险人，保险人可以按照合同约定增加保险费或者解除合同……被保险人未履行前款规定的通知义务的，因保险标的的危险程度显著增加而发生的保险事故，保险人不承担赔偿保险金的责任。"保险合同是双务合同，保险费与保险赔偿金为对价关系，保险人依据投保人告知的情况，评估危险程度而决定是否承保以及收取多少保险费。保险合同订立后，如果危险程度显著增加，保险事故发生的概率超过了保险人在订立保险合同时对事故发生的合理预估，如果仍然按照之前保险合同的约定要求保险人承担保险责任，对保险人显失公平。

在当前车辆保险领域中，保险公司根据被保险车辆的用途，将其分为家庭自用和营运车辆两种，并设置了不同的保险费率，营运车辆的保费接近家庭自用的两倍。这是因为，相较于家庭自用车辆，营运车辆的运行里程多，使用频率高，发生交通事故的概率也自然更大，这既是社会常识也是保险公司对风险的预估，车辆的危险程度与保险费是对价关系，家庭自用车辆的风险小，支付的保费低；营运车辆风险大，支付的保费高。以家庭自用名义投保的车辆，从事营运活动，车辆的风险显著增加，投保人应当及时通知保险公司，保险公司可以增加保费或者解除合同并返还剩余保费，投保人未通知保险公司而要求保险公司赔偿营运造成的事故损失，显失公平。

营运活动与家庭自用的区别在于：第一，营运以收取费用为目的，家庭自用一般不收取费用。第二，营运的服务对象是不特定的人，与车主没有特定的关系；家庭自用的服务对象一般为家人、朋友等与车主具有特定关系的人。而本案中，被告张涛通过打车软件接下网约车订单，其有收取费用的意图，且所载乘客与其没有特定关系，符合营运的特征。

被告张涛的营运行为使被保险车辆危险程度显著增加，张涛应当及时通知被告人保南京分公司，人保南京分公司可以增加保险费或者解除合同返还剩余保险费。张涛未履行通知义务，且其营运行为导致了本次交通事故的发生，人保南京分公司在商业三者险内不负赔偿责任。

综上，江苏省南京市江宁区人民法院依照《中华人民共和国侵权责任法》第四十八条、《中华人民共和国道路交通安全法》第七十六条第一款、《中华人民共和国保险法》第五十二条之规定，于2016年12月14日判决：

一、被告中国人民财产保险股份有限公司南京市分公司在交强险责任限额内赔偿原告程春颖 110000 元，被告张涛赔偿原告程春颖 99915.34 元；均于本判决发生法律效力之日起 10 日内付清。

二、驳回原告程春颖其他诉讼请求。

一审宣判后，双方当事人均未在法定期限内提起上诉，一审判决已发生法律效力。

043. 超车时驾驶人的注意义务范围如何界定[①]

基本案情：2010 年 11 月 23 日，吴某东驾驶吴某芝的鲁 DK0103 普通正三轮摩托车在全宽 6 米的机非混合车道超车时，与胡某明驾驶的无号牌电动自行车（搭载其妻戴某某）发生交通事故。电动自行车失控侧翻致胡某明及戴某某二人受伤，随后吴某东送二人至医院治疗。双方就吴某东是否谨慎驾驶及其所驾摩托车与胡某明所驾电动自行车是否发生刮擦及碰撞，各执一词。交管部门对事故成因及责任无法认定。超车过程中，胡某明车辆靠道路右侧行驶，距道路右边半米左右，吴某东车辆距离道路右边一米多远，两车横向距离为 40—50 厘米。吴某东超车时为五挡，迎面有一辆黑色轿车快速驶来，吴某东称感觉有点危险。事发现场道路平坦，事发时除黑色轿车外无其他车辆经过。事故车辆经检验均符合安全技术标准；吴某芝的车辆未投保交强险。

裁判结果：浙江省金华市中级人民法院二审认为，吴某东驾驶三轮摩托车超越胡某明驾驶的电动自行车时，其车速较快；结合吴某东超车前未注意到对向快速驶来的黑色轿车看，可以认定其未尽谨慎驾驶的注意义务。交管部门的事故责任证明虽未能证实两车是否发生碰撞或刮擦，但从证人证言反映的情况看，正是在吴某东超车过程中胡某明的电动自行车发生左右晃动而

[①]《最高人民法院发布的四起典型案例》，二、吴某东、吴某芝与胡某明、戴某某交通事故人身损害赔偿纠纷案，载《人民法院报》2014 年 7 月 25 日第 3 版。

侧翻,结合事故现场的其他情况,根据民事诉讼法高度盖然性的司法原则,审理法院认为胡某明的电动自行车翻车与吴某东驾驶三轮摩托车超车中疏忽大意存在因果关系,吴某东应承担事故的主要责任;胡某明驾驶电动自行车搭载成年人违反道路交通安全法亦有过错,双方按三七比例承担胡某明等的医疗费、伤残赔偿金、误工费等人身损害赔偿责任。

> **典型意义**
>
> 法律事实不同于客观事实,民事诉讼的证明标准也不同于刑事诉讼证明标准。我国民事诉讼采取的是高度盖然性标准。本案的典型意义在于,法院根据高度盖然性证明标准,结合吴某东超车前未注意到前方驶来的车辆,超车时车速较快(五挡),与胡某明车辆横向距离较短(仅为40-50厘米),从而认定超车过程中胡某明的电动自行车发生左右晃动而侧翻与吴某东的超车行为之间具有因果关系。本案合理界定了超车时驾驶人的注意义务范围,在证明标准及事实认定方面具有指导意义。

044. 机动车交通事故中,对于一些无监控录像、无目击证人,且双方当事人对于事故原因又各执一词的情形,人民法院如何认定事实[①]

基本案情:2009年10月21日中午,许某某驾驶未投保交强险的轿车并道时,与违法翻越中心隔离护栏的王某某发生交通事故。王某某倒地受伤,造成右下肢受伤。现场勘查显示,许某某所驾车辆停在中心隔离栏边的第一条车道,车辆左前部紧挨中心隔离栏,左前轮压着中心隔离栏桩基,车辆与隔离栏呈约45度夹角。许某某称王某某属跨越护栏时被绊自行摔伤,与己无

---

① 《最高人民法院发布的四起典型案例》,三、许某某与王某某道路交通事故人身损害赔偿纠纷案,载《人民法院报》2014年7月25日第3版。

关。因无现场证人及直接证据，当地交管部门出具的交通事故证明并未对该起事故责任予以划分。王某某起诉请求医疗费、残疾赔偿金、护理费等16万余元。二审期间，经王某某申请并经征询双方意见，审理法院依法选择相关司法鉴定机构对王某某的伤情成因进行了鉴定，鉴定意见为：王某某右膝部损伤符合较大钝性外力直接作用所致，该损伤单纯摔跌难以形成，遭受车辆撞击可以形成。

裁判结果：天津市第一中级人民法院二审认为，根据《中华人民共和国道路交通安全法》的相关规定，本案系许某某与王某某在道路通行中因过错或意外而发生的人身伤害及财产损失事件，属交通事故人身损害赔偿纠纷范围。关于许某某的驾车行为是否致害王某某的问题，二审认为虽无事故现场监控录像及目击证人等直接证据，但根据相关证据亦可认定。交管部门的现场勘查及事发时许某某车辆的位置，符合紧急情况下避让制动停车状态；司法鉴定意见认为王某某的腿伤符合较大钝性外力由外向内直接作用的特征，且腿伤高度与案涉车辆制动状态下前保险杠防撞条高度吻合，符合车辆撞击特征，单纯摔跌难以形成；事故现场无致伤的第三方、从王某某尚能从容跨越护栏亦可排除其之前被撞受伤的可能性。鉴定单位及人员具有相应的鉴定资质、接受质询分析清楚、说明充分，送检材料亦经过双方质证。二审认为，上述证据形成了完整的证据链，足以认定王某某腿伤系许某某驾车行为所致；许某某称王某某属自行摔伤，其停车救助的理由不能成立。许某某驾驶机动车未尽高度谨慎的安全注意义务，应承担40%的过错责任；王某某违反《中华人民共和国道路交通安全法》有关"行人不得跨越、倚坐道路隔离设施"的规定，应承担60%的过错责任。因许某某未履行交强险之法定投保义务，审理法院根据《中华人民共和国道路交通安全法》及交强险的有关规定，判决许某某于交强险赔偿限额内（医疗费赔偿限额1万元，死亡伤残赔偿限额11万元）赔偿10.7万余元。

典型意义

　　机动车交通事故中，对于一些无监控录像、无目击证人，且双方当事人对于事故原因又各执一词的情形，人民法院如何认定事实是一大难点，本案即具有典型意义。本案的争议焦点是王某某的腿伤是否为许某某的驾车行为所致。对此，二审法院委托具有资质的鉴定机构进行伤情成因鉴定。鉴定机构经过鉴定，认为受害人伤情符合车辆撞击特征，单纯摔跌难以形成。同时，由于事发时并无第三方车辆，且受害人尚能从容跨越护栏，故可以认定王某某的腿伤乃许某某的驾车行为所致。此外，由于许某某违反法律规定，未购买机动车交强险，故而承担了交强险项下的赔偿责任。如果其依法购买交强险，该责任原本是可由保险机构承担的。

045. 对于超过法定退休年龄但仍具有劳动能力、并通过劳动获得报酬的老年人，其因交通事故导致误工，收入减少，应依法获得赔偿[①]

　　基本案情：2017年，高某某驾驶车辆与魏某某驾驶的电动三轮车相撞，造成两车损坏，魏某某及乘车人李某某受伤。交管部门认定，高某某负事故全部责任。李某某被医院诊断为创伤性蛛网膜下腔出血、鼻骨骨折、左侧锁骨闭合性骨折、左侧第一肋骨骨折、右手拇指骨折等，住院31天，并多次接受治疗。高某某驾驶的车辆在某保险公司投保了机动车第三者责任强制保险及商业保险。李某某起诉要求高某某、某保险公司赔偿医疗费、住院伙食补助费、营养费、护理费、误工费、交通费，共计12万余元。

---

　　① 《最高法发布老年人权益保护第二批典型案例》（2022年4月8日发布），五、李某某诉高某某、某保险公司机动车交通事故责任纠纷案，载最高人民法院网站，https://www.court.gov.cn/zixun/xiangqing/354121.html，最后访问日期：2023年6月28日。

八、机动车交通事故责任纠纷

裁判结果：北京市延庆区人民法院判决：一、某保险公司在机动车第三者责任强制保险责任限额范围内赔偿李某某医疗费、护理费、误工费、交通费，共计3万余元；二、某保险公司在商业保险责任限额范围内赔偿李某某医疗费、住院伙食补助费、营养费，共计3万余元等。保险公司提起上诉。北京市第一中级人民法院认为，本案二审争议焦点为李某某误工费的赔偿问题。李某某于事故发生前在水泥厂工作，月收入3000元，虽然李某某已逾60周岁，但仍具有通过劳动获得报酬的能力，且其能证明事故发生前的收入状态，故李某某因本次事故导致的误工减少的收入应依法获得赔偿；一审法院结合李某某的伤情、治疗情况及医嘱情况等依法酌定的误工费金额并无不当。判决：驳回上诉，维持原判。

典型意义

在侵权纠纷案件中，有观点认为，已逾法定退休年龄的老年受害人不存在误工费问题，因此对该请求不应当予以支持。本案裁判明确，对于超过法定退休年龄但仍具有劳动能力、并通过劳动获得报酬的老年人，其因事故导致误工的收入减少应依法获得赔偿。《中共中央、国务院关于加强新时代老龄工作的意见》明确要促进老年人社会参与，鼓励老年人继续发挥作用。本案从维护老年人合法权益的角度出发，对于超过法定退休年龄受害人的误工费予以支持，在司法实践中具有代表性和参考价值。对于维护老年人就业权益，充分发挥低龄老年人作用，推动实现老有所为、老有所养，具有一定的指导意义。

（三）地方法院典型案例

046. 交通事故造成孕妇流产，是否可以请求精神损害赔偿[①]

基本案情：2021年1月18日，吴某驾车与王某（孕妇）、田某所驾驶车辆发生三车相撞，造成王某受伤及车辆损坏的交通事故。公安交管部门出具事故认定书认定，吴某负事故全部责任，王某、田某无责任。事故发生后，王某被送至医院就医，诊断为"先兆流产"，并进行了人流手术。后王某将吴某、田某及二人车辆投保的保险公司诉至天津市红桥区人民法院，要求赔偿其因交通事故产生的各项损失，其中包括精神损害抚慰金5万元。

裁判结果：天津市红桥区人民法院认为，公民合法的民事权益应受法律保护。王某因交通事故导致流产，不仅遭受了身体上的损害，也承受了精神上的痛苦，故对其主张的精神损害抚慰金应予适当支持。在判决支持王某其他各项合理损失的基础上，人民法院结合王某孕期、各方责任等因素，判决支持其精神损害抚慰金1万元，并由为吴某和田某车辆承保的两保险公司分别在交强险责任限额和交强险无责赔偿限额内予以赔偿。一审宣判后，吴某车辆投保的保险公司不服提起上诉，天津市第一中级人民法院依法判决驳回上诉，维持原判。

> **典型意义**
>
> 本案是人民法院依法保障因交通事故流产妇女获得精神损害赔偿的典型案例。《中华人民共和国民法典》第一千一百八十三条规定，侵害自然人人身权益造成严重精神损害的，被侵权人有权请求精神损害赔偿。本案

[①] 《天津高院发布保护妇女合法权益典型案例》（2022年3月8日发布），王某与吴某等机动车交通事故责任纠纷案，载天津法院网，https://tjfy.tjcourt.gov.cn/article/detail/2022/03/id/6563114.shtml，最后访问日期：2023年6月28日。

中，事故不仅造成王某身体上的损伤，同时也导致其终止妊娠，使其精神遭受损害。人民法院对王某主张的精神损害抚慰金酌情予以支持，充分体现了对妇女群体特殊权益的特殊保护，对类似案件审理具有积极示范意义。

047. 好意同乘造成搭乘人损害，应当如何处理[①]

基本案情：2018年2月10日9时许，郝某未依法取得机动车驾驶证，驾驶未按规定登记的机动车，搭载其妻董某、同事和邻居王某、卢某去集市赶集，车辆沿大港农场场区内道路行驶至钱顺公路交口时，与薛某驾驶的车辆前部发生碰撞，造成董某当场死亡，郝某、王某、卢某受伤。后王某经医院抢救无效死亡。该事故经交管部门认定，郝某承担事故同等责任，薛某承担事故同等责任，董某、王某、卢某无责任。受害人王某家属岳某等人向法院提起诉讼，要求某保险公司在交强险的责任限额内及商业三者险的保险金额内赔偿死亡赔偿金、丧葬费等损失，不足部分由薛某、郝某承担连带赔偿责任。薛某与某保险公司同意依法赔偿原告合理合法的损失。郝某不同意赔偿，认为其购买的电动三轮车是为了自用，郝某与王某既是同事关系又是邻居关系，发生交通事故时，是好意同乘，王某的损失应自行承担。

裁判结果：法院生效裁判认为，该事故责任经交管部门认定，双方均无异议，法院予以确认。郝某、薛某应各自对该事故承担50%的责任。考虑到郝某无偿搭载王某的行为，属于友善互助、好意同乘行为，郝某应当承担的50%部分，由原告自行承担20%。法院判决由某保险公司在交强险的责任限额内赔偿原告损失55000元、在商业三者险的保险限额内赔偿原告损失309581.6元；由被告郝某赔偿原告损失247665.24元；驳回原告的其他诉讼请求。

[①] 《岳某等与郝某、薛某等机动车交通事故责任纠纷》，载天津法院网，https://tjfy.tjcourt.gov.cn/article/detail/2020/12/id/5685983.shtml，最后访问日期：2023年6月28日。

> **典型意义**
>
> 本案是一起由好意同乘引发交通事故的典型案例。好意同乘，符合友善互助的社会道德和绿色出行的环保理念。随着我国经济的发展，私家车拥有量日益增多，出行相互搭乘、互行方便的好意同乘现象逐渐成为一种生活常态，由好意同乘引发的交通事故诉讼大量增加。《中华人民共和国民法典》出台前，好意同乘造成搭乘人损害的，适用侵权责任法，考虑到好意同乘是一种好意施惠行为，一般适当减轻驾驶人的赔偿责任。《中华人民共和国民法典》第一千二百一十七条对好意同乘行为的法律责任作出了规范，本案的判决与《中华人民共和国民法典》相一致，为公众行为提供了指引。

（四）裁判依据

《中华人民共和国民法典》

第一百二十条　民事权益受到侵害的，被侵权人有权请求侵权人承担侵权责任。

第一千二百零八条　机动车发生交通事故造成损害的，依照道路交通安全法律和本法的有关规定承担赔偿责任。

第一千二百零九条　因租赁、借用等情形机动车所有人、管理人与使用人不是同一人时，发生交通事故造成损害，属于该机动车一方责任的，由机动车使用人承担赔偿责任；机动车所有人、管理人对损害的发生有过错的，承担相应的赔偿责任。

第一千二百一十条　当事人之间已经以买卖或者其他方式转让并交付机动车但是未办理登记，发生交通事故造成损害，属于该机动车一方责任的，由受让人承担赔偿责任。

八、机动车交通事故责任纠纷

第一千二百一十一条 以挂靠形式从事道路运输经营活动的机动车，发生交通事故造成损害，属于该机动车一方责任的，由挂靠人和被挂靠人承担连带责任。

第一千二百一十二条 未经允许驾驶他人机动车，发生交通事故造成损害，属于该机动车一方责任的，由机动车使用人承担赔偿责任；机动车所有人、管理人对损害的发生有过错的，承担相应的赔偿责任，但是本章另有规定的除外。

第一千二百一十三条 机动车发生交通事故造成损害，属于该机动车一方责任的，先由承保机动车强制保险的保险人在强制保险责任限额范围内予以赔偿；不足部分，由承保机动车商业保险的保险人按照保险合同的约定予以赔偿；仍然不足或者没有投保机动车商业保险的，由侵权人赔偿。

第一千二百一十四条 以买卖或者其他方式转让拼装或者已经达到报废标准的机动车，发生交通事故造成损害的，由转让人和受让人承担连带责任。

第一千二百一十五条 盗窃、抢劫或者抢夺的机动车发生交通事故造成损害的，由盗窃人、抢劫人或者抢夺人承担赔偿责任。盗窃人、抢劫人或者抢夺人与机动车使用人不是同一人，发生交通事故造成损害，属于该机动车一方责任的，由盗窃人、抢劫人或者抢夺人与机动车使用人承担连带责任。

保险人在机动车强制保险责任限额范围内垫付抢救费用的，有权向交通事故责任人追偿。

第一千二百一十六条 机动车驾驶人发生交通事故后逃逸，该机动车参加强制保险的，由保险人在机动车强制保险责任限额范围内予以赔偿；机动车不明、该机动车未参加强制保险或者抢救费用超过机动车强制保险责任限额，需要支付被侵权人人身伤亡的抢救、丧葬等费用的，由道路交通事故社会救助基金垫付。道路交通事故社会救助基金垫付后，其管理机构有权向交通事故责任人追偿。

第一千二百一十七条 非营运机动车发生交通事故造成无偿搭乘人损害，属于该机动车一方责任的，应当减轻其赔偿责任，但是机动车使用人有故意或者重大过失的除外。

《中华人民共和国道路交通安全法》

第七十六条 机动车发生交通事故造成人身伤亡、财产损失的,由保险公司在机动车第三者责任强制保险责任限额范围内予以赔偿;不足的部分,按照下列规定承担赔偿责任:

(一)机动车之间发生交通事故的,由有过错的一方承担赔偿责任;双方都有过错的,按照各自过错的比例分担责任。

(二)机动车与非机动车驾驶人、行人之间发生交通事故,非机动车驾驶人、行人没有过错的,由机动车一方承担赔偿责任;有证据证明非机动车驾驶人、行人有过错的,根据过错程度适当减轻机动车一方的赔偿责任;机动车一方没有过错的,承担不超过百分之十的赔偿责任。

交通事故的损失是由非机动车驾驶人、行人故意碰撞机动车造成的,机动车一方不承担赔偿责任。

《最高人民法院关于审理道路交通事故损害赔偿案件适用法律若干问题的解释》

一、关于主体责任的认定

第一条 机动车发生交通事故造成损害,机动车所有人或者管理人有下列情形之一的,人民法院应当认定其对损害的发生有过错,并适用民法典第一千二百零九条的规定确定其相应的赔偿责任:

(一)知道或者应当知道机动车存在缺陷,且该缺陷是交通事故发生原因之一的;

(二)知道或者应当知道驾驶人无驾驶资格或者未取得相应驾驶资格的;

(三)知道或者应当知道驾驶人因饮酒、服用国家管制的精神药品或者麻醉药品,或者患有妨碍安全驾驶机动车的疾病等依法不能驾驶机动车的;

(四)其他应当认定机动车所有人或者管理人有过错的。

第二条 被多次转让但是未办理登记的机动车发生交通事故造成损害,属于该机动车一方责任,当事人请求由最后一次转让并交付的受让人承担赔偿责任的，人民法院应予支持。

第三条 套牌机动车发生交通事故造成损害，属于该机动车一方责任，当事人请求由套牌机动车的所有人或者管理人承担赔偿责任的，人民法院应予支持；被套牌机动车所有人或者管理人同意套牌的，应当与套牌机动车的所有人或者管理人承担连带责任。

第四条 拼装车、已达到报废标准的机动车或者依法禁止行驶的其他机动车被多次转让，并发生交通事故造成损害，当事人请求由所有的转让人和受让人承担连带责任的，人民法院应予支持。

第五条 接受机动车驾驶培训的人员，在培训活动中驾驶机动车发生交通事故造成损害，属于该机动车一方责任，当事人请求驾驶培训单位承担赔偿责任的，人民法院应予支持。

第六条 机动车试乘过程中发生交通事故造成试乘人损害，当事人请求提供试乘服务者承担赔偿责任的，人民法院应予支持。试乘人有过错的，应当减轻提供试乘服务者的赔偿责任。

第七条 因道路管理维护缺陷导致机动车发生交通事故造成损害，当事人请求道路管理者承担相应赔偿责任的，人民法院应予支持。但道路管理者能够证明已经依照法律、法规、规章的规定，或者按照国家标准、行业标准、地方标准的要求尽到安全防护、警示等管理维护义务的除外。

依法不得进入高速公路的车辆、行人，进入高速公路发生交通事故造成自身损害，当事人请求高速公路管理者承担赔偿责任的，适用民法典第一千二百四十三条的规定。

第八条 未按照法律、法规、规章或者国家标准、行业标准、地方标准的强制性规定设计、施工，致使道路存在缺陷并造成交通事故，当事人请求建设单位与施工单位承担相应赔偿责任的，人民法院应予支持。

第九条 机动车存在产品缺陷导致交通事故造成损害，当事人请求生产者或者销售者依照民法典第七编第四章的规定承担赔偿责任的，人民法院应予支持。

第十条 多辆机动车发生交通事故造成第三人损害，当事人请求多个侵权人承担赔偿责任的，人民法院应当区分不同情况，依照民法典第一千一百七十条、第一千一百七十一条、第一千一百七十二条的规定，确定侵权人承担连带责任或者按份责任。

二、关于赔偿范围的认定

第十一条 道路交通安全法第七十六条规定的"人身伤亡"，是指机动车发生交通事故侵害被侵权人的生命权、身体权、健康权等人身权益所造成的损害，包括民法典第一千一百七十九条和第一千一百八十三条规定的各项损害。

道路交通安全法第七十六条规定的"财产损失"，是指因机动车发生交通事故侵害被侵权人的财产权益所造成的损失。

第十二条 因道路交通事故造成下列财产损失，当事人请求侵权人赔偿的，人民法院应予支持：

（一）维修被损坏车辆所支出的费用、车辆所载物品的损失、车辆施救费用；

（二）因车辆灭失或者无法修复，为购买交通事故发生时与被损坏车辆价值相当的车辆重置费用；

（三）依法从事货物运输、旅客运输等经营性活动的车辆，因无法从事相应经营活动所产生的合理停运损失；

（四）非经营性车辆因无法继续使用，所产生的通常替代性交通工具的合理费用。

三、关于责任承担的认定

第十三条 同时投保机动车第三者责任强制保险（以下简称交强险）和第三者责任商业保险（以下简称商业三者险）的机动车发生交通事故造成损害，当事人同时起诉侵权人和保险公司的，人民法院应当依照民法典第一千二百一十三条的规定，确定赔偿责任。

被侵权人或者其近亲属请求承保交强险的保险公司优先赔偿精神损害的，人民法院应予支持。

八、机动车交通事故责任纠纷

第十四条 投保人允许的驾驶人驾驶机动车致使投保人遭受损害，当事人请求承保交强险的保险公司在责任限额范围内予以赔偿的，人民法院应予支持，但投保人为本车上人员的除外。

第十五条 有下列情形之一导致第三人人身损害，当事人请求保险公司在交强险责任限额范围内予以赔偿，人民法院应予支持：

（一）驾驶人未取得驾驶资格或者未取得相应驾驶资格的；

（二）醉酒、服用国家管制的精神药品或者麻醉药品后驾驶机动车发生交通事故的；

（三）驾驶人故意制造交通事故的。

保险公司在赔偿范围内向侵权人主张追偿权的，人民法院应予支持。追偿权的诉讼时效期间自保险公司实际赔偿之日起计算。

第十六条 未依法投保交强险的机动车发生交通事故造成损害，当事人请求投保义务人在交强险责任限额范围内予以赔偿的，人民法院应予支持。

投保义务人和侵权人不是同一人，当事人请求投保义务人和侵权人在交强险责任限额范围内承担相应责任的，人民法院应予支持。

第十七条 具有从事交强险业务资格的保险公司违法拒绝承保、拖延承保或者违法解除交强险合同，投保义务人在向第三人承担赔偿责任后，请求该保险公司在交强险责任限额范围内承担相应赔偿责任的，人民法院应予支持。

第十八条 多辆机动车发生交通事故造成第三人损害，损失超出各机动车交强险责任限额之和的，由各保险公司在各自责任限额范围内承担赔偿责任；损失未超出各机动车交强险责任限额之和，当事人请求由各保险公司按照其责任限额与责任限额之和的比例承担赔偿责任的，人民法院应予支持。

依法分别投保交强险的牵引车和挂车连接使用时发生交通事故造成第三人损害，当事人请求由各保险公司在各自的责任限额范围内平均赔偿的，人民法院应予支持。

多辆机动车发生交通事故造成第三人损害，其中部分机动车未投保交强险，当事人请求先由已承保交强险的保险公司在责任限额范围内予以赔偿的，人民法院应予支持。保险公司就超出其应承担的部分向未投保交强险的投保义务人或者侵权人行使追偿权的，人民法院应予支持。

第十九条　同一交通事故的多个被侵权人同时起诉的，人民法院应当按照各被侵权人的损失比例确定交强险的赔偿数额。

第二十条　机动车所有权在交强险合同有效期内发生变动，保险公司在交通事故发生后，以该机动车未办理交强险合同变更手续为由主张免除赔偿责任的，人民法院不予支持。

机动车在交强险合同有效期内发生改装、使用性质改变等导致危险程度增加的情形，发生交通事故后，当事人请求保险公司在责任限额范围内予以赔偿的，人民法院应予支持。

前款情形下，保险公司另行起诉请求投保义务人按照重新核定后的保险费标准补足当期保险费的，人民法院应予支持。

第二十一条　当事人主张交强险人身伤亡保险金请求权转让或者设定担保的行为无效的，人民法院应予支持。

四、关于诉讼程序的规定

第二十二条　人民法院审理道路交通事故损害赔偿案件，应当将承保交强险的保险公司列为共同被告。但该保险公司已经在交强险责任限额范围内予以赔偿且当事人无异议的除外。

人民法院审理道路交通事故损害赔偿案件，当事人请求将承保商业三者险的保险公司列为共同被告的，人民法院应予准许。

第二十三条　被侵权人因道路交通事故死亡，无近亲属或者近亲属不明，未经法律授权的机关或者有关组织向人民法院起诉主张死亡赔偿金的，人民法院不予受理。

侵权人以已向未经法律授权的机关或者有关组织支付死亡赔偿金为理由，请求保险公司在交强险责任限额范围内予以赔偿的，人民法院不予支持。

被侵权人因道路交通事故死亡，无近亲属或者近亲属不明，支付被侵权人医疗费、丧葬费等合理费用的单位或者个人，请求保险公司在交强险责任限额范围内予以赔偿的，人民法院应予支持。

第二十四条　公安机关交通管理部门制作的交通事故认定书，人民法院应依法审查并确认其相应的证明力，但有相反证据推翻的除外。

五、关于适用范围的规定

第二十五条　机动车在道路以外的地方通行时引发的损害赔偿案件，可以参照适用本解释的规定。

第二十六条　本解释施行后尚未终审的案件，适用本解释；本解释施行前已经终审，当事人申请再审或者按照审判监督程序决定再审的案件，不适用本解释。

九、非机动车交通事故责任纠纷

（一）地方法院典型案例

048. 电动自行车未按交通信号灯通行引发事故需承担侵权责任[①]

基本案情：在朝阳区某地，甲骑电动自行车由东向西行驶过程中未按照交通信号灯指示通行，与正常通行的行人乙发生碰撞。经交通安全管理部门认定，甲存在不按照交通信号灯通行的交通违法行为，负此次事故的全部责任。事发当天乙前往医疗机构诊治，经影像学检查诊断为足部轻微骨折、软组织损伤。后乙将甲诉至法院要求赔偿损失，诉讼中经委托司法鉴定，乙因此次事故致伤的误工期为120日、护理期为60日、营养期为90日。乙要求甲赔偿医疗费、交通费、营养费、误工费、护理费等损失共6万余元。

裁判结果：法院认为：侵害他人造成人身损害的，应当赔偿医疗费、护理费、交通费等为治疗和康复支出的合理费用，以及因误工减少的收入，造成残疾的，还应当赔偿残疾生活辅助器具费和残疾赔偿金，但受害人需要对其合理损失承担举证责任。甲骑电动车行驶过程中未按照交通信号灯指示通行导致交通事故发生，致使乙在事故中受伤，故甲应对乙的合理合法损失承

[①] 《朝阳法院非机动车交通事故案件典型案例》（2023年2月8日发布），一、电动自行车未按交通信号灯通行引发事故需承担侵权责任，载朝阳法苑微信公众号，https://mp.weixin.qq.com/s/9FGP9sdZ2ey-PZujqA8spw，最后访问日期：2023年6月28日。

担全部赔偿责任。就乙所主张的各项赔偿，法院根据乙的损害结果和对实际损失的举证情况，最终判决甲向乙赔偿医疗费、交通费、营养费、误工费、辅助器具费共7500余元。

典型意义

《中华人民共和国道路交通安全法》第三十八条规定，车辆、行人应当按照交通信号通行。电动自行车上路行驶时也应当按照交通信号通行，未按交通信号通行并因此发生事故的，应承担相应的事故责任和损害赔偿责任。现实生活中，电动车（含电动两轮车、电动三轮车）闯红灯、抢黄灯等交通违法行为时有发生，加之电动车自身启动速度快、制动反应不及时等原因，很容易造成交通事故。电动车驾驶人应以本案为鉴，在驾驶电动车出行时要严格依照交通信号和交通警察的指挥通行，在没有交通信号的道路上行驶时，应遵循右侧通行的规定，在确保安全、畅通的原则下通行，切不可无视道路交通安全法规的要求。

049. 行人违反交通规则引起交通事故需承担侵权责任[①]

基本案情： 在朝阳区某地，乙骑电动自行车由东向西正常行驶，甲在公交车站下公交车后径直横穿马路，乙躲避不及发生交通事故，造成车辆接触部位损坏，乙受伤。经交通安全管理部门认定，甲存在行人横过道路未走人行横道或过街设施的过错违法行为，乙并无违法行为，甲负全部责任，乙无责任。此次事故造成乙骨折，经鉴定构成十级伤残，乙诉至法院要求赔偿医疗费、康复费、残疾赔偿金等损失共计29万余元。甲对事故认定书的适用程

---

① 《朝阳法院非机动车交通事故案件典型案例》（2023年2月8日发布），二、行人违反交通规则引起交通事故需承担侵权责任，载朝阳法苑微信公众号，https://mp.weixin.qq.com/s/9FGP9sdZ2ey-PZu-jqA8spw，最后访问日期：2023年6月28日。

149

序不认可，另称事发时甲恰逢下公交车过路口，被大车挡住视线，此时乙骑着电动车过来速度较快，故认为乙也应承担事故的次要责任。

裁判结果： 法院认为：甲对交通安全管理部门作出的事故认定不认可，但并未提交充分证据推翻事故认定书的证明力，故对于甲关于事故责任划分的抗辩意见难以采纳。甲作为事故的全责方，应对乙因本次事故产生的合理损失承担赔偿责任。基于乙构成十级伤残的情况，最终依法判决甲赔偿乙医疗费、住院伙食补助费、交通费、营养费、护理费、误工费、残疾赔偿金、精神损害抚慰金等共计26万余元。

典型意义

近年来，随着机动车道路交通安全教育宣传工作的不断加强与深化，机动车驾驶人员对于行人安全的注意与保护意识逐步加强。但行人作为道路交通的参与者，同样需要遵守交通规则。行人横过道路不使用过街天桥、地下通道、人行横道等过街设施，违法横穿道路或翻越隔离护栏造成交通事故的，将负相应的事故责任。本案一方面警示广大车主和驾驶员，在遇有路口时一定要减速慢行，遵守交通法规，避免因车速较快或因视线遮挡而造成交通事故；另一方面也警示行人或其他道路交通参与者要遵守交通规则，审慎通行，拒绝成为马路上的"低头族"或"跨栏运动员"，避免发生事故、承担侵权责任。

050. 交通事故认定书在无充分证据推翻的情况下具有证明案件事实的证据效力[1]

基本案情：甲骑自行车由东向西行至朝阳区某地，乙骑电动自行车同方向行驶，甲自行车左前与乙电动自行车的右后接触发生交通事故，该事故造成甲受伤，自行车受损。经交通安全管理部门认定，乙负全责，甲无责任。事故发生后，甲被送至医院就医，支出了医疗费、护理费等。乙在庭审中表示，不认可交通安全管理部门认定的事故责任。

裁判结果：法院认为：本案中，乙驾驶电动自行车与骑自行车的甲发生交通事故，该起交通事故经交通安全管理部门认定，乙对该起交通事故负全责，甲无责任。乙虽对交通事故责任认定书有异议，但并未提交充分证据推翻责任认定，对于乙的抗辩意见不予采纳。甲在该起事故中受伤，故乙应当承担相应的赔偿责任。

> **典型意义**
>
> 《最高人民法院关于审理道路交通事故损害赔偿案件适用法律若干问题的解释》（2020年修正）第二十四条规定："公安机关交通管理部门制作的交通事故认定书，人民法院应依法审查并确认其相应的证明力，但有相反证据推翻的除外。"交通事故认定书属于交通安全管理部门依法在其职权范围内根据法定程序制作的书证，其在书证的分类中属于公文书证，其记载的事故事实、各方交通违法行为及相应的责任具有推定为真实的证明力，法院一般予以采信。但在有相反证据足以推翻交通事故认定书中相关记载的情况下，法院应根据相应证据对于事故责任重新进行认定。

---

[1] 《朝阳法院非机动车交通事故案件典型案例》（2023年2月8日发布），三、交通事故认定书在无充分证据推翻的情况下具有证明案件事实的证据效力，载朝阳法苑微信公众号，https://mp.weixin.qq.com/s/9FGP9sdZ2ey-PZujqA8spw，最后访问日期：2023年6月28日。

051. 互联网服务平台是否承担责任需具体认定[①]

基本案情：在朝阳区某地，配送员甲骑电动自行车由西向北行驶，乙骑电动自行车由北向南行驶，发生交通事故，造成车辆接触部位损坏，甲、乙受伤。经交通安全管理部门认定，甲负此次事故的全部责任，乙无责任。事故发生当日，乙至北京积水潭医院治疗，经诊断为手外伤，指间关节韧带损伤（左，环小指）。乙诉至法院后，法院依法追加相关公司作为被告参加诉讼。

A公司提交其关联公司B公司与C公司签订的《配送服务合同》及C公司出具的《情况说明》，证明C公司负责双方约定范围的外卖配送服务，甲系C公司员工，其与A公司不存在劳动关系、劳务关系或劳务派遣关系，A公司不承担赔偿责任。

经查，C公司在保险公司投保雇主责任保险，附加第三者责任保险，保险期间自2020年10月25日0时起至当日24时止。保单特别约定：保险期间内雇员为某外卖平台上班的过程中发生意外事故（含交通事故），造成第三者人身伤亡或财产损失，对依照中华人民共和国法律（不含港澳台）应由被保险人承担的经济赔偿责任，保险公司按照本保险合同约定负责赔偿……

庭审中，C公司提交外卖配送信息单，证明本次交通事故发生在某外卖平台订单配送过程中。保险公司提交《保险经纪业务合作协议书》复印件、《某外卖平台外卖骑手责任险产品补充协议》复印件、电子保单及保险条款、网站截图等，据此证明承保过程及保险赔偿范围。

裁判结果：法院认为：甲骑电动自行车与乙所骑电动自行车发生交通事

[①] 《朝阳法院非机动车交通事故案件典型案例》（2023年2月8日发布），四、互联网服务平台是否承担责任需具体认定，载朝阳法苑微信公众号，https://mp.weixin.qq.com/s/9FGP9sdZ2ey-PZujqA8spw，最后访问日期：2023年6月28日。

故，造成乙人身损害及财产损失，经交通安全管理部门认定甲负此次事故的全部责任。甲为 C 公司员工，其在配送某外卖平台订单过程中发生交通事故，符合雇主责任保险附加第三者责任保险的赔付条件，故乙的损失应先由保险公司按照保险合同约定赔偿，不足部分由用人单位 C 公司赔偿。A 公司作为提供配送信息的服务平台，其与甲之间不存在劳动或劳务雇佣关系，其在此次事故中对损害的发生亦不存在过错，故对乙的损失不承担赔偿责任。

典型意义

在涉及外卖骑手等互联网平台用工的案件中，互联网平台是否应当对外卖骑手造成的交通事故承担赔偿责任，首先应当考虑互联网服务平台与外卖骑手之间是否存在劳动或劳务关系，如存在，则应依据雇主责任相关法律规定承担赔偿责任。司法实践中，上述关系的查明较为复杂，要结合双方签订的合同内容、平台运营模式、派单接单流程、报酬支付情况以及平台对快递、外卖员的管理监督方式等因素进行认定。如双方不存在劳动或劳务关系，基于过错责任原则，则需考虑互联网服务平台对损害的发生是否存在过错，如存在过错，则根据其过错程度承担相应的赔偿责任。

052. 交通事故"私了协议"显失公平时可请求撤销或变更[①]

基本案情： 在朝阳区某地，甲骑自行车由西向东逆向行驶，乙骑电动自行车由东向西行驶，甲骑行的车辆前侧与乙骑行的车辆前侧接触发生交通事故，造成车辆接触部位损坏，乙受伤。经交通安全管理部门认定，甲存在非机动车逆向行驶的过错行为，负事故全部责任，乙无责任。事发当日，甲、

[①] 《朝阳法院非机动车交通事故案件典型案例》（2023 年 2 月 8 日发布），五、交通事故"私了协议"显失公平时可请求撤销或变更，载朝阳法苑微信公众号，https://mp.weixin.qq.com/s/9FGP9sdZ2ey-PZujqA8spw，最后访问日期：2023 年 6 月 28 日。

乙签署"私了"协议，载明甲自愿赔偿乙3000元，事情了结。甲为乙垫付事发当日的医疗费1069.64元，另给付乙和解款3000元。此后，乙被诊断为左第6、7肋骨骨折，并多次至医院门诊复查，治疗费用远超3000元，故乙起诉要求甲赔偿医疗费、误工费、营养费和护理费等损失4万余元。

裁判结果：法院认为：甲负事故全部责任，对乙因事故受伤所造成的合理损失，应负赔偿责任。据双方所供证据，事发后甲、乙就事故损害赔偿已达成一次性了结协议，协议有效，双方均应遵守。据乙所提供诊断凭证，法院对其左第6、7肋骨骨折与事故关联性予以确认，因该伤情系双方协议后确诊，属协议后出现的重大情事变化，如继续按私了协议履行对乙明显不公，故依据乙就其实际损失的举证情况综合确定甲另给付乙事故损害赔偿款1.5万元。

> **典型意义**
>
> 当事人就交通事故自行达成的损害赔偿协议即俗称的"私了协议"，其性质属于合同，只要是当事人真实的意思表示，不存在法律规定的无效情形，应属合法有效，当事人不得随意反悔，法院也会尊重当事人的意思自治，按照"私了协议"约定对纠纷进行处理。但现实中也存在事故发生时伤情并不明确，而是在一段时间后显现或确诊的情况。此种情况下，当事人无法预见最终的损害后果，如"私了协议"对一方明显不利，按照"私了协议"继续履行将显失公平，当事人可依法请求撤销或变更协议内容，由法院依法合理判定赔偿责任。

（二）裁判依据

《中华人民共和国道路交通安全法》

第十八条 依法应当登记的非机动车，经公安机关交通管理部门登记后，

九、非机动车交通事故责任纠纷

方可上道路行驶。

依法应当登记的非机动车的种类,由省、自治区、直辖市人民政府根据当地实际情况规定。

非机动车的外形尺寸、质量、制动器、车铃和夜间反光装置,应当符合非机动车安全技术标准。

第三十五条 机动车、非机动车实行右侧通行。

第三十六条 根据道路条件和通行需要,道路划分为机动车道、非机动车道和人行道的,机动车、非机动车、行人实行分道通行。没有划分机动车道、非机动车道和人行道的,机动车在道路中间通行,非机动车和行人在道路两侧通行。

第五十七条 驾驶非机动车在道路上行驶应当遵守有关交通安全的规定。非机动车应当在非机动车道内行驶;在没有非机动车道的道路上,应当靠车行道的右侧行驶。

第五十八条 残疾人机动轮椅车、电动自行车在非机动车道内行驶时,最高时速不得超过十五公里。

第五十九条 非机动车应当在规定地点停放。未设停放地点的,非机动车停放不得妨碍其他车辆和行人通行。

第六十条 驾驭畜力车,应当使用驯服的牲畜;驾驭畜力车横过道路时,驾驭人应当下车牵引牲畜;驾驭人离开车辆时,应当拴系牲畜。

第六十一条 行人应当在人行道内行走,没有人行道的靠路边行走。

第六十二条 行人通过路口或者横过道路,应当走人行横道或者过街设施;通过有交通信号灯的人行横道,应当按照交通信号灯指示通行;通过没有交通信号灯、人行横道的路口,或者在没有过街设施的路段横过道路,应当在确认安全后通过。

第六十三条 行人不得跨越、倚坐道路隔离设施,不得扒车、强行拦车或者实施妨碍道路交通安全的其他行为。

第六十四条 学龄前儿童以及不能辨认或者不能控制自己行为的精神疾病

患者、智力障碍者在道路上通行,应当由其监护人、监护人委托的人或者对其负有管理、保护职责的人带领。

盲人在道路上通行,应当使用盲杖或者采取其他导盲手段,车辆应当避让盲人。

第六十五条 行人通过铁路道口时,应当按照交通信号或者管理人员的指挥通行;没有交通信号和管理人员的,应当在确认无火车驶临后,迅速通过。

第六十六条 乘车人不得携带易燃易爆等危险物品,不得向车外抛洒物品,不得有影响驾驶人安全驾驶的行为。

第六十七条 行人、非机动车、拖拉机、轮式专用机械车、铰接式客车、全挂拖斗车以及其他设计最高时速低于七十公里的机动车,不得进入高速公路。高速公路限速标志标明的最高时速不得超过一百二十公里。

《中华人民共和国道路交通安全法实施条例》

第六十八条 非机动车通过有交通信号灯控制的交叉路口,应当按照下列规定通行:

(一)转弯的非机动车让直行的车辆、行人优先通行;

(二)遇有前方路口交通阻塞时,不得进入路口;

(三)向左转弯时,靠路口中心点的右侧转弯;

(四)遇有停止信号时,应当依次停在路口停止线以外。没有停止线的,停在路口以外;

(五)向右转弯遇有同方向前车正在等候放行信号时,在本车道内能够转弯的,可以通行;不能转弯的,依次等候。

第六十九条 非机动车通过没有交通信号灯控制也没有交通警察指挥的交叉路口,除应当遵守第六十八条第(一)项、第(二)项和第(三)项的规定外,还应当遵守下列规定:

(一)有交通标志、标线控制的,让优先通行的一方先行;

(二)没有交通标志、标线控制的,在路口外慢行或者停车瞭望,让右方道路的来车先行；

（三）相对方向行驶的右转弯的非机动车让左转弯的车辆先行。

第七十条 驾驶自行车、电动自行车、三轮车在路段上横过机动车道，应当下车推行，有人行横道或者行人过街设施的，应当从人行横道或者行人过街设施通过；没有人行横道、没有行人过街设施或者不便使用行人过街设施的，在确认安全后直行通过。

因非机动车道被占用无法在本车道内行驶的非机动车，可以在受阻的路段借用相邻的机动车道行驶，并在驶过被占用路段后迅速驶回非机动车道。机动车遇此情况应当减速让行。

第七十一条 非机动车载物，应当遵守下列规定：

（一）自行车、电动自行车、残疾人机动轮椅车载物，高度从地面起不得超过1.5米，宽度左右各不得超出车把0.15米，长度前端不得超出车轮，后端不得超出车身0.3米；

（二）三轮车、人力车载物，高度从地面起不得超过2米，宽度左右各不得超出车身0.2米，长度不得超出车身1米；

（三）畜力车载物，高度从地面起不得超过2.5米，宽度左右各不得超出车身0.2米，长度前端不得超出车辕，后端不得超出车身1米。

自行车载人的规定，由省、自治区、直辖市人民政府根据当地实际情况制定。

第七十二条 在道路上驾驶自行车、三轮车、电动自行车、残疾人机动轮椅车应当遵守下列规定：

（一）驾驶自行车、三轮车必须年满12周岁；

（二）驾驶电动自行车和残疾人机动轮椅车必须年满16周岁；

（三）不得醉酒驾驶；

（四）转弯前应当减速慢行，伸手示意，不得突然猛拐，超越前车时不得妨碍被超越的车辆行驶；

（五）不得牵引、攀扶车辆或者被其他车辆牵引，不得双手离把或者手中持物；

（六）不得扶身并行、互相追逐或者曲折竞驶；

（七）不得在道路上骑独轮自行车或者2人以上骑行的自行车；

（八）非下肢残疾的人不得驾驶残疾人机动轮椅车；

（九）自行车、三轮车不得加装动力装置；

（十）不得在道路上学习驾驶非机动车。

第七十三条 在道路上驾驭畜力车应当年满16周岁，并遵守下列规定：

（一）不得醉酒驾驭；

（二）不得并行，驾驭人不得离开车辆；

（三）行经繁华路段、交叉路口、铁路道口、人行横道、急弯路、宽度不足4米的窄路或者窄桥、陡坡、隧道或者容易发生危险的路段，不得超车。驾驭两轮畜力车应当下车牵引牲畜；

（四）不得使用未经驯服的牲畜驾车，随车幼畜须拴系；

（五）停放车辆应当拉紧车闸，拴系牲畜。

十、医疗损害责任纠纷

（一）最高人民法院公报案例及典型案例

053. 医疗机构在征得患者及其家属同意后为患者利益考虑实施的风险医疗行为，风险责任应如何承担[①]

方金凯诉同安医院医疗损害赔偿纠纷案

> **裁判摘要**
>
> 有风险的医疗行为如果是在征得患者及其亲属同意后实施的，风险责任应由患者及其亲属承担。

原告：方金凯。

被告：福建省厦门市同安区医院，住所地：福建省厦门市同安区大同镇。

法定代表人：刘恭样，该院院长。

原告方金凯因与被告福建省厦门市同安区医院（以下简称同安医院）发生医疗损害赔偿纠纷，向福建省厦门市同安区人民法院提起诉讼。

原告诉称：我因左小腿被搅拌机绞伤，到被告的外科一区住院治疗。由

[①] 参见《最高人民法院公报》2004 年第 2 期。

于被告的医生在手术中不按常规操作，未能将伤口内的泥沙清洗干净和消毒，引起伤口感染，造成骨髓炎和骨头坏死。后被告又在给我施行骨头移植手术时，造成左腿比右腿短4cm，使我终生残疾。被告在给我治疗的过程中存在过错，依法应承担赔偿责任。请求判令被告给我赔偿误工费48374元、医疗费19915.38元、残疾生活补助费33834元、精神抚慰金5639元，共计107762.38元。

原告方金凯提交中国人民解放军海军同安闽海医院（以下简称闽海医院）的病例、手术记录和厦门市中级人民法院司法技术鉴定处出具的（2002）厦中法法医字第148号法医临床学鉴定书，用以证明同安医院施行手术后其伤口内仍留有煤泥沙，现其左下肢短缩3.3cm，伤残等级为9级附加10级。

被告辩称： 原告到我院求医时，左小腿下端开放性粉碎性骨折，创口附着大量煤渣、泥沙等污染物。根据其伤情，如果要彻底避免手术后发生感染，最好的办法是截肢，但那样做肯定会使原告终生残疾。为了减少原告的损失，我院决定采用清洗创口以及钢板内固定、石膏外固定的手术，以求保住这条腿。但这样做，就要冒伤口感染和并发骨髓炎的风险。这个后果，我院是十分清楚的，因此术前将手术风险告知给原告及其亲属，经原告的亲属签字同意才开始手术。手术中，虽经医护人员用500ml双氧水3瓶、500ml外用生理盐水15瓶冲洗伤口，但原告的伤情决定了医院无法通过一次手术就把创口清理干净。第一次手术后，原告不再配合治疗，手术风险期还未过就要求出院。两个月后，原告因左小腿重度开放性复合伤并感染、左胫腓骨骨折并发骨髓炎，第二次住进我院。我院为其施行扩开创口将骨折复位并固定以及植骨等手术，术后采用抗炎等综合治疗和引流，使伤口愈合出院。又一个多月后，原告第三次住院。这次查体，见原告左小腿的外固定架松动了，左小腿向内成角畸形，说明原告出院后有过度的运动以致再次骨折。这一次，我院给原告采用了抗炎、输液治疗，把外固定改成石膏管型固定后伤口好转。由于原告并发骨髓炎、骨头坏死，使骨折处的骨头重叠了3cm左右，手术植入的新骨只能加固，无法撑开重叠部分，终使其左腿不可避免地短于右腿。我院对原告的一系列诊疗均符合常规，没有违反规则的操作。原告的残疾是被搅拌机绞伤造成的，并非诊疗行为导致。经区、市两级医疗事故鉴定委员会鉴定，原告的残疾不属于医疗事故。其诉讼请求缺乏依据，应当驳回。

被告同安医院提交了原告方金凯三次住院的病例和第三次住院时的X光片，用以证明第一次手术前已向方金凯及其亲属交代过手术风险；方金凯到其他医院做过手术后，其伤口内仍有去除不掉的污染物；同安医院给方金凯的伤口清创、治疗，都符合操作规程；方金凯在第二次手术后的恢复期内进行了激烈活动，导致再次骨折。

厦门市同安区人民法院经审理查明：

1998年7月24日12时15分，原告方金凯因左小腿被搅拌机绞伤，入住被告同安医院的外科一区治疗。经诊断，方金凯的左胫腓骨开放性骨折，左小腿软组织严重挫裂伤。同日下午1时许，经方金凯的亲属签字同意，同安医院为方金凯施行"清创术十左胫骨钢板内固定术"及"左小腿石膏后托外固定术"。8月1日，方金凯要求出院，经劝阻无效，在方金凯的亲属立下"自动出院，后果自负"的字据后，同安医院给其办理了离院手续。

1998年8月1日上午10时25分，原告方金凯入住闽海医院的外科治疗。8月13日，闽海医院为方金凯行植皮术，10月5日行扩创、病灶清除、去除钢板、石膏托外固定术，术中发现方金凯的伤口内留有煤砂泥。

1998年10月13日，原告方金凯从闽海医院出院后，再次入住被告同安医院的外科治疗。经诊断，方金凯的左小腿重度开放性复合伤并感染、左胫腓骨骨折并发骨髓炎。10月21日，同安医院为方金凯施行"扩创、骨折复位加外固定术、植骨术"中，见一约5×3×0.3cm的死骨。术后，同安医院为方金凯施行抗炎、引流等综合治疗，使伤口愈合，方金凯于12月24日出院。

1999年2月11日，原告方金凯因左小腿疼痛，再次入住被告同安医院治疗。查体见方金凯的左小腿向内成角畸形，有"假关节"活动，外固定架松动，左小腿内侧凸出部有 0.2×0.2cm 渗液，触痛，纵轴叩击痛阳性，左小腿比右小腿短缩约 2.5cm。经抗炎、输液治疗，去除外固定，改石膏管型固定，伤口换药后症状体征好转。方金凯于 2001 年 11 月 6 日自行离院。

1999 年 4 月 28 日，经原告方金凯申请，厦门市同安区医疗事故鉴定委员会作出"不属于医疗事故"的鉴定结论。方金凯不服，又向厦门市医疗事故技术鉴定委员会申请再次鉴定。2002 年 5 月 14 日，厦门市医疗事故技术鉴定委员会鉴定后认为：该患者急诊入院时，左小腿外伤严重，伤口严重污染，软组织绞裂，骨折端外露，髓腔有大量泥沙等污物，属Ⅲ型 A 类开放性骨折，易发生术后感染，治疗其骨折应以外固定架方式为适当。结论是：不属于医疗事故。

经被告同安医院申请，法院委托厦门市中级人民法院司法技术鉴定处对原告方金凯的医疗过程进行鉴定。该处出具的（2002）厦中法法医字第 154 号法医学文证审查意见书认为：方金凯左小腿外伤创面较大，局部肌肉组织毁损污染严重，胫腓骨开放性粉碎性骨折，断端髓腔泥沙填塞，是造成并发伤口感染及骨髓炎的内在因素，虽经医院清创内固定手术等治疗，但并发症仍不可避免地发生。第二次行清创植骨术后骨髓炎消失，但由于骨折断端融合使左下肢短缩，踝关节部分功能障碍。方金凯的伤残后果系损伤及损伤后的并发症所致，与医疗行为之间无直接因果关系。方金凯伤后出现的并发症，与其伤口污染严重有直接关系，即使当时对伤口清创更彻底些，也难以保证不并发感染和骨髓炎。同安医院对方金凯伤后采取的治疗措施、治疗原则、治疗方式，符合医疗规范。

庭审中，经被告同安医院申请，法院准许骨科专家杨立民作为专家证人出庭作证。杨立民专家的意见是：原告方金凯的伤情是Ⅲ型 A 类开放性骨折，属于较重的骨折类型，客观上不可能彻底清创，发生骨髓炎并发症难以避免；导致方金凯伤残的原因，是骨髓炎引发骨头坏死，且方金凯在第二次手术后又过度运动造成再次骨折，骨折处的骨头重叠了 3cm 左右，手术植入的新骨只能加固，无法撑开重叠部分，所以不能恢复原有长度。

原告方金凯、被告同安医院对上述证据材料的真实性、合法性没有异议，但方金凯对证据的关联性有异议，认为其创口并非客观上无法清洗干净，而是同安医院在清创时未尽到职责才引发骨髓感染，但方金凯未能举出相应证据支持这个主张。

经厦门市中级人民法院司法技术鉴定处鉴定，原告方金凯左下肢短缩 3.3cm，伤残等级为 9 级附加 10 级。

厦门市同安区人民法院认为：

本案的争议焦点有两个。1. 伤口感染并发骨髓炎，究竟是伤口内的污染物客观上无法彻底清除造成的，还是同安医院因主观上的过失而没有彻底清创造成的？2. 植骨术与腿短缩之间有无直接因果关系？

关于第一点。第一次手术后，原告方金凯的伤口内仍留有部分污染物，并且由于这些污染物的存在，使伤口感染并发骨髓炎、骨头坏死，这是不争的事实。方金凯认为，自己因开放性骨折而住院，伤口是开放的，治疗重点就应该放在及时、彻底清洗伤口，避免感染。被告同安医院经清创手术后仍把部分污染物留在伤口内，以致伤口感染并发骨髓炎、骨头坏死，说明清创不认真，不彻底，自然应当承担医疗事故责任。同安医院认为，方金凯的伤情决定了不可能通过一次手术就将污染物彻底清除干净；方金凯到其他医院进行第二次清创后，伤口内仍有去除不掉的煤渣等污染物，就足以证明这个观点；本院明知一次手术不可能将污染物彻底清除干净，因此在手术前将术后可能发生的风险，其中包括术后感染、骨髓炎等，告知给方金凯及其亲属，并在征得他们同意的情况下才进行手术；医院的手术过程完全符合规范，结果也在预想之中，因此不存在医疗事故一说。

综合双方当事人提交的证据以及各自观点，结合骨科专家根据多年临床经验及本案事实发表的分析意见，以及法医的文证审查意见，应当认定：原告方金凯左小腿是Ⅲ型A类开放性骨折，属于较重的骨折类型，而且外伤面积较大，局部肌肉组织毁损污染严重，胫腓骨骨折断端的髓腔有泥沙填塞，客观上不可能彻底清创，这是造成术后感染并发骨髓炎的直接原因。被告同安医院对方金凯伤后采取的治疗措施、治疗原则、治疗方式，是符合医疗规范的，不存在医疗过错。

关于第二点。原告方金凯认为，被告同安医院为其治疗骨折中实施植骨术，然而该手术却使其左下肢短缩3.3cm，超过了医学允许的短缩上限，造成其残疾。因此，同安医院应当对该手术给患者造成的残疾结果负责。同安医院认为，由于方金凯在治疗期间并发伤口感染、骨髓炎、骨头坏死，骨折断端发生融合，加之其第二次出院后患肢活动过早过激致再次骨折成角畸形，因此左下肢才短缩。左下肢短缩与植骨术不存在因果关系，医院不应当对方金凯的左下肢短缩承担责任。

根据专家意见和法医学文证审查意见，应当认定：原告方金凯左下肢短缩的原因，是其术后感染、骨髓炎和断端融合，以及其在患肢尚未完全康复的情况下活动过早过激致使再次骨折成角畸形等因素，使骨折处的骨头重叠造成的，与被告同安医院的植骨术无关。手术植入的新骨，只能加固骨折处的愈合，无法撑开骨折处的重叠。

综上所述，原告方金凯因左小腿被搅拌机绞伤而到被告同安医院求医，双方建立了医疗服务关系。入院时，方金凯的左小腿不仅是Ⅲ型A类较重的开放性骨折，而且外伤面积较大，局部肌肉组织毁损污染严重，胫腓骨骨折断端的髓腔内有泥沙填塞。根据医学原理，面对这样的伤情，同安医院可以选择的医疗方案有三种：一是截肢，这样做能彻底清除污染物，避免术后感染带来的风险，但无疑会造成患者终生残疾。二是大面积切除被污染以及可能被污染的软组织，这样做可以清除污染物，最大限度地避免术后感染带来的医疗风险，但会损伤患者的神经及血管，不利患者日后康复。三是在尽量不破坏骨骼和软组织的情况下清创，这样做就要冒伤口感染并发骨髓炎的风险,但是一旦成功,则有利于患者康复;即使失败,也还可以考虑以截肢或者大面积切除软组织的方式补救。从为患者负责的角度出发,同安医院在征求患者及其亲属的同意后,选择了对医务人员来说风险最大的第三种方案,并小心、谨慎地予以实施,其治疗措施、步骤、方法均符合医疗规范的要求。第一次手术后的感染,与伤情复杂有直接关系。方金凯又在术后极易感染期间立下"自动出院,后果自负"的字据出院,增加了感染的机会,以致因并发骨髓炎、骨头坏死第二次入院。骨髓炎、骨头坏死、骨折断端的融合,以及第二次手术后过早过激活动造成的再度骨折,是方金凯左小腿短缩的直接原因,与同安医院的植骨术无关。法律只追究医务人员因医疗过错行为应承担的责任。医疗是有一定风险的事业。对医生为患者利益考虑实施的风险医疗行为,法律持宽容的态度。有风险的医疗行为如果是在征得患者及其亲属同意后实施的,风险责任应由患者及其亲属承担。以这样的原则解决医患纠纷,既有利于医务人员救死扶伤,也有利于医务人员提高医疗技术,最终有利于患者的健康,有利于社会的进步。同安医院在诊治方金凯腿伤的过程中没有医疗过错,不应承担赔偿责任。方金凯起诉请求同安医院给其赔偿误工费、医疗费、残疾生活补助费以及精神抚慰金,该请求缺乏事实根据,不予支持。

据此,厦门市同安区人民法院依照《中华人民共和国民事诉讼法》第六十四条第一款的规定,于2002年10月15日判决:

驳回原告方金凯的诉讼请求。

案件受理费3727元,由原告方金凯负担。

宣判后,方金凯不服,向福建省厦门市中级人民法院提出上诉。上诉理由除坚持清创不彻底与伤腿感染和并发骨髓炎之间有直接因果关系,植骨术后造成上诉人左下肢短缩超过了医学允许的上限,因此被上诉人存在医疗过错,应当承担医疗事故责任的意见外,还提出:被上诉人在一审一直无法提供充分的证据证明自己的医疗行为与上诉人的损害结果之间不存在因果关系,根据举证责任倒置的原则，应当由被上诉人承担败诉责任，一审却认定被上诉人不存在医疗过错，是适用法律错误。请求二审撤销原判，改判满足上诉人的诉讼请求。

被上诉人同安医院答辩称：一审判决有充分的事实根据，适用法律正确，应当维持。上诉人的上诉无理，应当驳回。

二审期间，上诉人方金凯又递交《司法鉴定申请书》，提出：在术后的 X 光片中未发现新植入的活骨。请求切开上诉人的左腿骨折处进行鉴定，查验被上诉人是否给上诉人施行过植骨术。

厦门市中级人民法院经审理，除确认了一审查明认定的事实外，还查明：在一审卷宗保存的同安医院 1998 年 10 月 21 日手术记录中记载："……其髓腔内仍有黑色尘埃样物附着，将此骨片取出，以刮匙刀片刮也无法将附着物刮洗干净，置 75%酒精浸泡后仍无法清除污物，考虑此骨片已严重污染且已有坏死现象，决定将其取出（骨片以 10%福尔马林液浸泡备今后查用），将两骨折端髓腔刮通，未见有肉芽存留，直视下试行复位，估计骨缺损约 5×3×0.8cm。在左髂部重新消毒铺巾后，沿髂骨翼行局麻后切开，取出约 6×4×1.5cm 的髂骨块，取骨区以骨蜡涂上后，查无活动性渗血缝闭切口。取出的髂骨块修剪成与骨缺损区相仿嵌入后，查骨折基本完全复位后，维持此位，以单臂外固定架将骨折远、近端固定后，试行左下肢被动活动，见骨折固定牢固，对位对线佳，过氧化氢消毒液及生理盐水反复冲洗，置入青霉素钠 160 万单位于骨折处，将剩余的髂骨块嵌入骨折端间，查无活动性渗血，缝闭切口……"

厦门市中级人民法院认为：

第一次手术中清创不彻底与伤口感染并发骨髓炎之间存在因果关系，这是显而易见的事实。判断同安医院应否对此承担责任，不仅要看二者之间的因果关系，更要看导致同安医院不能履行彻底清创职责的原因是什么。正如多名医学专家分析的，方金凯的伤情决定了如果要保住这条腿，客观上难以一次彻底清创。"两害相权取其轻、两利相权取其重",是人们面临两难问题时理智的选择。保住这条腿,既是医院更是患者的共同期望,因此当同安医院预告手术后可能出现的并发症时,方金凯及其亲属仍签字同意手术。当预料的风险出现后,方金凯闭口不谈自己事先愿意承担这个风险,只想以彻底清创是医院的职责为由追究医院的责任,这样的诉讼理由是不正当的。

从以上引述的手术记录可以看到,被上诉人同安医院对上诉人方金凯行植骨术时,除手术医师外,还有正副助手各一名、护士一名、麻醉人员一名,记录的手术全过程流畅、真实,符合操作规范,并无不当。方金凯没有任何其他根据,仅以其在术后 X 光片中未发现植入新骨为由怀疑同安医院的植骨术,申请切开活体进行探查,这样的鉴定没有必要,该申请不予采纳。正如专家所言,骨髓炎并发骨头坏死以及手术后过度运动造成的再次骨折,是使方金凯左下肢因骨头重叠而短缩的原因。植骨术植入的新骨,只能加固骨折处的愈合,无法撑开骨折处的重叠。植骨术与腿短缩之间不存在因果关系,同安医院不能因此承担医疗事故责任。

综上,当上诉人方金凯提起本案医疗损害赔偿的诉讼后,被上诉人同安医院已经以充分的证据证明了事实真相,完成了举证责任。一审认定的事实清楚,适用法律正确,判处适当,应当维持。方金凯的上诉理由不能成立,应予驳回。

据此,厦门市中级人民法院依照《中华人民共和国民事诉讼法》第一百五十三条第一款第(一)项的规定,于 2002 年 12 月 10 日判决:

驳回上诉人方金凯的上诉,维持原判。

二审案件受理费 3272 元,由上诉人方金凯负担。

054. 销售中药饮片应告知煎服用法及注意事项[①]

基本案情：2017年7月6日，杜某某到某药房购买香加皮150克，并于当晚将150克香加皮煎水服用，出现胸闷、恶心、呕吐症状，被家人送往医院，经抢救无效死亡。市场和质量监督管理部门委托检验机构对涉案的香加皮抽样检验，检验结果为质量合格产品。某司法鉴定研究所出具《尸检鉴定意见书》，证明杜某某符合过量服用香加皮导致中毒致死，为死亡的主要原因；其自身所患冠心病的潜在疾病对死亡起辅助促进作用。杜某某的妻子钟某某，儿子杜某甲、杜某乙以某药房在无执业医师、营业员无上岗证的情况下出售香加皮给杜某某而未告知煎服方法及注意事项导致其中毒死亡为由诉至法院，要求某药房及其股东袁某某承担侵权责任。

裁判结果：法院经审理认为，《中华人民共和国药品管理法》（2015年修正）第十九条规定："药品经营企业销售药品必须准确无误，并正确说明方法、用量和注意事项……"鉴定报告指出杜某某主要因为过量服用香加皮中毒致死，某药房是香加皮销售方，《药品经营质量管理规范（2016）》第一百六十七条第（四）项规定，销售药品应当符合以下要求：销售中药饮片做到计量准确，并告知煎服用法及注意事项；提供中药饮片代煎服务，应当符合国家有关规定。某药房在销售香加皮时负有告知杜某某煎服香加皮的方法及注意事项的义务，现有证据不足以证明某药房尽到了告知义务，某药房负有告知义务而未作为，具有过错，构成侵权；本案的损害结果是杜某某的死亡，某药房的过错行为与杜某某的死亡具有因果联系，某药房应当承担过错责任。因杜某某的死亡是药房没有尽到说明告知义务与其自身过错、自身疾病共同导致的，所以药房和杜某某应各承担50%的责任。遂判决：一、某药

[①] 《最高人民法院发布药品安全典型案例》（2022年4月28日发布），八、钟某某、杜某甲、杜某乙与某药房、袁某某生命权纠纷案——销售中药饮片应告知煎服用法及注意事项，载最高人民法院网站，https：//www.court.gov.cn/zixun/xiangqing/357261.html，最后访问日期：2023年6月29日。

房赔偿钟某某、杜某甲、杜某乙治疗费 1249.5 元、丧葬费 28735 元、死亡赔偿金 315403 元、鉴定费 16000 元、其他费用 8176 元的 50%计 184781.75 元；二、某药房赔偿钟某某、杜某甲、杜某乙精神抚慰金 10000 元；三、某药房应在判决生效后 10 日内履行完上述款项赔偿义务；四、驳回钟某某、杜某甲、杜某乙的其他诉讼请求。

> **典型意义**
>
> 中药饮片不像西药有明确的说明书，中药饮片的功效、毒性、用量等并不被普通群众所熟知，一旦错误用药极易威胁生命健康安全，引发类似本案的悲剧。销售中药饮片应做到计量精准并告知煎服用法及注意事项。本案判决未尽到告知义务的药房对购买人因过量服用香加皮而导致的死亡承担相应的侵权责任，对销售中药饮片的经营者起到警示作用，警示其充分重视购药者的生命健康安全，在销售中药饮片时应充分尽到告知义务，告知中药饮片的煎服方法及注意事项。

055. 医疗美容机构虚假宣传和诊疗过错行为造成患者损害应予赔偿[①]

基本案情：邹某曾在湖南某医院实施眼袋整形术，术后其认为自己下睑皮肤松弛，经其了解，得知北京某医美机构主刀医生师出名门，经验丰富，遂于 2015 年 12 月来到该医美机构进行了双侧下睑修复术。术后，邹某出现了双侧下睑局部凹陷、疤痕畸形，外眼角畸形短小圆钝等症状。此后，邹某先后六次在其他医院进行修复，但仍无改善。邹某认为该医美机构的修复手

[①] 《最高法发布消费者权益保护典型案例》（2022 年 3 月 15 日发布），一、医疗美容机构虚假宣传和诊疗过错行为造成患者损害应予赔偿——邹某与某医美机构侵权责任纠纷案，载最高人民法院网站，https://www.court.gov.cn/zixun/xiangqing/350961.html，最后访问日期：2023 年 6 月 29 日。

术对其造成了损害,遂诉至法院要求该机构赔偿其医疗费、误工费、精神损害抚慰金等损失,并要求适用《中华人民共和国消费者权益保护法》3 倍赔偿其手术费。

裁判结果: 法院认为:首先,本案属于消费型医疗美容,邹某为健康人士,为满足对美的追求的生活需要而接受美容服务,具有消费者的特征;该医美机构的经营目的为获取利润,具有经营者的特征。消费者为生活消费接受经营者提供服务的,应当受消费者权益保护法调整。经查,该医美机构因发布的医疗广告内容与卫生行政部门审批的广告内容不相符,广告语不真实等虚假宣传行为屡次受到行政处罚,邹某系受到上述广告误导而接受服务,故该医美机构存在虚假宣传的欺诈行为,应适用消费者权益保护法关于惩罚性赔偿的规定,由该医美机构三倍赔偿邹某的手术费用。其次,该医美机构的诊疗行为存在过错,但术后邹某又在其他医疗美容机构的修复行为确已改变医方的手术结果,法院遂判决该医美机构按照 60% 的过错责任比例赔偿邹某各项损失共计 74948 元。

典型意义

本案为典型的因医疗美容虚假宣传和诊疗不规范行为引发的侵权责任纠纷。通过该案的审理,法院充分发挥了司法裁判在社会治理中的规则引领和价值导向作用。首先,将医疗美容纠纷纳入医疗损害责任纠纷范畴,按照医疗损害责任纠纷的标准审查证据,有助于督促医美机构加强医疗文书制作及保存工作,规范其诊疗活动。其次,将消费型医疗美容纠纷纳入《中华人民共和国消费者权益保护法》范围并适用惩罚性赔偿的规定,加大对商业欺诈行为的制裁力度,既能对医美机构起到应有的警示作用,预防、震慑其违法行为,也维护了医美市场的诚信和秩序,有利于切实保护消费者的合法权益。

（二）地方法院典型案例

056. 医疗产品不存在缺陷的举证责任未能尽到的不利后果应由哪些单位或人员承担[①]

基本案情：2017年2月，贾某在某医院进行右肺上叶切除+中叶部分切除+淋清术前1日，某医院为贾某右上肢置案涉导管1套。次日，某医院为贾某进行了手术。2017年3月，贾某办理出院手续，但案涉导管无法拔除，某医院多次尝试拔除导管未果，遂联系案涉导管销售商甲公司的技术员王某为贾某进行案涉导管拔除，但拔除过程中导管发生断裂，导管残端遗留在贾某右上肢静脉中。案涉导管至今仍残留在贾某体内。后贾某将某医院、甲公司、乙公司诉至法院，要求三者连带赔偿其医疗费、营养费、交通费、误工费及精神损害抚慰金等损失。

生效裁判：本院认为，二人以上共同实施侵权行为，造成他人损害的，应当承担连带责任。用人单位的工作人员因执行工作任务造成他人损害的，由用人单位承担侵权责任。本案中，贾某部分导管留存体内的损害后果系拔除导管这一侵权行为所致，而该行为系某医院请甲公司的员工王某提供技术支持而实施。某医院在未审查王某是否具有执业资质的情况下即允许王某进行拔管操作，王某作为甲公司的技术员在执行工作任务时超出技术支持的范围直接实施了拔管行为。对此，某医院和甲公司在主观上具有共同的过失，且某医院允许拔管的行为与甲公司员工实施拔管的行为直接结合导致同一损害后果的发生，故某医院与甲公司构成共同侵权，二者应对贾某的损害后果承担连带赔偿责任。因某医院和甲公司的共同侵权行为导致导管拔断，且某

[①] 《北京市第三中级人民法院2021年度涉民生侵权纠纷典型案例通报》（2022年3月17日发布），六、贾某与某医院、甲公司、乙公司医疗损害责任纠纷案，载北京市第三中级人民法院微信公众号，https://mp.weixin.qq.com/s/dF8cKtPG2DXb9EKpsuuwyQ，最后访问日期：2023年6月28日。

医院未保留拔出的部分导管，造成无法进行鉴定，故医疗产品不存在缺陷的举证责任未能尽到的不利后果应由某医院和甲公司承担。而现有证据可表明乙公司初步完成了医疗产品不存在缺陷的举证责任，故判决某医院和甲公司对贾某的损失承担连带赔偿责任。

案例意义

医疗纠纷中，患者相较于医院而言，医疗专业知识不足、信息掌握不对等，处理应对医疗纠纷的经验欠缺，因此更应当加强对于医疗机构诊疗行为的规范并提升医疗人员的法律意识。具体而言：第一，医疗机构应当依法依规开展诊疗活动，提高医务人员的法律意识与风险防范意识，避免因违规操作造成患者损害。第二，医疗机构应当增强证据意识和医疗纠纷处置能力。本案中，涉案导管断裂后某医院未及时保留断管，造成无法对案涉导管的产品质量进行鉴定，其应承担举证不能的不利后果。本案生效判决对于构建和谐医患关系、增强医疗机构对医疗纠纷的处置能力具有积极作用。

057. 医疗美容机构不具备相应资质条件，造成消费者人身损害的，应承担损害赔偿责任[①]

基本案情：2018年12月30日，冯某在某妇科医院做"腹壁成形术"，并缴纳4万元医疗费，该医院邀请西安某医院医疗美容科的医师陈某为冯某主刀施行该整形手术。术后冯某出现腹部术区皮肤坏死，在该院住院治疗后，

---

① 《陕西高院发布10起消费者权益保护典型案例》（2022年3月14日发布），八、冯某诉某妇科医院、西安某医院、陈某医疗损害责任纠纷案——医疗美容机构不具备相应资质条件，造成消费者人身损害的，应承担损害赔偿责任，载陕西法院网，http://sxgy.sxfywcourt.gov.cn/article/detail/2022/03/id/6572970.shtml，最后访问日期：2023年6月28日。

病情持续恶化。在协商过程中,该医院出具手术失败情况说明,并承诺冯某的治疗费和其他费用由其承担。冯某向法院起诉,请求判令某妇科医院返还收取的医疗费40000元,并依法赔偿损失;判令某妇科医院、陈某、西安某医院赔偿其因手术失败产生的其他医疗费用13214.99元;判令三被告赔偿护理费20800元,住院伙食补助费1400元,营养费4500元,交通费7794.70元,住宿费3622元,复印费333.70元,误工费44000元,精神损害赔偿金30000元,残疾赔偿金66638元,后期治疗手术费80000元,后期瘢痕修复费87000元。

裁判结果:法院认为,冯某到某妇科医院做腹壁成形术,但在手术后冯某的腹部瘢痕未消除反而造成其身体损害,妇科医院认可该次整形手术失败,并承诺治疗费和其他费用由其承担。妇科医院对外以"现代整形国际专家团"名义进行宣传,违反《医疗美容项目分级管理目录》规定,擅自开展四级项目腹壁成形术,对事故的发生存在过错。陈某作为西安某医院的执业医生,私自与不具备手术资质的医院合作,为冯某开展手术并因手术失败而造成冯某损害结果的发生,双方应对此承担连带赔偿责任。陈某并未得到西安某医院的许可,且不在陈某工作日期间,西安某医院不应为此承担责任。二审法院最终判决妇科医院、陈某连带赔偿冯某各项损失共计254090.69元。

典型意义

近年来,陕西省受理的医美纠纷案件数占同期医疗纠纷案件数比例逐年上升,个别医疗美容机构以盈利为目的,鼓动消费者做医疗美容手术,部分机构存在虚假广告、价格混乱、缺乏安全保证等问题。本案腹壁成形术是医疗美容项目分级中的四级项目,属于操作过程复杂,难度高、风险大的美容外科项目。本案医疗机构在不具备条件的前提下进行手术,严重侵害了消费者的健康权益。在此也特别提醒广大消费者,在选择医疗美容机构时,一定要选择有相应资质的正规医疗机构,避免自身健康受损。

058. 患者或者其近亲属不配合医疗机构进行符合诊疗规范的诊疗导致患者在诊疗活动中受到损害，医疗机构不承担赔偿责任[①]

基本案情：15 岁女孩胡某娣于 2016 年 1 月 6 日入某医院内分泌科治疗，入院诊断为：1. 甲状腺功能亢进性心脏病；2. 抑郁状态（可能性大）。医院对胡某娣进行相关检查及治疗，因胡某娣病情危重，医院多次告知其父母病情危重并建议转内科急危重症监护室（ICU）进一步抢救治疗，但胡某娣父母表示因经济原因不同意转入内科 ICU 治疗。后胡某娣突发心搏骤停，出现呼吸停止，经医院抢救无效死亡。胡某军、温某儿遂向法院起诉，主张医院对胡某娣用药不合理及忽视了患者入院前的诊疗经历，要求医院赔偿 118 万余元。

裁判结果：广州市中级人民法院二审审理认为，医院对于药物"心得安"的使用及其用量符合诊疗常规，胡某娣患甲亢病已久且病情较重，而胡某军、温某儿未予重视，在医院多次告知胡某娣病情危重需转入 ICU 治疗后仍拒绝将胡某娣转入 ICU，未能积极配合进行治疗。胡某军、温某儿应当对本案后果承担相应责任。医学是一门博大精深的科学，同时也具有自身局限性，危险难以预见，个体差异明显，故医疗行为本身存在一定风险。胡某娣入院时病情已较为严重，其后进展迅猛，死亡后果是自身疾病发展转归所致。医院诊断正确，治疗及时，用药并无不当之处，并不存在诊疗过错。故二审驳回胡某军、温某儿上诉，维持一审驳回其二人诉讼请求的判决。

[①] 《广州法院弘扬社会主义核心价值观十大典型案例（二）》（2020 年 7 月 9 日发布），家属拒转 ICU 患者死亡索赔案——胡某军、温某儿诉某医院医疗损害责任纠纷案，载广州审判网，https://www.gzcourt.gov.cn/ck487/ck581/2022/03/24154921233.html，最后访问日期：2023 年 6 月 28 日。

十、医疗损害责任纠纷

> **典型意义**
>
> 构建和谐医患关系是构建和谐社会的重要组成部分。医疗行为具有高度的专业性和发展的局限性,患者应该尊重医学、尊重医生,在治疗过程中负有积极配合治疗的义务。司法裁判表达的是对医学科学的尊重,对医生和医院正当医疗行为的支持。对于不尊重医学科学、不配合医院正当医疗行为的无理索赔不予支持,对于推动全社会形成尊重医学、尊重医生的良好氛围,构筑和谐医患关系、和谐医疗秩序有积极引导意义。

(三)裁判依据

《中华人民共和国民法典》

第一百二十条 民事权益受到侵害的,被侵权人有权请求侵权人承担侵权责任。

第一千二百一十八条 患者在诊疗活动中受到损害,医疗机构或者其医务人员有过错的,由医疗机构承担赔偿责任。

第一千二百一十九条 医务人员在诊疗活动中应当向患者说明病情和医疗措施。需要实施手术、特殊检查、特殊治疗的,医务人员应当及时向患者具体说明医疗风险、替代医疗方案等情况,并取得其明确同意;不能或者不宜向患者说明的,应当向患者的近亲属说明,并取得其明确同意。

医务人员未尽到前款义务,造成患者损害的,医疗机构应当承担赔偿责任。

第一千二百二十条 因抢救生命垂危的患者等紧急情况,不能取得患者或者其近亲属意见的,经医疗机构负责人或者授权的负责人批准,可以立即实施相应的医疗措施。

第一千二百二十一条 医务人员在诊疗活动中未尽到与当时的医疗水平相应的诊疗义务,造成患者损害的,医疗机构应当承担赔偿责任。

第一千二百二十二条 患者在诊疗活动中受到损害,有下列情形之一的,推定医疗机构有过错:

(一)违反法律、行政法规、规章以及其他有关诊疗规范的规定;

(二)隐匿或者拒绝提供与纠纷有关的病历资料;

(三)遗失、伪造、篡改或者违法销毁病历资料。

第一千二百二十三条 因药品、消毒产品、医疗器械的缺陷,或者输入不合格的血液造成患者损害的,患者可以向药品上市许可持有人、生产者、血液提供机构请求赔偿,也可以向医疗机构请求赔偿。患者向医疗机构请求赔偿的,医疗机构赔偿后,有权向负有责任的药品上市许可持有人、生产者、血液提供机构追偿。

第一千二百二十四条 患者在诊疗活动中受到损害,有下列情形之一的,医疗机构不承担赔偿责任:

(一)患者或者其近亲属不配合医疗机构进行符合诊疗规范的诊疗;

(二)医务人员在抢救生命垂危的患者等紧急情况下已经尽到合理诊疗义务;

(三)限于当时的医疗水平难以诊疗。

前款第一项情形中,医疗机构或者其医务人员也有过错的,应当承担相应的赔偿责任。

第一千二百二十五条 医疗机构及其医务人员应当按照规定填写并妥善保管住院志、医嘱单、检验报告、手术及麻醉记录、病理资料、护理记录等病历资料。

患者要求查阅、复制前款规定的病历资料的,医疗机构应当及时提供。

第一千二百二十六条 医疗机构及其医务人员应当对患者的隐私和个人信息保密。泄露患者的隐私和个人信息,或者未经患者同意公开其病历资料的,应当承担侵权责任。

第一千二百二十七条 医疗机构及其医务人员不得违反诊疗规范实施不必要的检查。

十、医疗损害责任纠纷

第一千二百二十八条 医疗机构及其医务人员的合法权益受法律保护。

干扰医疗秩序，妨碍医务人员工作、生活，侵害医务人员合法权益的，应当依法承担法律责任。

《最高人民法院关于审理医疗损害责任纠纷案件适用法律若干问题的解释》

第一条 患者以在诊疗活动中受到人身或者财产损害为由请求医疗机构、医疗产品的生产者、销售者、药品上市许可持有人或者血液提供机构承担侵权责任的案件，适用本解释。

患者以在美容医疗机构或者开设医疗美容科室的医疗机构实施的医疗美容活动中受到人身或者财产损害为由提起的侵权纠纷案件，适用本解释。

当事人提起的医疗服务合同纠纷案件，不适用本解释。

第二条 患者因同一伤病在多个医疗机构接受诊疗受到损害，起诉部分或者全部就诊的医疗机构的，应予受理。

患者起诉部分就诊的医疗机构后，当事人依法申请追加其他就诊的医疗机构为共同被告或者第三人的，应予准许。必要时，人民法院可以依法追加相关当事人参加诉讼。

第三条 患者因缺陷医疗产品受到损害，起诉部分或者全部医疗产品的生产者、销售者、药品上市许可持有人和医疗机构的，应予受理。

患者仅起诉医疗产品的生产者、销售者、药品上市许可持有人、医疗机构中部分主体，当事人依法申请追加其他主体为共同被告或者第三人的，应予准许。必要时，人民法院可以依法追加相关当事人参加诉讼。

患者因输入不合格的血液受到损害提起侵权诉讼的，参照适用前两款规定。

第四条 患者依据民法典第一千二百一十八条规定主张医疗机构承担赔偿责任的，应当提交到该医疗机构就诊、受到损害的证据。

患者无法提交医疗机构或者其医务人员有过错、诊疗行为与损害之间具有因果关系的证据，依法提出医疗损害鉴定申请的，人民法院应予准许。

医疗机构主张不承担责任的，应当就民法典第一千二百二十四条第一款规定情形等抗辩事由承担举证证明责任。

第五条 患者依据民法典第一千二百一十九条规定主张医疗机构承担赔偿责任的，应当按照前条第一款规定提交证据。

实施手术、特殊检查、特殊治疗的，医疗机构应当承担说明义务并取得患者或者患者近亲属明确同意，但属于民法典第一千二百二十条规定情形的除外。医疗机构提交患者或者患者近亲属明确同意证据的，人民法院可以认定医疗机构尽到说明义务，但患者有相反证据足以反驳的除外。

第六条 民法典第一千二百二十二条规定的病历资料包括医疗机构保管的门诊病历、住院志、体温单、医嘱单、检验报告、医学影像检查资料、特殊检查（治疗）同意书、手术同意书、手术及麻醉记录、病理资料、护理记录、出院记录以及国务院卫生行政主管部门规定的其他病历资料。

患者依法向人民法院申请医疗机构提交由其保管的与纠纷有关的病历资料等，医疗机构未在人民法院指定期限内提交的，人民法院可以依照民法典第一千二百二十二条第二项规定推定医疗机构有过错，但是因不可抗力等客观原因无法提交的除外。

第七条 患者依据民法典第一千二百二十三条规定请求赔偿的，应当提交使用医疗产品或者输入血液、受到损害的证据。

患者无法提交使用医疗产品或者输入血液与损害之间具有因果关系的证据，依法申请鉴定的，人民法院应予准许。

医疗机构，医疗产品的生产者、销售者、药品上市许可持有人或者血液提供机构主张不承担责任的，应当对医疗产品不存在缺陷或者血液合格等抗辩事由承担举证证明责任。

第八条 当事人依法申请对医疗损害责任纠纷中的专门性问题进行鉴定的，人民法院应予准许。

当事人未申请鉴定，人民法院对前款规定的专门性问题认为需要鉴定的，应当依职权委托鉴定。

第九条 当事人申请医疗损害鉴定的，由双方当事人协商确定鉴定人。

当事人就鉴定人无法达成一致意见，人民法院提出确定鉴定人的方法，当事人同意的，按照该方法确定；当事人不同意的，由人民法院指定。

鉴定人应当从具备相应鉴定能力、符合鉴定要求的专家中确定。

第十条 委托医疗损害鉴定的，当事人应当按照要求提交真实、完整、充分的鉴定材料。提交的鉴定材料不符合要求的，人民法院应当通知当事人更换或者补充相应材料。

在委托鉴定前，人民法院应当组织当事人对鉴定材料进行质证。

第十一条 委托鉴定书，应当有明确的鉴定事项和鉴定要求。鉴定人应当按照委托鉴定的事项和要求进行鉴定。

下列专门性问题可以作为申请医疗损害鉴定的事项：

（一）实施诊疗行为有无过错；

（二）诊疗行为与损害后果之间是否存在因果关系以及原因力大小；

（三）医疗机构是否尽到了说明义务、取得患者或者患者近亲属明确同意的义务；

（四）医疗产品是否有缺陷、该缺陷与损害后果之间是否存在因果关系以及原因力的大小；

（五）患者损伤残疾程度；

（六）患者的护理期、休息期、营养期；

（七）其他专门性问题。

鉴定要求包括鉴定人的资质、鉴定人的组成、鉴定程序、鉴定意见、鉴定期限等。

第十二条 鉴定意见可以按照导致患者损害的全部原因、主要原因、同等原因、次要原因、轻微原因或者与患者损害无因果关系，表述诊疗行为或者医疗产品等造成患者损害的原因力大小。

第十三条 鉴定意见应当经当事人质证。

当事人申请鉴定人出庭作证，经人民法院审查同意，或者人民法院认为鉴定人有必要出庭的，应当通知鉴定人出庭作证。双方当事人同意鉴定人通过书面说明、视听传输技术或者视听资料等方式作证的，可以准许。

鉴定人因健康原因、自然灾害等不可抗力或者其他正当理由不能按期出庭的，可以延期开庭；经人民法院许可，也可以通过书面说明、视听传输技术或者视听资料等方式作证。

无前款规定理由，鉴定人拒绝出庭作证，当事人对鉴定意见又不认可的，对该鉴定意见不予采信。

第十四条 当事人申请通知一至二名具有医学专门知识的人出庭，对鉴定意见或者案件的其他专门性事实问题提出意见，人民法院准许的，应当通知具有医学专门知识的人出庭。

前款规定的具有医学专门知识的人提出的意见，视为当事人的陈述，经质证可以作为认定案件事实的根据。

第十五条 当事人自行委托鉴定人作出的医疗损害鉴定意见，其他当事人认可的，可予采信。

当事人共同委托鉴定人作出的医疗损害鉴定意见，一方当事人不认可的，应当提出明确的异议内容和理由。经审查，有证据足以证明异议成立的，对鉴定意见不予采信；异议不成立的，应予采信。

第十六条 对医疗机构或者其医务人员的过错，应当依据法律、行政法规、规章以及其他有关诊疗规范进行认定，可以综合考虑患者病情的紧急程度、患者个体差异、当地的医疗水平、医疗机构与医务人员资质等因素。

第十七条 医务人员违反民法典第一千二百一十九条第一款规定义务，但未造成患者人身损害，患者请求医疗机构承担损害赔偿责任的，不予支持。

第十八条 因抢救生命垂危的患者等紧急情况且不能取得患者意见时，下列情形可以认定为民法典第一千二百二十条规定的不能取得患者近亲属意见：

（一）近亲属不明的；

（二）不能及时联系到近亲属的；

（三）近亲属拒绝发表意见的；

（四）近亲属达不成一致意见的；

（五）法律、法规规定的其他情形。

前款情形，医务人员经医疗机构负责人或者授权的负责人批准立即实施相应医疗措施，患者因此请求医疗机构承担赔偿责任的，不予支持；医疗机构及其医务人员怠于实施相应医疗措施造成损害，患者请求医疗机构承担赔偿责任的，应予支持。

第十九条 两个以上医疗机构的诊疗行为造成患者同一损害，患者请求医疗机构承担赔偿责任的，应当区分不同情况，依照民法典第一千一百六十八条、第一千一百七十一条或者第一千一百七十二条的规定，确定各医疗机构承担的赔偿责任。

第二十条 医疗机构邀请本单位以外的医务人员对患者进行诊疗，因受邀医务人员的过错造成患者损害的，由邀请医疗机构承担赔偿责任。

第二十一条 因医疗产品的缺陷或者输入不合格血液受到损害，患者请求医疗机构、缺陷医疗产品的生产者、销售者、药品上市许可持有人或者血液提供机构承担赔偿责任的，应予支持。

医疗机构承担赔偿责任后，向缺陷医疗产品的生产者、销售者、药品上市许可持有人或者血液提供机构追偿的，应予支持。

因医疗机构的过错使医疗产品存在缺陷或者血液不合格，医疗产品的生产者、销售者、药品上市许可持有人或者血液提供机构承担赔偿责任后，向医疗机构追偿的，应予支持。

第二十二条 缺陷医疗产品与医疗机构的过错诊疗行为共同造成患者同一损害，患者请求医疗机构与医疗产品的生产者、销售者、药品上市许可持有人承担连带责任的，应予支持。

医疗机构或者医疗产品的生产者、销售者、药品上市许可持有人承担赔偿责任后，向其他责任主体追偿的，应当根据诊疗行为与缺陷医疗产品造成患者损害的原因力大小确定相应的数额。

输入不合格血液与医疗机构的过错诊疗行为共同造成患者同一损害的，参照适用前两款规定。

第二十三条 医疗产品的生产者、销售者、药品上市许可持有人明知医疗产品存在缺陷仍然生产、销售，造成患者死亡或者健康严重损害，被侵权人请求生产者、销售者、药品上市许可持有人赔偿损失及二倍以下惩罚性赔偿的，人民法院应予支持。

第二十四条 被侵权人同时起诉两个以上医疗机构承担赔偿责任，人民法院经审理，受诉法院所在地的医疗机构依法不承担赔偿责任，其他医疗机构承担赔偿责任的，残疾赔偿金、死亡赔偿金的计算，按下列情形分别处理：

（一）一个医疗机构承担责任的，按照该医疗机构所在地的赔偿标准执行；

（二）两个以上医疗机构均承担责任的，可以按照其中赔偿标准较高的医疗机构所在地标准执行。

第二十五条 患者死亡后，其近亲属请求医疗损害赔偿的，适用本解释；支付患者医疗费、丧葬费等合理费用的人请求赔偿该费用的，适用本解释。

本解释所称的"医疗产品"包括药品、消毒产品、医疗器械等。

第二十六条 本院以前发布的司法解释与本解释不一致的，以本解释为准。

本解释施行后尚未终审的案件，适用本解释；本解释施行前已经终审，当事人申请再审或者按照审判监督程序决定再审的案件，不适用本解释。

十一、环境污染责任纠纷

（一）最高人民法院指导案例

059. 在承包土地内非法开采，导致生态环境被破坏，侵害了不特定多数人的合法权益的，侵权人应当承担哪种侵权责任[①]

北京市人民检察院第四分院诉朱清良、朱清涛
环境污染民事公益诉讼案

（最高人民法院审判委员会讨论通过　2022年12月30日发布）

关键词： 民事/环境污染民事公益诉讼/土壤污染/生态环境功能损失赔偿/生态环境修复/修复效果评估

> **裁判要点**
>
> 1. 两个以上侵权人分别实施污染环境、破坏生态行为造成同一损害，每一个侵权人的污染环境、破坏生态行为都不足以造成全部损害，部分侵权人根据修复方案确定的整体修复要求履行全部修复义务后，请求以代其他侵权人支出的修复费用折抵其应当承担的生态环境服务功能损失赔偿金的，人民法院应予支持。

[①] 最高人民法院指导性案例206号。

2. 对于侵权人实施的生态环境修复工程，应当进行修复效果评估。经评估，受损生态环境服务功能已经恢复的，可以认定侵权人已经履行生态环境修复责任。

相关法条

《中华人民共和国民法典》第一千一百六十七条、第一千二百二十九条（本案适用的是自2010年7月1日起实施的《中华人民共和国侵权责任法》第二十一条、第六十五条）

基本案情：2015年10月至12月，朱清良、朱清涛在承包土地内非法开采建筑用砂89370.8立方米，价值人民币4468540元。经鉴定，朱清良二人非法开采的土地覆被类型为果园，地块内原生土壤丧失，原生态系统被完全破坏，生态系统服务能力严重受损，确认存在生态环境损害。鉴定机构确定生态环境损害恢复方案为将损害地块恢复为园林地，将地块内缺失土壤进行客土回填，下层回填普通土，表层覆盖60厘米种植土，使地块重新具备果树种植条件。恢复工程费用评估核算为2254578.58元。北京市人民检察院第四分院以朱清良、朱清涛非法开采造成土壤受损，破坏生态环境，损害社会公共利益为由提起环境民事公益诉讼（本案刑事部分另案审理）。

2020年6月24日，朱清良、朱清涛的代理人朱某某签署生态环境修复承诺书，承诺按照生态环境修复方案开展修复工作。修复工程自2020年6月25日开始，至2020年10月15日完成。2020年10月15日，北京市房山区有关单位对该修复工程施工质量进行现场勘验，均认为修复工程依法合规、施工安全有序开展、施工过程中未出现安全性问题、环境污染问题，施工程序、工程质量均符合修复方案要求。施工过程严格按照生态环境修复方案各项具体要求进行，回填土壤质量符合标准，地块修复平整，表层覆盖超过60厘米的种植土，已重新具备果树种植条件。

上述涉案土地内存在无法查明的他人倾倒的21392.1立方米渣土，朱清良、朱清涛在履行修复过程中对该部分渣土进行环境清理支付工程费用75.4万元。

裁判结果：北京市第四中级人民法院于2020年12月21日作出（2020）京04民初277号民事判决：一、朱清良、朱清涛对其造成的北京市房山区长阳镇朱岗子村西的14650.95平方米土地生态环境损害承担恢复原状的民事责任，确认朱清良、朱清涛已根据《房山区朱清良等人盗采砂石矿案生态环境损害鉴定评估报告书》确定的修复方案将上述受损生态环境修复到损害发生之前的状态和功能（已履行完毕）。二、朱清良、朱清涛赔偿生态环境受到损害至恢复原状期间的服务功能损失652896.75元；朱清良、朱清涛在履行本判决第一项修复义务时处理涉案地块上建筑垃圾所支付费用754000元折抵其应赔偿的生态环境受到损害至恢复原状期间的服务功能损失652896.75元。三、朱清良、朱清涛于本判决生效之日起七日内给付北京市人民检察院第四分院鉴定费115000元。四、朱清良、朱清涛在一家全国公开发行的媒体上向社会公开赔礼道歉，赔礼道歉的内容及媒体、版面、字体需经本院审核，朱清良、朱清涛应于本判决生效之日起十五日内向本院提交，并于审核通过之日起三十日内刊登，如未履行上述义务，则由本院选择媒体刊登判决主要内容，所需费用由朱清良、朱清涛负担。判决后，双方当事人均未提出上诉。

裁判理由：法院生效裁判认为：朱清良、朱清涛非法开采的行为，造成了生态环境破坏，侵害了不特定多数人的合法权益，损害社会公共利益，构成环境民事侵权。朱清良、朱清涛作为非法开采行为人，违反了保护环境的法定义务，应对造成的生态环境损害承担民事责任。

一、关于被告对他人倾倒渣土的处理费用能否折抵生态功能损失赔偿费用的问题。从环境法的角度而言，生态环境具有供给服务、调节服务、文化服务以及支持服务等功能。生态环境受损将导致其向公众或其他生态系统提供上述服务的功能减少或丧失。朱清良、朱清涛在其租赁的林果地上非法开采，造成地块土壤受损，属于破坏生态环境、损害社会公共利益的行为，还应赔偿生态环境受到损害至恢复原状期间的服务功能损失。根据鉴定评估报告对生态服务价值损失的评估意见，确定朱清良、朱清涛应承担的服务功能损失赔偿金额为 652896.75 元。《最高人民法院关于审理环境民事公益诉讼案件适用法律若干问题的解释》第二十四条第一款规定，人民法院判决被告承担的生态环境修复费用、生态环境受到损害至恢复原状期间服务功能损失等款项，应当用于修复被损害的生态环境。故被告人承担的生态环境受到损害至恢复原状期间服务功能损失的款项应当专项用于该案环境修复、治理或异地公共生态环境修复、治理。朱清良、朱清涛对案涉土地进行生态修复时，土地上还存在无法查明的他人倾倒渣土。朱清涛、朱清良非法开采的行为造成受损地块原生土壤丧失、土壤的物理结构变化，而他人倾倒渣土的行为则会造成土壤养分的改变，两个侵权行为叠加造成现在的土壤生态环境损害。为全面及时恢复生态环境，朱清良、朱清涛根据修复方案对涉案地块整体修复的要求，对该环境内所倾倒渣土进行清理并为此实际支出 75.4 万元，系属于对案涉环境积极的修复、治理，这与法律、司法解释规定的被告承担生态功能损失赔偿责任的目的和效果是一致的。同时，侵权人在承担修复责任的同时，积极采取措施，对他人破坏环境造成的后果予以修复治理，有益于生态环境保护，在修复效果和综合治理上亦更能体现及时优化生态环境的特点。因此，综合两项费用的功能目的以及赔偿费用专项执行的实际效果考虑，朱清良、朱清涛对倾倒渣土环境进行清理的费用可以折抵朱清良、朱清涛需要承担的生态功能损失赔偿费用。

二、关于被告诉讼过程中自行进行生态修复的效果评估问题。朱清良、朱清涛在诉讼过程中主动履行环境修复义务，并于 2020 年 6 月 25 日至 10 月 15 日期间按照承诺书载明的生态环境修复方案对案涉地块进行了回填修复。根据《最高人民法院关于审理生态环境损害赔偿案件的若干规定（试行）》第九条规定，负有相关环境资源保护监督管理职责的部门或者其委托的机构在行政执法过程中形成的事件调查报告、检验报告、监测报告、评估报告、监测数据等，经当事人质证并符合证据标准的，可以作为认定案件事实的根据。本案中，北京市房山区有关单位积极履行环境监督管理职责，对于被告人自行实施的生态修复工程进行过程监督并出具相应的验收意见，符合其职责范围，且具备相应的专业判断能力，有关单位联合出具的验收意见，可以作为认定当事人自行实施的生态修复工程质量符合标准的重要依据。同时，评估机构在此基础上，对修复工程进行了效果评估，确认案涉受损地块内土壤已恢复至基线水平，据此可以认定侵权人已经履行生态环境修复责任。

060. 法院认定光污染损害应参考哪些因素[①]

李劲诉华润置地（重庆）有限公司环境污染责任纠纷案

（最高人民法院审判委员会讨论通过　2019年12月26日发布）

关键词：民事/环境污染责任/光污染/损害认定/可容忍度

裁判要点

由于光污染对人身的伤害具有潜在性、隐蔽性和个体差异性等特点，人民法院认定光污染损害，应当依据国家标准、地方标准、行业标准，是否干扰他人正常生活、工作和学习，以及是否超出公众可容忍度等进行综合认定。对于公众可容忍度，可以根据周边居民的反映情况、现场的实际感受及专家意见等判断。

相关法条

1.《中华人民共和国侵权责任法》第六十五条、第六十六条

2.《中华人民共和国环境保护法》第四十二条第一款

---

① 最高人民法院指导案例128号。

基本案情： 原告李劲购买位于重庆市九龙坡区谢家湾正街×小区×幢×-×-×的住宅一套，并从2005年入住至今。被告华润置地（重庆）有限公司开发建设的万象城购物中心与原告住宅相隔一条双向六车道的公路，双向六车道中间为轻轨线路。万象城购物中心与原告住宅之间无其他遮挡物。在正对原告住宅的万象城购物中心外墙上安装有一块LED显示屏用于播放广告等，该LED显示屏广告位从2014年建成后开始投入运营，每天播放宣传资料及视频广告等，其产生强光直射入原告住宅房间，给原告的正常生活造成影响。

2014年5月，原告小区的业主向市政府公开信箱投诉反映：从5月3日开始，谢家湾华润二十四城的万象城的巨型LED屏幕开始工作，LED巨屏的强光直射进其房间，造成严重的光污染，并且宣传片的音量巨大，影响了其日常生活，希望有关部门让万象城减小音量并且调低LED屏幕亮度。2014年9月，黄杨路×小区居民向市政府公开信箱投诉反映：万象城有块巨型LED屏幕通宵播放资料广告，产生太强光线，导致夜间无法睡眠，无法正常休息。万象城大屏夜间光污染严重影响周边小区高层住户，请相关部门解决，禁止夜间播放，或者禁止通宵播放，只能在晚上八点前播放，并调低亮度。2018年2月，原告小区的住户向市政府公开信箱投诉反映：万象城户外广告大屏就是住户的噩梦，该广告屏每天播放视频广告，光线极强还频繁闪动，住在对面的业主家里夜间如同白昼，严重影响老人和小孩的休息，希望相关部门尽快对其进行整改。

本案审理过程中，人民法院组织原、被告双方于2018年8月11日晚到现场进行了查看，正对原告住宅的一块LED显示屏正在播放广告视频，产生的光线较强，可直射入原告住宅居室，当晚该LED显示屏播放广告视频至20时58分关闭。被告公司员工称该LED显示屏面积为160m^2。

就案涉光污染问题是否能进行环境监测的问题，人民法院向重庆市九龙坡区生态环境监测站进行了咨询，该站负责人表示，国家与重庆市均无光污染环境监测方面的规范及技术指标，所以监测站无法对光污染问题开展环境监测。重庆法院参与环境资源审判专家库专家、重庆市永川区生态环境监测站副站长也表示从环保方面光污染没有具体的标准，但从民事法律关系的角度，可以综合其余证据判断是否造成光污染。从本案原告提交的证据看，万象城电子显示屏对原告的损害客观存在，主要体现为影响原告的正常休息。就LED显示屏产生的光辐射相关问题，法院向重庆大学建筑城规学院教授、中国照明学会副理事长以及重庆大学建筑城规学院高级工程师、中国照明学会理事等专家作了咨询，专家表示，LED的光辐射一是对人有视觉影响，其中失能眩光和不舒适眩光对人的眼睛有影响；二是生物影响：人到晚上随着光照强度下降，渐渐入睡，是褪黑素和皮质醇两种激素发生作用的结果——褪黑素晚上上升、白天下降，皮质醇相反。如果光辐射太强，使人生物钟紊乱，长期就会有影响。另外，LED的白光中有蓝光成分，蓝光对人的视网膜有损害，而且不可修复。但户外蓝光危害很难检测，时间、强度的标准是多少，有待标准出台确定。关于光照亮度对人的影响，有研究结论认为一般在400cd/m^{2}以下对人的影响会小一点，但动态广告屏很难适用。对于亮度的规范，不同部门编制的规范对亮度的限值不同，但LED显示屏与直射的照明灯光还是有区别的，以LED显示屏的相关国家标准来认定比较合适。

裁判结果：重庆市江津区人民法院于2018年12月28日作出（2018）渝0116民初6093号判决：一、被告华润置地（重庆）有限公司从本判决生效之日起，立即停止其在运行重庆市九龙坡区谢家湾正街万象城购物中心正对原告李劲位于重庆市九龙坡区谢家湾正街×小区×幢住宅外墙上的一块LED显示屏时对原告李劲的光污染侵害：1. 前述LED显示屏在5月1日至9月30日期间开启时间应在8：30之后，关闭时间应在22：00之前；在10月1日至4月30日期间开启时间应在8：30之后，关闭时间应在21：50之前。2. 前述LED显示屏在每日19：00后的亮度值不得高于600cd/m^2。二、驳回原告李劲的其余诉讼请求。一审宣判后，双方当事人均未提出上诉，判决已发生法律效力。

裁判理由：法院生效裁判认为：保护环境是我国的基本国策，一切单位和个人都有保护环境的义务。《中华人民共和国民法总则》第九条规定："民事主体从事民事活动，应当有利于节约资源、保护生态环境。"《中华人民共和国物权法》第九十条规定："不动产权利人不得违反国家规定弃置固体废物，排放大气污染物、水污染物、噪声、光、电磁波辐射等有害物质。"《中华人民共和国环境保护法》第四十二条第一款规定："排放污染物的企业事业单位和其他生产经营者，应当采取措施，防治在生产建设或者其他活动中产生的废气、废水、废渣、医疗废物、粉尘、恶臭气体、放射性物质以及噪声、振动、光辐射、电磁辐射等对环境的污染和危害。"本案系环境污染责任纠纷，根据《中华人民共和国侵权责任法》第六十五条规定："因污染环境造成损害的，污染者应当承担侵权责任。"环境污染侵权责任属特殊侵权责任，其构成要件包括以下三个方面：一是污染者有污染环境的行为；二是被侵权人有损害事实；三是污染者污染环境的行为与被侵权人的损害之间有因果关系。

一、关于被告是否有污染环境的行为

被告华润置地（重庆）有限公司作为万象城购物中心的建设方和经营管理方，其在正对原告住宅的购物中心外墙上设置LED显示屏播放广告、宣传资料等，产生的强光直射进入原告的住宅居室。根据原告提供的照片、视频资料等证据，以及组织双方当事人到现场查看的情况，可以认定被告使用LED显屏播放广告、宣传资料等所产生的强光已超出了一般公众普遍可容忍的范围，就大众的认知规律和切身感受而言，该强光会严重影响相邻人群的正常工作和学习，干扰周围居民正常生活和休息，已构成由强光引起的光污染。被告使用LED显示屏播放广告、宣传资料等造成光污染的行为已构成污染环境的行为。

二、关于被侵权人的损害事实

环境污染的损害事实主要包含了污染环境的行为致使当事人的财产、人身受到损害以及环境受到损害的事实。环境污染侵权的损害后果不同于一般侵权的损害后果，不仅包括症状明显并可计量的损害结果，还包括那些症状不明显或者暂时无症状且暂时无法用计量方法反映的损害结果。本案系光污染纠纷，光污染对人身的伤害具有潜在性和隐蔽性等特点，被侵权人往往在开始受害时显露不出明显的受损害症状，其所遭受的损害往往暂时无法用精确的计量方法来反映。但随着时间的推移，损害会逐渐显露。参考本案专家意见，光污染对人的影响除能够感知的对视觉的影响外，太强的光辐射会造成人生物钟紊乱，短时间看不出影响，但长期会带来影响。本案中，被告使用LED显示屏播放广告、宣传资料等所产生的强光，已超出了一般人可容忍的程度，影响了相邻居住的原告等居民的正常生活和休息。根据日常生活经验法则，被告运行LED显示屏产生的光污染势必会给原告等人的身心健康造成损害，这也为公众普遍认可。综上，被告运行LED显示屏产生的光污染已致使原告居住的环境权益受损，并导致原告的身心健康受到损害。

三、被告是否应承担污染环境的侵权责任

《中华人民共和国侵权责任法》第六十六条规定："因污染环境发生纠纷，污染者应当就法律规定的不承担责任或者减轻责任的情形及其行为与损害之间不存在因果关系承担举证责任。"本案中，原告已举证证明被告有污染环境的行为及原告的损害事实。被告需对其在本案中存在法律规定的不承担责任或者减轻责任的情形，或被告污染行为与损害之间不存在因果关系承担举证责任。但被告并未提交证据对前述情形予以证实，对此被告应承担举证不能的不利后果，应承担污染环境的侵权责任。根据《最高人民法院关于审理环境侵权责任纠纷案件适用法律若干问题的解释》第十三条规定："人民法院应当根据被侵权人的诉讼请求以及具体案情，合理判定污染者承担停止侵害、排除妨碍、消除危险、恢复原状、赔礼道歉、赔偿损失等民事责任。"环境侵权的损害不同于一般的人身损害和财产损害，对侵权行为人承担的侵权责任有其独特的要求。由于环境侵权是通过环境这一媒介侵害到一定地区不特定的多数人的人身、财产权益，而且一旦出现可用计量方法反映的损害，其后果往往已无法弥补和消除。因此在环境侵权中，侵权行为人实施了污染环境的行为，即使还未出现可计量的损害后果，即应承担相应的侵权责任。本案中，从市民的投诉反映看，被告作为万象城购物中心的经营管理者，其在生产经营过程中，理应认识到使用 LED 显示屏播放广告、宣传资料等发出的强光会对居住在对面以及周围住宅小区的原告等人造成影响，并负有采取必要措施以减少对原告等人影响的义务。但被告仍然一直使用 LED 显示屏播放广告、宣传资料等，其产生的强光明显超出了一般人可容忍的程度，构成了光污染，严重干扰了周边人群的正常生活，对原告等人的环境权益造成损害，进而损害了原告等人的身心健康。因此即使原告尚未出现明显症状，其生活受到光污染侵扰、环境权益受到损害也是客观存在的事实，故被告应承担停止侵害、排除妨碍等民事责任。

061. 污染者向海水水域排放未纳入国家或者地方环境标准的含有铁物质等成分的污水，造成渔业生产者养殖物损害的，污染者应当承担环境侵权责任[①]

**吕金奎等 79 人诉山海关船舶重工有限责任公司
海上污染损害责任纠纷案**

（最高人民法院审判委员会讨论通过　2019 年 12 月 26 日发布）

关键词：民事/海上污染损害责任/污染物排放标准

> **裁判要点**
>
> 　　根据《中华人民共和国海洋环境保护法》等有关规定，海洋环境污染中的"污染物"不限于国家或者地方环境标准明确列举的物质。污染者向

---

① 最高人民法院指导案例 127 号。

十一、环境污染责任纠纷

> 海水水域排放未纳入国家或者地方环境标准的含有铁物质等成分的污水，造成渔业生产者养殖物损害的，污染者应当承担环境侵权责任。

相关法条

1.《中华人民共和国侵权责任法》第六十五条、第六十六条

2.《中华人民共和国海洋环境保护法》（2017年修正）第九十四条第一项（本案适用的是2013年修正的《中华人民共和国海洋环境保护法》第九十五条第一项）

基本案情： 2010年8月2日上午，秦皇岛山海关老龙头东海域海水出现异常。当日11时30分，秦皇岛市环境保护局接到举报，安排环境监察、监测人员，协同秦皇岛市山海关区渤海乡副书记、纪委书记等相关人员到达现场，对海岸情况进行巡查。根据现场巡查情况，海水呈红褐色、浑浊。秦皇岛市环境保护局的工作人员同时对海水进行取样监测，并于8月3日作出《监测报告》对海水水质进行分析，分析结果显示海水pH值8.28、悬浮物24mg/L、石油类0.082mg/L、化学需氧量2.4mg/L、亚硝酸盐氮0.032mg/L、氨氮0.018mg/L、硝酸盐氮0.223mg/L、无机氮0.273mg/L、活性磷酸盐0.006mg/L、铁13.1mg/L。

大连海事大学海事司法鉴定中心（以下简称司法鉴定中心）接受法院委托，就涉案海域污染状况以及污染造成的养殖损失等问题进行鉴定。《鉴定意见》的主要内容：（一）关于海域污染鉴定。1.鉴定人采取卫星遥感技术，选取NOAA卫星2010年8月2日北京时间5时44分和9时51分两幅图像，其中5时44分图像显示山海关船舶重工有限责任公司（以下简称山船重工公司）附近海域存在一片污染海水异常区，面积约5平方千米；9时51分图像显示距山船重工公司以南约4千米海域存在污染海水异常区，面积约10平方千米。2.对污染源进行分析，通过排除赤潮、大面积的海洋溢油等污染事故，确定卫星图像上污染海水异常区应由大型企业污水排放或泄漏引起。根

据山船重工公司系山海关老龙头附近临海唯一大型企业，修造船舶会产生大量污水，船坞刨锈污水中铁含量很高，一旦泄漏将严重污染附近海域，推测出污染海水源地系山船重工公司，泄漏时间约在 2010 年 8 月 2 日北京时间 00 时至 04 时之间。3. 对养殖区受污染海水进行分析，确定了王丽荣等 21 人的养殖区地理坐标，并将上述当事人的养殖区地理坐标和污染水域的地理坐标一起显示在电子海图上，得出污染水域覆盖了全部养殖区的结论。（二）关于养殖损失分析。鉴定人对水质环境进行评价，得出涉案海域水质中悬浮物、铁及石油类含量较高，已远远超过《渔业水质标准》和《海水水质标准》，污染最严重的因子为铁，对渔业和养殖水域危害程度较大。同时，确定吕金国等人存在养殖损失。

山船重工公司对《鉴定意见》养殖损失部分发表质证意见，主要内容为认定海水存在铁含量超标的污染无任何事实根据和鉴定依据。1. 鉴定人评价养殖区水质环境的唯一依据是秦皇岛市环境保护局出具的《监测报告》，而该报告在格式和内容上均不符合《海洋监测规范》的要求，分析铁含量所采用的标准是针对地面水、地下水及工业废水的规定，《监测报告》对污染事实无任何证明力；2.《鉴定意见》采用的《渔业水质标准》和《海水水质标准》中，不存在对海水中铁含量的规定和限制，故铁含量不是判断海洋渔业水质标准的指标。即使铁含量是指标之一，其达到多少才能构成污染损害，亦无相关标准。

又查明，《鉴定意见》鉴定人之一在法院审理期间提交《分析报告》，主要内容：（一）介绍分析方法。（二）对涉案海域污水污染事故进行分析。1. 对山海关老龙头海域卫星图像分析和解译。2. 污染海水漂移扩散分析。3. 污染源分析。因卫星图像上污染海水异常区灰度值比周围海水稍低，故排除海洋赤潮可能；因山海关老龙头海域无油井平台，且 8 月 2 日前后未发生大型船舶碰撞、触礁搁浅事故，故排除海洋溢油可能。据此，推测污染海水区应由大型企业污水排放或泄漏引起，山船重工公司为山海关老龙头附近临海唯一大型企业，修造船舶会产生大量污水，船坞刨锈污水中铁含量较高，向外泄漏将造成附近海域严重污染。4. 养殖区受污染海水分析。将养殖区地理坐标和污染水域地理坐标一起显示在电子海图上，得出污染水域覆盖全部养殖区的结论。

吕金奎等79人诉至法院，以山船重工公司排放的大量红色污水造成扇贝大量死亡，使其受到重大经济损失为由，请求判令山船重工公司赔偿。

裁判结果：天津海事法院于2013年12月9日作出（2011）津海法事初字第115号民事判决：一、驳回原告吕金奎等50人的诉讼请求；二、驳回原告吕金国等29人的诉讼请求。宣判后，吕金奎等79人提出上诉。天津市高级人民法院于2014年11月11日作出（2014）津高民四终字第22号民事判决：一、撤销天津海事法院（2011）津海法事初字第115号民事判决；二、山海关船舶重工有限责任公司于本判决送达之日起十五日内赔偿王丽荣等21人养殖损失共计1377696元；三、驳回吕金奎等79人的其他诉讼请求。

裁判理由：法院生效裁判认为，《中华人民共和国侵权责任法》第六十六条规定，因污染环境发生纠纷，污染者应当就法律规定的不承担责任或者减轻责任的情形及其行为与损害之间不存在因果关系承担举证责任。吕金奎等79人应当就山船重工公司实施了污染行为、该行为使自己受到了损害之事实承担举证责任，并提交污染行为和损害之间可能存在因果关系的初步证据；山船重工公司应当就法律规定的不承担责任或者减轻责任的情形及行为与损害之间不存在因果关系承担举证责任。

关于山船重工公司是否实施污染行为。吕金奎等79人为证明污染事实发生，提交了《鉴定意见》《分析报告》《监测报告》以及秦皇岛市环境保护局出具的函件等予以证明。关于上述证据对涉案污染事实的证明力，原审法院依据吕金奎等79人的申请委托司法鉴定中心进行鉴定，该司法鉴定中心业务范围包含海事类司法鉴定，三位鉴定人均具有相应的鉴定资质，对鉴定单位和鉴定人的资质予以确认。而且，《分析报告》能够与秦皇岛市山海关区在

《询问笔录》中的陈述以及秦皇岛市环境保护局出具的函件相互佐证,上述证据可以证实秦皇岛山海关老龙头海域在2010年8月2日发生污染的事实。《中华人民共和国海洋环境保护法》第九十四条第一项规定:"海洋环境污染损害,是指直接或者间接地把物质或者能量引入海洋环境,产生损害海洋生物资源、危害人体健康、妨害渔业和海上其他合法活动、损害海水使用素质和减损环境质量等有害影响。"《鉴定意见》根据污染海水异常区灰度值比周围海水稍低的现象,排除海洋赤潮的可能;通过山海关老龙头海域无油井平台以及2010年8月2日未发生大型船舶碰撞、触礁搁浅等事实,排除海洋溢油的可能;进而,根据《监测报告》中海水呈红褐色、浑浊,铁含量为13.1mg/L的监测结果,得出涉案污染事故系严重污水排放或泄漏导致的推论。同时,根据山船重工公司为山海关老龙头附近临海唯一大型企业以及公司的主营业务为船舶修造的事实,得出污染系山船重工公司在修造大型船舶过程中泄漏含铁量较高的刨锈污水导致的结论。山船重工公司虽不认可《鉴定意见》的上述结论,但未能提出足以反驳的相反证据和理由,故对《鉴定意见》中关于污染源分析部分的证明力予以确认,并据此认定山船重工公司实施了向海水中泄漏含铁量较高污水的污染行为。

关于吕金奎等79人是否受到损害。《鉴定意见》中海域污染鉴定部分在确定了王丽荣等21人养殖区域的基础上,进一步通过将养殖区地理坐标与污染海水区地理坐标一起显示在电子海图上的方式,得出污染海水区全部覆盖养殖区的结论。据此,认定王丽荣等21人从事养殖且养殖区域受到了污染。

关于污染行为和损害之间的因果关系。王丽荣等21人在完成上述证明责任的基础上,还应提交证明污染行为和损害之间可能存在因果关系的初步证据。《鉴定意见》对山海关老龙头海域水质进行分析,其依据秦皇岛市环境保护局出具的《监测报告》将该海域水质评价为悬浮物、铁物质及石油含量较高,污染最严重的因子为铁,对渔业和养殖水域危害程度较大。至此,王丽荣等21人已完成海上污染损害赔偿纠纷案件的证明责任。山船重工公司主张其非侵权行为人，应就法律规定的不承担责任或者减轻责任的情形及行为与损害之间不存在因果关系承担举证责任。山船重工公司主张因《鉴定意见》采用的评价标准中不存在对海水中铁含量的规定和限制，故铁不是评价海水水质的标准；且即使铁含量是标准之一，其达到多少才能构成污染损害亦无相关指标。对此，人民法院认为：第一，《中华人民共和国海洋环境保护法》明确规定，只要行为人将物质或者能量引入海洋造成损害，即视为污染；《中华人民共和国侵权责任法》第六十五条亦未将环境污染责任限定为排污超过国家标准或者地方标准。故，无论国家或地方标准中是否规定了某类物质的排放控制要求，或排污是否符合国家或地方规定的标准，只要能够确定污染行为造成环境损害，行为人就须承担赔偿责任。第二，我国现行有效评价海水水质的《渔业水质标准》和《海水水质标准》实施后长期未进行修订，其中列举的项目已不足以涵盖当今可能造成污染的全部物质。据此，《渔业水质标准》和《海水水质标准》并非判断某类物质是否造成污染损害的唯一依据。第三，秦皇岛市环境保护局亦在《秦皇岛市环保局复核意见》中表示，因国家对海水中铁物质含量未明确规定污染物排放标准，故是否影响海水养殖需相关部门专家进一步论证。本案中，出具《鉴定意见》的鉴定人具备海洋污染鉴定的专业知识，其通过对相关背景资料进行分析判断，作出涉案海域水质中铁物质对渔业和养殖水域危害程度较大的评价，具有科学性，应当作为认定涉案海域被铁物质污染的依据。

（二）最高人民法院公报案例及典型案例

062. 破坏生态环境后，侵权人应承担哪些生态环境损害修复责任[①]

> **典型意义**
>
> 习近平总书记多次强调，要像保护眼睛一样保护生态环境。本案系人民法院践行习近平生态文明思想，适用《中华人民共和国民法典》相关规定判决由国家规定的机关委托修复生态环境，所需费用由侵权人负担的典型案例。本案依法认定生态修复刻不容缓而侵权人客观上无法履行修复义务的，行政机关有权委托他人进行修复，并可根据《中华人民共和国民法典》第一千二百三十四条直接主张费用赔偿，既有力推动了生态环境修复，也为《中华人民共和国民法典》施行前发生的环境污染纠纷案件准确适用法律提供了参考借鉴。

基本案情：2018 年 4 月始，张某新、童某勇合伙进行电镀作业，含镍废液直接排入厂房内渗坑。后王某平向张某新承租案涉场地部分厂房，亦进行电镀作业，含镍废液也直接排入渗坑。2018 年 12 月左右，两家电镀作坊雇人在厂房内挖了一口渗井后，含镍废液均通过渗井排放。2019 年 4 月，上海市奉贤区环境监测站检测发现渗井内镍浓度超标，严重污染环境。奉城镇人民政府遂委托他人对镍污染河水和案涉场地电镀废液进行应急处置，并开展环境损害的鉴定评估、生态环境修复、环境监理、修复后效果评估等工作。相

[①] 《人民法院贯彻实施民法典典型案例（第二批）》（2023 年 1 月 12 日发布），上海市奉贤区生态环境局与张某新、童某勇、王某平生态环境损害赔偿诉讼案，载最高人民法院网 https://www.court.gov.cn/zixun-xiangqing-386521.html，最后访问日期：2023 年 6 月 28 日。

十一、环境污染责任纠纷

关刑事判决以污染环境罪分别判处张某新、童某勇及案外人宋某军有期徒刑，王某平在逃。经奉贤区人民政府指定，奉贤区生态环境局启动本案的生态环境损害索赔工作。因与被告磋商无果，奉贤区生态环境局提起生态环境损害赔偿诉讼，请求判令三被告共同承担应急处置费、环境损害鉴定评估费、招标代理费、修复工程费、环境监理费、修复效果评估费等费用共计6712571元。上海市人民检察院第三分院支持起诉。

裁判结果：生效裁判认为，《中华人民共和国民法典》第一千二百三十四条规定，国家规定的机关可以自行或者委托他人进行修复，所需费用由侵权人负担。涉案侵权行为发生在《中华人民共和国民法典》实施之前，根据《最高人民法院关于适用〈中华人民共和国民法典〉时间效力的若干规定》第三条规定的空白溯及原则，本案可以适用《中华人民共和国民法典》第一千二百三十四条。法院判决三被告共赔偿原告奉贤区生态环境局应急处置费、环境损害鉴定评估费、招标代理费、修复工程费、环境监理费、修复效果评估费等费用共计6712571元，其中张某新、童某勇连带赔偿上述金额的50%，王某平赔偿上述金额的50%。

063. 负有环境保护监督管理职责的国土部门出具的环境污染事件调查报告可以作为认定案件事实的根据[①]

基本案情：2016年6月，兰坪县营盘镇清水河发生泥石流灾害。兰坪县国土资源局形成《兰坪县国土资源局关于上报兰坪县营盘镇清水河"6.07"泥石流灾害调查的报告》（以下简称调查报告），认定兰坪某江铜业有限责任公司（以下简称某江铜业公司）直接经济损失为233.91万元。调查报告同时指出，本次泥石流灾害为强降雨为主引发，兰坪某集矿业有限公司（以下简

[①] 《2019年度人民法院环境资源典型案例》（2020年5月8日发布），十三、兰坪某江铜业有限责任公司诉兰坪某集矿业有限公司财产损害赔偿纠纷案，载最高人民法院网站，https://www.court.gov.cn/zixun-xiangqing-228361.html，最后访问日期：2023年6月28日。

称某集公司）大板登铜矿矿区生产弃渣处置不当是加剧地质灾害灾损形成的直接因素，灾损各方应共同委托具有资质条件的技术单位开展专项调查工作，经责任认定后按照责任大小协商解决。因协商未果，某江铜业公司诉至法院，要求某集公司赔偿其经济损失233.91万元。

裁判结果：云南省兰坪白族普米族自治县人民法院一审认为，调查报告证明，案涉泥石流灾害与某集公司大板凳铜矿矿区生产弃渣处置不当之间存在因果关系，某集公司未提供证据证明其存在免责事由或者其行为与损害结果不存在因果关系，应承担环境侵权责任。某江铜业公司本身亦存在一定的过错。鉴于各方未进行责任认定，亦不同意进行灾损司法鉴定，依据调查报告统计的灾损数据，结合财产折旧情况，确认某江铜业公司损失为222.20万元。根据双方过错程度，确定某集公司承担50%的赔偿责任。一审判决，某集公司赔偿某江铜业公司财产损失111.10万元。云南省怒江傈僳族自治州中级人民法院二审调整折旧比例，确定某江铜业公司损失数额为141.25万元，改判某集公司赔偿某江铜业公司财产损失70.62万元。

典型意义

本案为环境污染事件引发的财产损害赔偿案件。根据《最高人民法院关于审理环境侵权责任纠纷案件适用法律若干问题的解释》第十条的规定，负有环境保护监督管理职责的国土部门出具的环境污染事件调查报告可以作为认定案件事实的根据。本案中，行政机关出具的调查报告对案涉泥石流灾害的成因、财产损失以及责任认定均有相关表述。人民法院结合双方当事人举证情况，依法采信调查报告作出事实认定，并综合过错程度和原因力的大小合理划分责任范围，在事实查明方法和法律适用的逻辑、论证等方面为类案审理提供了示范。

064. 针对同一污染行为，环境公益诉讼和私益诉讼之间应如何衔接[①]

基本案情：中山市某垦有限公司（以下简称某垦公司）系案涉地块土地使用权人。2015 年 3 月，某垦公司将案涉地块租赁给中山市某航农业投资有限公司（以下简称某航公司）经营使用。2016 年 6 月，某航公司擅自将上述地块转租给苏某新填土。2016 年 8 月，经万某均介绍，胡某勇分两次将李某祥经营的洗水场内的废弃物运输至苏某新处用于上述填土工程。胡某栋亦参与了上述运输行为。2017 年 7 月，中山市环境科学学会针对上述污染行为提起环境公益诉讼。广东省广州市第二中级人民法院 2018 年 9 月作出生效民事判决，判令李某祥等 5 人、某航公司共同赔偿生态环境受到损害至恢复原状期间服务功能损失费用 205.21 万元，修复案涉地块（原为水塘）水质至地表水第Ⅲ类标准、土壤第Ⅲ类标准。某垦公司于本案诉至法院，请求苏某新等 5 人、某航公司连带清偿因委托第三方清运、处理案涉违法倾倒的固体废物以及打井钻探取样、检测支付的费用共计 102.87 万元，并恢复案涉污染土地原状、实施案涉土地的土壤修复、周边生态环境修复和周边水体的净化处理。

裁判结果：广东省中山市第一人民法院一审认为，某垦公司作为案涉土地使用权人，可就案涉土地污染受到的人身、财产损害提起民事诉讼并就其实际损害获得赔偿。但某垦公司关于委托第三方清运、处理案涉违法倾倒固体废物以及打井钻探取样、检测支付费用等诉讼请求，证据不足，不予支持；关于案涉污染土地恢复原状、土壤及周边环境修复的诉讼请求，已包含在另案环境公益诉讼判决范围内。一审判决驳回某垦公司的诉讼请求。广东省中山市中级人民法院二审维持原判。

[①] 《2019 年度人民法院环境资源典型案例》（2020 年 5 月 8 日发布），十五、中山市某垦有限公司与苏某新等 5 人、中山市某航农业投资有限公司土壤污染责任纠纷案，载最高人民法院网站，https://www.court.gov.cn/zixun-xiangqing-228361.html，最后访问日期：2023 年 6 月 28 日。

> **典型意义**
>
> 本案系土壤（水）污染责任纠纷案件。其典型性在于，针对同一污染行为，环境公益诉讼和私益诉讼之间应如何衔接。《最高人民法院关于适用〈中华人民共和国民事诉讼法〉的解释》第二百八十六条规定："人民法院受理公益诉讼案件，不影响同一侵权行为的受害人根据民事诉讼法第一百二十二条规定提起诉讼。"本案中，某垦公司作为案涉地块的土地使用权人，有权就其因案涉地块污染受到的人身、财产损害提起诉讼。但应就其主张负有举证证明责任，举证不能的，应承担不利法律后果。同时，受害人在私益诉讼中亦可就与其人身、财产合法权益保护密切相关的生态环境修复提出主张。本案系因公益诉讼另案生效判决在先，该案已委托专业机构对环境损害进行鉴定评估，确定了生态环境损害费用和污染治理的可行性修复方案，受害人亦应受该案生效判决既判力约束，故对其已在公益诉讼生效判决范围之内的诉讼请求，不再重复支持。本案的正确审理，对厘清环境公益诉讼和私益诉讼之间的关系，引导当事人进行合理化诉讼安排，具有示范意义。

（三）地方法院典型案例

065. 严重超标重金属的废酸水倾倒在沟渠内，造成水体和土壤严重污染，应承担哪些责任[①]

基本案情：2018年2月至3月间，王某某、张某某利用厢式货车，将重金属严重超标的废酸水，倾倒在西青区杨柳青镇金三角市场东南侧沟渠内，

[①] 《天津高院发布环境资源典型案例》（2022年11月24日），天津市西青区生态环境局诉王某某、张某某生态环境损害赔偿诉讼案，载天津法院网，https://tjfy.tjcourt.gov.cn/article/detail/2022/11/id/7033615.shtml，最后访问日期：2023年6月28日。

十一、环境污染责任纠纷

经环保部门监测，废酸水中镍含量超过国家污染物排放标准 10 倍以上，造成该沟渠严重污染，被污染土壤体积约 2000m³。案发后，天津市西青区人民法院以污染环境罪判处王某某、张某某有期徒刑并处罚金。经天津市环境保护技术开发中心鉴定评估，污染行为造成生态环境损害，量化后的损害数额为 1787472.96 元、事务性费用 201111 元。天津市西青区生态环境局（以下简称西青区生态环境局）与王某某、张某某就赔偿问题磋商未果，提起诉讼，要求二人连带赔偿上述费用。

裁判结果：天津市第一中级人民法院认为，王某某、张某某将含严重超标重金属的废酸水倾倒在沟渠内，造成水体和土壤严重污染，应就污染行为造成的损失承担连带赔偿责任。关于赔偿数额，西青区生态环境局提交了经国家环保部推荐的评估机构出具的鉴定评估报告，且鉴定人出庭接受了当事人的质询，王某某、张某某亦未提出相反证据，故对该评估报告依法予以采信。判决王某某、张某某连带赔偿污染清除费用、损害恢复费用及事务性费用共计 1988583.96 元。

典型意义

本案是因排放废水污染水体和土壤引起的生态环境损害赔偿案件。生态环境损害赔偿诉讼是有别于普通环境侵权诉讼及社会组织或者检察机关提起的环境民事公益诉讼的新类型诉讼。大气、水、土壤污染是人民群众感受最为直接、反映最为强烈的环境问题，打赢蓝天、碧水、净土保卫战是打好污染防治攻坚战的重要内容。人民法院正确适用法律，在另案已追究当事人刑事责任的同时，判决当事人承担环境修复民事责任，有效落实最严格、最严密生态环境保护法律制度，既遵循了"谁污染、谁治理"的原则，有效促进了生态环境的修复改善，又加大了对污染环境违法行为的惩处力度，增加了被告污染环境违法行为的成本，体现了环境司法对破坏生态环境行为的"零容忍"。案件审理过程中，人民法院从举证责任分配、鉴定人出庭程序等方面进行了积极探索,为完善生态环境损害赔偿案件的审理规则积累了有益经验。本案审结后,针对生态环境损害赔偿案件磋商和评估鉴定中的问题,人民法院还向生态环境部门发出司法建议,为进一步健全天津市生态环境损害赔偿机制,实现司法审判与环境执法的有机衔接,提供了实践支持。

(四)裁判依据

《中华人民共和国民法典》

第一百二十条 民事权益受到侵害的,被侵权人有权请求侵权人承担侵权责任。

第一千二百二十九条 因污染环境、破坏生态造成他人损害的,侵权人应当承担侵权责任。

第一千二百三十条 因污染环境、破坏生态发生纠纷,行为人应当就法律规定的不承担责任或者减轻责任的情形及其行为与损害之间不存在因果关系承担举证责任。

第一千二百三十一条 两个以上侵权人污染环境、破坏生态的,承担责任的大小,根据污染物的种类、浓度、排放量,破坏生态的方式、范围、程度,以及行为对损害后果所起的作用等因素确定。

第一千二百三十二条 侵权人违反法律规定故意污染环境、破坏生态造成严重后果的,被侵权人有权请求相应的惩罚性赔偿。

第一千二百三十三条 因第三人的过错污染环境、破坏生态的,被侵权人可以向侵权人请求赔偿,也可以向第三人请求赔偿。侵权人赔偿后,有权向第三人追偿。

《中华人民共和国环境保护法》

第五十八条　对污染环境、破坏生态，损害社会公共利益的行为，符合下列条件的社会组织可以向人民法院提起诉讼：

（一）依法在设区的市级以上人民政府民政部门登记；

（二）专门从事环境保护公益活动连续五年以上且无违法记录。

符合前款规定的社会组织向人民法院提起诉讼，人民法院应当依法受理。

提起诉讼的社会组织不得通过诉讼牟取经济利益。

第六十四条　因污染环境和破坏生态造成损害的，应当依照《中华人民共和国侵权责任法》的有关规定承担侵权责任。

第六十五条　环境影响评价机构、环境监测机构以及从事环境监测设备和防治污染设施维护、运营的机构，在有关环境服务活动中弄虚作假，对造成的环境污染和生态破坏负有责任的，除依照有关法律法规规定予以处罚外，还应当与造成环境污染和生态破坏的其他责任者承担连带责任。

第六十六条　提起环境损害赔偿诉讼的时效期间为三年，从当事人知道或者应当知道其受到损害时起计算。

《中华人民共和国土壤污染防治法》

第二条　在中华人民共和国领域及管辖的其他海域从事土壤污染防治及相关活动，适用本法。

本法所称土壤污染，是指因人为因素导致某种物质进入陆地表层土壤，引起土壤化学、物理、生物等方面特性的改变，影响土壤功能和有效利用，危害公众健康或者破坏生态环境的现象。

第九十六条　污染土壤造成他人人身或者财产损害的，应当依法承担侵权责任。

土壤污染责任人无法认定，土地使用权人未依照本法规定履行土壤污染风险管控和修复义务，造成他人人身或者财产损害的，应当依法承担侵权责任。

土壤污染引起的民事纠纷，当事人可以向地方人民政府生态环境等主管部门申请调解处理，也可以向人民法院提起诉讼。

第九十七条 污染土壤损害国家利益、社会公共利益的，有关机关和组织可以依照《中华人民共和国环境保护法》《中华人民共和国民事诉讼法》《中华人民共和国行政诉讼法》等法律的规定向人民法院提起诉讼。

《中华人民共和国固体废物污染环境防治法》

第二条 固体废物污染环境的防治适用本法。

固体废物污染海洋环境的防治和放射性固体废物污染环境的防治不适用本法。

第五条 固体废物污染环境防治坚持污染担责的原则。

产生、收集、贮存、运输、利用、处置固体废物的单位和个人，应当采取措施，防止或者减少固体废物对环境的污染，对所造成的环境污染依法承担责任。

第一百二十一条 固体废物污染环境、破坏生态，损害国家利益、社会公共利益的，有关机关和组织可以依照《中华人民共和国环境保护法》、《中华人民共和国民事诉讼法》、《中华人民共和国行政诉讼法》等法律的规定向人民法院提起诉讼。

《最高人民法院关于审理环境侵权责任纠纷案件适用法律若干问题的解释》

第一条 因污染环境、破坏生态造成他人损害，不论侵权人有无过错，侵权人应当承担侵权责任。

侵权人以排污符合国家或者地方污染物排放标准为由主张不承担责任的，人民法院不予支持。

侵权人不承担责任或者减轻责任的情形，适用海洋环境保护法、水污染防治法、大气污染防治法等环境保护单行法的规定；相关环境保护单行法没有规定的，适用民法典的规定。

第二条 两个以上侵权人共同实施污染环境、破坏生态行为造成损害，被侵权人根据民法典第一千一百六十八条规定请求侵权人承担连带责任的，人民法院应予支持。

第三条 两个以上侵权人分别实施污染环境、破坏生态行为造成同一损害，每一个侵权人的污染环境、破坏生态行为都足以造成全部损害，被侵权人根据民法典第一千一百七十一条规定请求侵权人承担连带责任的，人民法院应予支持。

两个以上侵权人分别实施污染环境、破坏生态行为造成同一损害，每一个侵权人的污染环境、破坏生态行为都不足以造成全部损害，被侵权人根据民法典第一千一百七十二条规定请求侵权人承担责任的，人民法院应予支持。

两个以上侵权人分别实施污染环境、破坏生态行为造成同一损害，部分侵权人的污染环境、破坏生态行为足以造成全部损害，部分侵权人的污染环境、破坏生态行为只造成部分损害，被侵权人根据民法典第一千一百七十一条规定请求足以造成全部损害的侵权人与其他侵权人就共同造成的损害部分承担连带责任，并对全部损害承担责任的，人民法院应予支持。

第四条 两个以上侵权人污染环境、破坏生态，对侵权人承担责任的大小，人民法院应当根据污染物的种类、浓度、排放量、危害性、有无排污许可证、是否超过污染物排放标准、是否超过重点污染物排放总量控制指标、破坏生态的方式、范围、程度，以及行为对损害后果所起的作用等因素确定。

第五条 被侵权人根据民法典第一千二百三十三条规定分别或者同时起诉侵权人、第三人的，人民法院应予受理。

被侵权人请求第三人承担赔偿责任的，人民法院应当根据第三人的过错程度确定其相应赔偿责任。

侵权人以第三人的过错污染环境、破坏生态造成损害为由主张不承担责任或者减轻责任的，人民法院不予支持。

第六条 被侵权人根据民法典第七编第七章的规定请求赔偿的，应当提供证明以下事实的证据材料：

（一）侵权人排放了污染物或者破坏了生态；

（二）被侵权人的损害；

（三）侵权人排放的污染物或者其次生污染物、破坏生态行为与损害之间具有关联性。

第七条 侵权人举证证明下列情形之一的，人民法院应当认定其污染环境、破坏生态行为与损害之间不存在因果关系：

（一）排放污染物、破坏生态的行为没有造成该损害可能的；

（二）排放的可造成该损害的污染物未到达该损害发生地的；

（三）该损害于排放污染物、破坏生态行为实施之前已发生的；

（四）其他可以认定污染环境、破坏生态行为与损害之间不存在因果关系的情形。

第八条 对查明环境污染、生态破坏案件事实的专门性问题，可以委托具备相关资格的司法鉴定机构出具鉴定意见或者由负有环境资源保护监督管理职责的部门推荐的机构出具检验报告、检测报告、评估报告或者监测数据。

第九条 当事人申请通知一至两名具有专门知识的人出庭，就鉴定意见或者污染物认定、损害结果、因果关系、修复措施等专业问题提出意见的，人民法院可以准许。当事人未申请，人民法院认为有必要的，可以进行释明。

具有专门知识的人在法庭上提出的意见，经当事人质证，可以作为认定案件事实的根据。

第十条 负有环境资源保护监督管理职责的部门或者其委托的机构出具的环境污染、生态破坏事件调查报告、检验报告、检测报告、评估报告或者监测数据等，经当事人质证，可以作为认定案件事实的根据。

第十一条 对于突发性或者持续时间较短的环境污染、生态破坏行为，在证据可能灭失或者以后难以取得的情况下，当事人或者利害关系人根据民事诉讼法第八十一条规定申请证据保全的，人民法院应当准许。

第十二条 被申请人具有环境保护法第六十三条规定情形之一，当事人或者利害关系人根据民事诉讼法第一百条或者第一百零一条规定申请保全的，人民法院可以裁定责令被申请人立即停止侵害行为或者采取防治措施。

第十三条 人民法院应当根据被侵权人的诉讼请求以及具体案情，合理判定侵权人承担停止侵害、排除妨碍、消除危险、修复生态环境、赔礼道歉、赔偿损失等民事责任。

第十四条 被侵权人请求修复生态环境的，人民法院可以依法裁判侵权人承担环境修复责任，并同时确定其不履行环境修复义务时应当承担的环境修复费用。

侵权人在生效裁判确定的期限内未履行环境修复义务的，人民法院可以委托其他人进行环境修复，所需费用由侵权人承担。

第十五条 被侵权人起诉请求侵权人赔偿因污染环境、破坏生态造成的财产损失、人身损害以及为防止损害发生和扩大、清除污染、修复生态环境而采取必要措施所支出的合理费用的，人民法院应予支持。

第十六条 下列情形之一，应当认定为环境保护法第六十五条规定的弄虚作假：

（一）环境影响评价机构明知委托人提供的材料虚假而出具严重失实的评价文件的；

（二）环境监测机构或者从事环境监测设备维护、运营的机构故意隐瞒委托人超过污染物排放标准或者超过重点污染物排放总量控制指标的事实的；

（三）从事防治污染设施维护、运营的机构故意不运行或者不正常运行环境监测设备或者防治污染设施的；

（四）有关机构在环境服务活动中其他弄虚作假的情形。

第十七条 本解释适用于审理因污染环境、破坏生态造成损害的民事案件，但法律和司法解释对环境民事公益诉讼案件另有规定的除外。

相邻污染侵害纠纷、劳动者在职业活动中因受污染损害发生的纠纷，不适用本解释。

第十八条 本解释施行后，人民法院尚未审结的一审、二审案件适用本解释规定。本解释施行前已经作出生效裁判的案件，本解释施行后依法再审的，不适用本解释。

本解释施行后，最高人民法院以前颁布的司法解释与本解释不一致的，不再适用。

十二、生态破坏责任纠纷

（一）最高人民法院指导案例

066. 破坏自然遗迹和风景名胜造成生态环境损害的，国家规定的机关或者法律规定的组织应当请求侵权人依法承担修复和赔偿责任[①]

江西省上饶市人民检察院诉张永明、张鹭、毛伟明
生态破坏民事公益诉讼案

（最高人民法院审判委员会讨论通过　2022 年 12 月 30 日发布）

关键词： 民事/生态破坏民事公益诉讼/自然遗迹/风景名胜/生态环境损害赔偿金额

裁判要点

1. 破坏自然遗迹和风景名胜造成生态环境损害，国家规定的机关或者法律规定的组织请求侵权人依法承担修复和赔偿责任的，人民法院应予支持。

[①] 最高人民法院指导性案例 208 号。

2. 对于破坏自然遗迹和风景名胜造成的损失,在没有法定鉴定机构鉴定的情况下,人民法院可以参考专家采用条件价值法作出的评估意见,综合考虑评估方法的科学性及评估结果的不确定性,以及自然遗迹的珍稀性、损害的严重性等因素,合理确定生态环境损害赔偿金额。

相关法条

《中华人民共和国环境保护法》第二条

基本案情:公益诉讼起诉人上饶市人民检察院诉称:张永明、张鹭、毛伟明三人以破坏性方式攀爬巨蟒峰,在世界自然遗产地、世界地质公园三清山风景名胜区的核心景区巨蟒峰上打入26个岩钉,造成严重损毁,构成对社会公共利益的严重损害。因此应判决确认三人连带赔偿对巨蟒峰非使用价值(根据环境资源价值理论,非使用价值是人们从旅游资源获得的并非来源于自己使用的效用,主要包括存在价值、遗产价值和选择价值)造成的损失最低阈值1190万元;在全国性知名媒体公开赔礼道歉;依法连带承担聘请专家所支出的评估费用15万元。

被告张永明、张鹭、毛伟明辩称:本案不属于生态环境公益诉讼,检察院不能提起民事公益诉讼;张永明等人主观上没有过错,也没有造成巨蟒峰的严重损毁,风险不等于实际的损害结果,故不构成侵权;专家组出具的评估报告不能采信。

法院经审理查明:2017年4月份左右,被告人张永明、张鹭、毛伟明三人通过微信联系,约定前往三清山风景名胜区攀爬"巨蟒出山"岩柱体(又称巨蟒峰)。2017年4月15日凌晨4时左右,张永明、张鹭、毛伟明三人携带电钻、岩钉(即膨胀螺栓,不锈钢材质)、铁锤、绳索等工具到达巨蟒峰底部。被告人张永明首先攀爬,毛伟明、张鹭在下面拉住绳索保护张永明的安全。在攀爬过程中,张永明在有危险的地方打岩钉,使用电钻在巨蟒峰岩体上钻孔,再用铁锤将岩钉打入孔内,用扳手拧紧,然后在岩钉上布绳索。

张永明通过这种方式于早上 6 时 49 分左右攀爬至巨蟒峰顶部。毛伟明一直跟在张永明后面为张永明拉绳索做保护，并沿着张永明布好的绳索于早上 7 时左右攀爬到巨蟒峰顶部。在张永明、毛伟明攀爬开始时，张鹭为张永明拉绳索做保护，之后沿着张永明布好的绳索于早上 7 时 30 分左右攀爬至巨蟒峰顶部，在顶部使用无人机进行拍摄。在巨蟒峰顶部，张永明将多余的工具给毛伟明，毛伟明顺着绳索下降，将多余的工具带回宾馆，随后又返回巨蟒峰，攀爬至巨蟒峰 10 多米处，被三清山管委会工作人员发现后劝下并被民警控制。张鹭、张永明在工作人员劝说下，也先后于上午 9 时左右、9 时 40 分左右下到巨蟒峰底部并被民警控制。经现场勘查，张永明在巨蟒峰上打入岩钉 26 个。经专家论证，三被告人的行为对巨蟒峰地质遗迹点造成了严重损毁。

本案刑事部分已另案审理。

2018 年 3 月 28 日，受上饶市检察院委托，江西财经大学专家组针对张永明等三人攀爬巨蟒峰时打入的 26 枚岩钉对巨蟒峰乃至三清山风景名胜区造成的损毁进行价值评估。2018 年 5 月 3 日，江西财经大学专家组出具了《三清山巨蟒峰受损价值评估报告》。该评估报告载明：专家组依据确定的价值类型，采用国际上通行的条件价值法对上述故意损毁行为及其后果进行价值评估，巨蟒峰价值受损评估结果为，"巨蟒峰案"三名当事人的行为虽未造成巨蟒峰山体坍塌，但对其造成了不可修复的严重损毁，对巨蟒峰作为世界自然遗产的存在造成了极大的负面影响，加速了山体崩塌的可能性。因此，专家组认为：此次"巨蟒峰案的价值损失评估值"不应低于该事件对巨蟒峰非使用价值造成的损失最低阈值，即 1190 万元。

裁判结果：江西省上饶市中级人民法院于 2019 年 12 月 27 日作出（2018）赣 11 民初 303 号民事判决：一、被告张永明、张鹭、毛伟明在判决生效后十日内在全国性媒体上刊登公告，向社会公众赔礼道歉，公告内容应由一审法院审定；二、被告张永明、张鹭、毛伟明连带赔偿环境资源损失计人民币 6000000 元，于判决生效后三十日内支付至一审法院指定的账户，用于公共生态环境保护和修复；三、被告张永明、张鹭、毛伟明在判决生效后十日内赔偿公益诉讼起诉人上饶市检察院支出的专家费 150000 元。宣判后，张永明、张鹭提起上诉。江西省高级人民法院于 2020 年 5 月 18 日作出（2020）赣民终 317 号民事判决：驳回上诉，维持原判。

裁判理由：法院生效裁判认为：

一、关于人民法院对检察机关提起的本案生态破坏民事公益诉讼可否支持的问题

首先，张永明上诉称其三人行为仅构成对自然资源的破坏而非对生态环境的破坏，该主张不能成立。《中华人民共和国宪法》第二十六条明确规定："国家保护和改善生活环境和生态环境，防治污染和其他公害。"该法条将环境分为生活环境和生态环境。生活环境指向与人类活动有关的环境，生态环境指向与自然活动有关的环境。《中华人民共和国环境保护法》第二条规定："本法所称环境，是指影响人类生存和发展的各种天然的和经过人工改造的自然因素的总体，包括大气、水、海洋、土地、矿藏、森林、草原、湿地、野生生物、自然遗迹、人文遗迹、自然保护区、风景名胜区、城市和乡村等。"该法条将环境分为自然环境和人工环境。自然环境指与人类生存和发展有密切关系的自然条件和自然资源，人工环境指经过人类活动改造过的环境。由以上分析可以认定张永明等三人采取打岩钉方式攀爬的行为对巨蟒峰自然遗迹的损害构成对自然环境，亦即对生态环境的破坏。

其次，张永明等三人采取打岩钉方式攀爬对巨蟒峰的破坏损害了社会公共利益。巨蟒峰作为独一无二的自然遗迹，是不可再生的珍稀自然资源型资产，其所具有的重大科学价值、美学价值和经济价值不仅是当代人的共同财富，也是后代人应当有机会享有的环境资源。本案中，张永明等三人采取打岩钉方式攀爬对巨蟒峰的损害，侵害的是不特定社会公众的环境权益，不特定的多数人享有的利益正是社会公共利益的内涵。人们享有的环境权益不仅包含清新的空气、洁净的水源等人们生存发展所必不可少的环境基本要素，

也包含基于环境而产生的可以满足人们更高层次需求的生态环境资源，例如优美的风景、具有重大科研价值的濒危动物或具有生态保护意义的稀缺植物或稀缺自然资源等。对这些资源的损害，直接损害了人们可以感受到的生态环境的自然性、多样性，甚至产生人们短时间内无法感受到的生态风险。

综上，张永明等三人的行为对巨蟒峰自然遗迹的损害，属于生态环境资源保护领域损害社会公共利益的行为，检察机关请求本案三被告依法承担破坏自然遗迹和风景名胜造成的生态环境损害赔偿责任，人民法院应予支持。

二、关于赔偿数额如何确定的问题

本案三行为人对巨蟒峰造成的损失量化问题，目前全国难以找到鉴定机构进行鉴定。依据《最高人民法院关于审理环境民事公益诉讼案件适用法律若干问题的解释》第二十三条规定，法院可以结合破坏生态的范围和程度、生态环境的稀缺性、生态环境恢复的难易程度以及被告的过错程度等因素，并可以参考相关部门意见、专家意见等合理确定。

2018年3月28日，上饶市人民检察院委托江西财经大学专家组就本案所涉巨蟒峰损失进行价值评估。江西财经大学专家组于2018年5月3日作出《三清山巨蟒峰受损价值评估报告》（以下简称《评估报告》）。该专家组成员具有环境经济、旅游管理、生态学方面的专业知识，采用国际上通行的条件价值法对本案所涉价值进行了评估，专家组成员均出庭对《评估报告》进行了说明并接受了各方当事人的质证。该《评估报告》符合《最高人民法院关于审理环境民事公益诉讼案件适用法律若干问题的解释》第十五条规定的"专家意见"，依法可作为本案认定事实的参考依据。

《评估报告》采用的条件价值法属于环境保护部下发的《环境损害鉴定评估推荐方法（第Ⅱ版）》确定的评估方法之一。虽然该方法存在一定的不确定性，但其科学性在世界范围内得到认可，且目前就本案情形没有更合适的评估方法。故根据以上意见，参考《评估报告》结论"'巨蟒峰案的价值损失评估值'不应低于该事件对巨蟒峰非使用价值造成的损失最低阈值，即

1190万元",综合考虑本案的法律、社会、经济因素,具体结合了三被告已被追究刑事责任的情形、本案查明的事实、当事人的过错程度、当事人的履行能力、江西的经济发展水平等,酌定赔偿金额为600万元。

裁判同时明确,生态环境是人类生存和发展的根基,对自然资源的破坏即是对生态环境的破坏。我国法律明确将自然遗迹、风景名胜区作为环境要素加以保护,规定一切单位和个人都有保护环境的义务,因破坏生态环境造成损害的,应当承担侵权责任。特别是在推进生态文明建设的进程中,只有实行最严格的制度、最严密的法治,才能更好地保护我们的生态环境。张永明、张鹭、毛伟明三人采用打岩钉方式攀爬的行为给巨蟒峰造成不可修复的永久性伤害,损害了社会公共利益,构成共同侵权。判决三人承担环境侵权赔偿责任,旨在引导社会公众树立正确的生态文明观,珍惜和善待人类赖以生存和发展的生态环境。

067. 人民法院在审理环境民事公益诉讼案件时,应当充分重视提高生态环境修复的针对性、有效性[①]

江苏省南京市人民检察院诉王玉林生态破坏民事公益诉讼案

(最高人民法院审判委员会讨论通过 2022年12月30日发布)

关键词:民事/生态破坏民事公益诉讼/非法采矿/生态环境损害/损失整体认定/系统保护修复

> **裁判要点**
>
> 1. 人民法院审理环境民事公益诉讼案件,应当坚持山水林田湖草沙一体化保护和系统治理。对非法采矿造成的生态环境损害,不仅要对造成山

---

① 最高人民法院指导性案例207号。

体（矿产资源）的损失进行认定，还要对开采区域的林草、水土、生物资源及其栖息地等生态环境要素的受损情况进行整体认定。

2. 人民法院审理环境民事公益诉讼案件，应当充分重视提高生态环境修复的针对性、有效性，可以在判决侵权人承担生态环境修复费用时，结合生态环境基础修复及生物多样性修复方案，确定修复费用的具体使用方向。

相关法条

《中华人民共和国环境保护法》第六十四条

《中华人民共和国民法典》第一千一百六十五条（本案适用的是自2010年7月1日起实施的《中华人民共和国侵权责任法》第六条）

基本案情：2015年至2018年期间，王玉林违反国家管理矿产资源法律规定，在未取得采矿许可证的情况下，使用机械在南京市浦口区永宁镇老山林场原山林二矿老宕口内、北沿山大道建设施工红线外非法开采泥灰岩、泥页岩等合计十余万吨。南京市浦口区人民检察院以王玉林等人的行为构成非法采矿罪向南京市玄武区人民法院提起公诉。该案审理期间，王玉林已退赔矿石资源款4455998.6元。2020年3月、8月，江苏省环境科学研究院先后出具《"南京市浦口区王玉林等人非法采矿案"生态环境损害评估报告》（以下简称《评估报告》）《"南京市浦口区王玉林等人非法采矿案"生态环境损害（动物类）补充说明》（以下简称《补充说明》）。南京市人民检察院认为，王玉林非法采矿造成国家矿产资源和生态环境破坏，损害了社会公共利益，遂提起本案诉讼，诉请判令王玉林承担生态破坏侵权责任，赔偿生态环境损害修复费用1893112元（具体包括：1. 生态资源的损失中林木的直接经济损失861750元；2. 生态系统功能受到影响的损失：森林涵养水损失440233元；水土流失损失50850元；土壤侵蚀损失81360元；树木放氧量减少损失64243元；鸟类生态价值损失243122元；哺乳动物栖息地服务价值损失18744元；

3. 修复期间生物多样性的价值损失 132810 元）以及事务性费用 400000 元，并提出了相应的修复方案。

裁判结果：江苏省南京市中级人民法院于 2020 年 12 月 4 日作出（2020）苏 01 民初 798 号民事判决：一、被告王玉林对其非法采矿造成的生态资源损失 1893112 元（已缴纳）承担赔偿责任，其中 1498436 元用于南京市山林二矿生态修复工程及南京市浦口区永宁街道大桥林场路口地质灾害治理工程，394676 元用于上述地区生物多样性的恢复及保护。二、被告王玉林承担损害评估等事务性费用 400000 元（已缴纳），该款项于本判决生效后十日内划转至南京市人民检察院。判决后，南京市人民检察院与王玉林均未上诉，判决已发生法律效力。

裁判理由：法院生效裁判认为：非法采矿对生态资源造成复合性危害，在长江沿岸非法露天采矿，不仅造成国家矿产资源损失，还必然造成开采区域生态环境破坏及生态要素损失。环境和生物之间、生物和生物之间协同共生，相互影响、相互依存，形成动态的平衡。一个生态要素的破坏，必然会对整个生态系统的多个要素造成不利影响。非法采矿将直接导致开采区域的植被和土壤破坏，山体损坏影响到林、草蓄积，林、草减少影响到水土涵养，上述生态要素的破坏又直接、间接影响到鸟类和其他动物的栖息环境，造成生态系统的整体破坏及生物多样性的减少，自然要素生态利益的系统损害必将最终影响到人类的生产生活和优美生态环境的实现。被告王玉林违反矿产资源法的规定，未取得采矿许可证即实施非法采矿行为，造成生态环境的破坏，主观存在过错，非法采矿行为与生态环境损害之间具有因果关系，应当依照《中华人民共和国侵权责任法》第六条之规定，对其行为造成的生态环境损害后果承担赔偿责任。

一、关于生态环境损害计算问题

（一）生态资源的经济损失计算合理。非法采矿必将使被开采区域的植被遭到严重破坏，受损山体的修复及自然林地的恢复均需要合理周期，即较长时间才能重新恢复林地的生态服务功能水平，故《评估报告》以具有20年生长年限的林地作为参照计算具有一定合理性，《评估报告》制作人关于林木经济损失计算的解释科学，故应对非法采矿行为造成林木经济损失861750元依法予以认定。

（二）鸟类生态价值损失计算恰当。森林资源为鸟类提供了栖息地和食物来源，鸟类种群维持着食物链的完整性，保持营养物质循环的顺利进行，栖息地的破坏必然导致林鸟迁徙或者食物链条断裂，一旦食物链的完整性被破坏，必将对整个森林生态系统产生严重的后果。《补充说明》载明，两处非法开采点是林鸟种群的主要栖息地和适宜生境，非法采矿行为造成鸟类栖息地被严重破坏，由此必然产生种子传播收益额及改善土壤收益额的损失。鸟类为种子的主要传播者和捕食者，可携带或者吞食植物种子，有利于生态系统次生林的自然演替；同时，次生林和原始森林系统的良性循环，也同样为鸟类的自然栖息地提供了庇护，对植物种子的传播具有积极意义。《补充说明》制作人从生态系统的完整性和种间生态平衡的角度，对非法采矿行为造成平衡性和生物多样性的破坏等方面对鸟类传播种子损失作出了详细解释，解释科学合理，故对非法采矿造成鸟类生态价值损失243122元予以认定。

（三）哺乳动物栖息地服务价值损失客观存在。森林生态系统既是陆地生态系统的重要组成部分，同时也是哺乳动物繁衍和生存的主要栖息地之一。哺乳动物不仅对维持生态系统平衡有重要作用，还能够调节植物竞争，维护系统物种多样性以及参与物质和能量循环等，是改变生态系统内部各构件配置的最基本动力。虽然因客观因素无法量化栖息地生态环境损害价值，但非法采矿行为造成山体破坏和植被毁坏，导致哺乳动物过境受到严重影响，哺乳动物栖息地服务价值损失客观存在。结合案涉非法采矿区域位于矿坑岩口及林场路口的实际情况，综合考虑上述区域植被覆盖率以及人类活动影响造成两区域内哺乳动物的种类和数量较少等客观因素，公益诉讼起诉人主张按照其他生态环境损失1874368元的1%计算哺乳动物栖息地服务价值损失

18744 元具有一定的合理性，应当依法予以支持。

二、关于生态环境修复问题

恢复性司法理念要求受损的生态环境切实得到有效修复，系统保护需要从各个生态要素全方位、全地域、全过程保护，对破坏生态所造成的损失修复，也要从系统的角度对不同生态要素所遭受的实际影响予以综合考量，注重从源头上系统开展生态环境修复，注重自然要素生态利益的有效发挥，对长江流域生态系统提供切实有效的保护。鉴于非法采矿给生态环境造成了严重的破坏，应当采取消除受损山体存在的地质灾害隐患，以及从尽可能恢复其生态环境功能的角度出发，结合经济、社会、人文等实际发展需要进行总体分析判断。

案涉修复方案涵盖了山体修复、植被复种、绿地平整等生态修复治理的多个方面，充分考虑了所在区域生态环境结构的功能定位，体现了强化山水林田湖草沙等各种生态要素协同治理的理念，已经法庭技术顾问论证，结论科学，方法可行。王玉林赔偿的生态环境损失费用中，属于改善受破坏的自然环境状况，恢复和维持生态环境要素正常生态功能发挥范畴的，可用于侵权行为发生地生态修复工程及地质灾害治理工程使用。本案中生物栖息地也是重要的生态保护和修复目标，生物多样性受到影响的损失即鸟类生态价值损失、哺乳动物栖息地服务价值损失、修复期间生物多样性价值恢复费用属于生物多样性恢复考量范畴，可在基础修复工程完成后，用于侵权行为发生地生物多样性的恢复及保护使用。

综上，法院最终判决王玉林对其非法采矿造成的生态资源损失承担赔偿责任，并在判决主文中写明了生态修复、地质治理等项目和生物多样性保护等费用使用方向。

068. 在因同一行为引发的刑事案件中，未被判处刑事责任的侵权人主张不承担生态环境侵权责任的，人民法院应如何处理①

上海市人民检察院第三分院诉郎溪华远固体废物处置有限公司、宁波高新区米泰贸易有限公司、黄德庭、薛强环境污染民事公益诉讼案

（最高人民法院审判委员会讨论通过　2022年12月30日发布）

关键词：民事/环境污染民事公益诉讼/固体废物/走私/处置费用

> **裁判要点**
>
> 1. 侵权人走私固体废物，造成生态环境损害或者具有污染环境、破坏生态重大风险，国家规定的机关或者法律规定的组织请求其依法承担生态环境侵权责任的，人民法院应予支持。在因同一行为引发的刑事案件中未被判处刑事责任的侵权人主张不承担生态环境侵权责任的，人民法院不予支持。
>
> 2. 对非法入境后因客观原因无法退运的固体废物采取无害化处置是防止生态环境损害发生和扩大的必要措施，所支出的合理费用应由侵权人承担。侵权人以固体废物已被行政执法机关查扣没收，处置费用应纳入行政执法成本作为抗辩理由的，人民法院不予支持。

相关法条

《中华人民共和国民法典》第一百七十九条、第一百八十七条（本案适用的是自2010年7月1日起实施的《中华人民共和国侵权责任法》第四条、第十五条）

基本案情：法院经审理查明：2015年初，郎溪华远固体废物处置有限公

---

① 最高人民法院指导性案例205号。

司（以下简称华远公司）法定代表人联系黄德庭，欲购买进口含铜固体废物，黄德庭随即联系宁波高新区米泰贸易有限公司（以下简称米泰公司）实际经营者陈亚君以及薛强，商定分工开展进口含铜固体废物的活动。同年9月，薛强在韩国组织了一票138.66吨的铜污泥，由米泰公司以铜矿砂品名制作了虚假报关单证，并将进口的货物清单以传真等方式告知华远公司，华远公司根据货物清单上的报价向米泰公司支付了货款458793.90元，再由黄德庭在上海港报关进口。后该票固体废物被海关查获滞留港区，无法退运，危害我国生态环境安全。上海市固体废物管理中心认为，涉案铜污泥中含有大量重金属，应从严管理，委托有危险废物经营许可证单位进行无害化处置。经上海市价格认证中心评估，涉案铜污泥处置费用为1053700元。

另查明，2017年12月25日，上海市人民检察院第三分院就米泰公司、黄德庭、薛强共同实施走私国家禁止进口固体废物，向上海市第三中级人民法院提起公诉。上海市第三中级人民法院于2018年9月18日作出（2018）沪03刑初8号刑事判决，判决米泰公司犯走私废物罪，判处罚金20万元；黄德庭犯走私废物罪，判处有期徒刑四年，并处罚金30万元；薛强犯走私废物罪，判处有期徒刑二年，并处罚金5万元。该刑事判决已生效。

裁判结果：上海市第三中级人民法院于2019年9月5日作出（2019）沪03民初11号民事判决：被告米泰公司、被告黄德庭、被告薛强、被告华远公司于本判决生效之日起十日内，连带赔偿非法进口固体废物（铜污泥）的处置费1053700元，支付至上海市人民检察院第三分院公益诉讼专门账户。华远公司不服，提起上诉。上海市高级人民法院于2020年12月25日作出（2019）沪民终450号民事判决：驳回上诉，维持原判。

裁判理由：法院生效裁判认为：行为人未在走私废物犯罪案件中被判处刑事责任，不代表其必然无需在民事公益诉讼中承担民事责任，是否应当承担民事责任，需要依据民事法律规范予以判断，若符合相应民事责任构成要件的，仍应承担民事赔偿责任。本案中，相关证据能够证明华远公司与米泰公司、黄德庭、薛强之间就进口铜污泥行为存在共同商议，其属于进口铜污泥行为的需求方和发起者，具有共同的侵权故意，符合共同实施环境民事侵权行为的构成要件。

对于非法入境的国家禁止进口的固体废物，即使因被查扣尚未造成实际的生态环境损害，但对国家生态环境安全存在重大侵害风险的，侵权行为人仍应负有消除危险的民事责任。相关行为人应当首先承担退运固体废物的法律责任，并由其自行负担退运成本，在无法退运的情形下，生态环境安全隐患和影响仍客观存在，行为人不应当因无法退运而免除排除污染风险的法律责任。故在本案中，四被告应当共同承担消除危险的民事责任。

针对非法入境而滞留境内的固体废物，无害化处置是消除危险的必要措施，相应的处置费用应由侵权行为人承担。为防止生态环境损害的发生，行为人应当承担为停止侵害、消除危险等采取合理预防、处置措施而发生的费用。案涉铜污泥无法退运，为消除环境污染危险，需要委托有关专业单位采取无害化处置，此系必要的、合理的预防处置措施。相关费用属于因消除污染危险而产生的费用，华远公司与其他各方应承担连带赔偿责任。侵权行为人以固体废物已被行政执法机关查扣没收，处置费用应纳入行政执法成本作为抗辩理由的，不应予以支持。

069. 人民法院审理环境民事公益诉讼案件，应当贯彻绿色发展理念和风险预防原则[①]

中国生物多样性保护与绿色发展基金会诉雅砻江流域
水电开发有限公司生态环境保护民事公益诉讼案

（最高人民法院审判委员会讨论通过　2021年12月1日发布）

关键词：民事/生态环境保护民事公益诉讼/潜在风险/预防性措施/濒危野生植物

> **裁判要点**
>
> 人民法院审理环境民事公益诉讼案件，应当贯彻绿色发展理念和风险预防原则，根据现有证据和科学技术认为项目建成后可能对案涉地濒危野生植物生存环境造成破坏，存在影响其生存的潜在风险，从而损害生态环境公共利益的，可以判决被告采取预防性措施，将对濒危野生植物生存的影响纳入建设项目的环境影响评价，促进环境保护和经济发展的协调。

相关法条

《中华人民共和国环境保护法》（2014年4月24日修订）第五条

基本案情：雅砻江上的牙根梯级水电站由雅砻江流域水电开发有限公司（以下简称雅砻江公司）负责建设和管理，现处于项目预可研阶段，水电站及其辅助工程（公路等）尚未开工建设。

2013年9月2日发布的中国生物多样性红色名录中五小叶槭被评定为"极危"。2016年2月9日，五小叶槭列入《四川省重点保护植物名录》。

[①] 最高人民法院指导案例174号。

2018年8月10日,世界自然保护联盟在其红色名录中将五小叶槭评估为"极度濒危"。当时我国《国家重点保护野生植物名录》中无五小叶槭。2016年9月26日,四川省质量技术监督局发布《五小叶槭播种育苗技术规程》。案涉五小叶槭种群位于四川省雅江县麻郎措乡沃洛希村,当地林业部门已在就近的通乡公路堡坎上设立保护牌。

2006年6月,中国水电顾问集团成都勘测设计研究院(以下简称成勘院)完成《四川省雅砻江中游(两河口至卡拉河段)水电规划报告》,报告中将牙根梯级水电站列入规划,该规划报告于2006年8月通过了水电水利规划设计总院会同四川省发展改革委组织的审查。2008年12月,四川省人民政府以川府函〔2008〕368号文批复同意该规划。2010年3月,成勘院根据牙根梯级水库淹没区最新情况将原规划的牙根梯级调整为牙根一级(正常蓄水位2602m)、牙根二级(正常蓄水位2560m)两级开发,形成《四川省雅砻江两河口至牙根河段水电开发方案研究报告》,该报告于2010年8月经水电水利规划设计总院会同四川省发展改革委审查通过。

2013年1月6日、4月13日国家发展改革委办公厅批复:同意牙根二级水电站、牙根一级水电站开展前期工作。由雅砻江公司负责建设和管理,按照项目核准的有关规定,组织开展水电站的各项前期工作。待有关前期工作落实、具备核准条件后,再分别将牙根梯级水电站项目申请报告上报我委。对项目建设的意见,以我委对项目申请报告的核准意见为准。未经核准不得开工建设。

中国生物多样性保护与绿色发展基金会(以下简称绿发会)认为,雅江县麻郎措乡沃洛希村附近的五小叶槭种群是当今世界上残存最大的五小叶槭种群,是唯一还有自然繁衍能力的种群。牙根梯级水电站即将修建,根据五小叶槭雅江种群的分布区海拔高度和水电站水位高度对比数值,牙根梯级水电站以及配套的公路建设将直接威胁到五小叶槭的生存,对社会公共利益构成直接威胁,绿发会遂提起本案预防性公益诉讼。

裁判结果:四川省甘孜藏族自治州中级人民法院于2020年12月17日作

出（2015）甘民初字第 45 号民事判决：一、被告雅砻江公司应当将五小叶槭的生存作为牙根梯级水电站项目可研阶段环境评价工作的重要内容，环境影响报告书经环境保护行政主管部门审批通过后，才能继续开展下一步的工作；二、原告绿发会为本案诉讼产生的必要费用 4 万元、合理的律师费 1 万元，合计 5 万元，上述款项在本院其他环境民事公益诉讼案件中判决被告承担的生态环境修复费用、生态环境受到损害至恢复原状期间服务功能损失费用等费用（环境公益诉讼资金）中支付（待本院有其他环境公益诉讼资金后执行）；三、驳回原告绿发会的其他诉讼请求。一审宣判后当事人未上诉，判决已发生法律效力。

裁判理由：法院生效裁判认为：我国是联合国《生物多样性公约》缔约国，应该遵守其约定。《生物多样性公约》中规定，我们在注意到生物多样性遭受严重减少或损失的威胁时，不应以缺乏充分的科学定论为理由，而推迟采取旨在避免或尽量减轻此种威胁的措施；各国有责任保护它自己的生物多样性并以可持久的方式使用它自己的生物资源；每一缔约国应尽可能并酌情采取适当程序，要求就其可能对生物多样性产生严重不利影响的拟议项目进行环境影响评估，以期避免或尽量减轻这种影响。因此，我国有保护生物多样性的义务。同时，《生物多样性公约》规定，认识到经济和社会发展以及根除贫困是发展中国家第一和压倒一切的优先事务。按照《中华人民共和国节约能源法》第四条"节约资源是我国的基本国策。国家实施节约与开发并举、把节约放在首位的能源发展战略"的规定和《中华人民共和国可再生能源法》第二条第一款"本法所称可再生能源，是指风能、太阳能、水能、生物质能、地热能、海洋能等非化石能源"的规定，可再生能源是我国重要的能源资源，在满足能源要求，改善能源结构，减少环境污染，促进经济发展等方面具有重要作用。而水能资源是最具规模开发效益、技术最成熟的可再生能源。因此开发建设水电站，将水能资源优势转化为经济优势，在国家有关部门的监管下，利用丰富的水能资源，合理开发水电符合我国国情。但是，我国水能资源蕴藏丰富的地区，往往也是自然环境良好、生态功能重要、生物物种丰富和地质条件脆弱的地区。根据《中华人民共和国环境保护法》《最高人民法院关于审理环境民事公益诉讼案件适用法律若干问题的解释》的相关规定，环境保护是我国的基本国策，并且环境保护应当坚持保护优先、预防为主的原则。预防原则要求在环境资源利用行为实施之前和实施之中，采取政治、法律、经济和行政等手段，防止环境利用行为导致环境污染或者生态破坏现象发生。它包括两层含义：一是运用已有的知识和经验，对开发和利用环境行为带来的可能的环境危害采取措施以避免危害的发生；二是在科学技术水平不确定的条件下，基于现实的科学知识评价风险，即对开发和利用环境的行为可能带来的尚未明确或者无法具体确定的环境危害进行事前预测、分析和评价，以促使开发决策避免可能造成的环境危害及其风险出现。因此，环境保护与经济发展的关系并不是完全对立的，而是相辅相成的，正确处理好保护与发展的关系，将生态优先的原则贯穿到水电规划开发的全过程，二者可以相互促进，达到经济和环境的协调发展。利用环境资源的行为如果造成环境污染、生态资源破坏，往往具有不可逆性，被污染的环境、被破坏的生态资源很多时候难以恢复，单纯事后的经济补偿不足以弥补对生态环境造成的损失，故对环境污染、生态破坏行为应注重防患于未然，才能真正实现环境保护的目的。

具体到本案中，鉴于五小叶槭在生物多样性红色名录中的等级及案涉牙根梯级水电站建成后可能存在对案涉地五小叶槭原生存环境造成破坏、影响其生存的潜在风险，可能损害社会公共利益。根据我国水电项目核准流程的规定，水电项目分为项目规划、项目预可研、项目可研、项目核准四个阶段，考虑到案涉牙根梯级水电站现处在项目预可研阶段，因此责令被告在项目可研阶段，加强对案涉五小叶槭的环境影响评价并履行法定审批手续后才能进行下一步的工作，尽可能避免出现危及野生五小叶槭生存的风险是必要和合理的。故绿发会作为符合条件的社会组织在牙根梯级水电站建设可能存在损害环境公共利益重大风险的情况下,提出"依法判令被告立即采取适当措施,确保不因雅砻江水电梯级开发计划的实施而破坏珍贵濒危野生植物五小叶槭的生存"的诉讼请求,于法有据,人民法院予以支持。

鉴于案涉水电站尚未开工建设,故绿发会提出"依法判令被告在采取的措施不足以消除对五小叶槭的生存威胁之前,暂停牙根梯级水电站及其辅助设施(含配套道路)的一切建设工程"的诉讼请求,无事实基础,人民法院不予支持。

070. 生态环境修复费用难以计算的,人民法院根据违法排污的污染物种类、排污量及污染源排他性等因素计算生态环境损害量化数额[①]

重庆市人民政府、重庆两江志愿服务发展中心诉重庆藏金阁物业管理有限公司、重庆首旭环保科技有限公司生态环境损害赔偿、环境民事公益诉讼案

(最高人民法院审判委员会讨论通过 2019年12月26日发布)

关键词:民事/生态环境损害赔偿诉讼/环境民事公益诉讼/委托排污/共同侵权/生态环境修复费用/虚拟治理成本法

> **裁判要点**
>
> 1. 取得排污许可证的企业,负有确保其排污处理设备正常运行且排放物达到国家和地方排放标准的法定义务,委托其他单位处理的,应当对受托单位履行监管义务;明知受托单位违法排污不予制止甚或提供便利的,应当对环境污染损害承担连带责任。

---

① 最高人民法院指导案例130号。

2. 污染者向水域排污造成生态环境损害,生态环境修复费用难以计算的,可以根据环境保护部门关于生态环境损害鉴定评估有关规定,采用虚拟治理成本法对损害后果进行量化,根据违法排污的污染物种类、排污量及污染源排他性等因素计算生态环境损害量化数额。

相关法条

《中华人民共和国侵权责任法》第八条

基本案情:重庆藏金阁电镀工业园(又称藏金阁电镀工业中心)位于重庆市江北区港城工业园区内,是该工业园区内唯一的电镀工业园,园区内有若干电镀企业入驻。重庆藏金阁物业管理有限公司(以下简称藏金阁公司)为园区入驻企业提供物业管理服务,并负责处理企业产生的废水。藏金阁公司领取了排放污染物许可证,并拥有废水处理的设施设备。2013年12月5日,藏金阁公司与重庆首旭环保科技有限公司(以下简称首旭公司)签订为期4年的《电镀废水处理委托运行承包管理运行协议》(以下简称《委托运行协议》),首旭公司承接藏金阁电镀工业中心废水处理项目,该电镀工业中心的废水由藏金阁公司交给首旭公司使用藏金阁公司所有的废水处理设备进行处理。2016年4月21日,重庆市环境监察总队执法人员在对藏金阁公司的废水处理站进行现场检查时,发现废水处理站中两个总铬反应器和一个综合反应器设施均未运行,生产废水未经处理便排入外环境。2016年4月22日至26日期间,经执法人员采样监测分析发现外排废水重金属超标,违法排放废水总铬浓度为55.5mg/L,总锌浓度为2.85×10²mg/L,总铜浓度为27.2mg/L,总镍浓度为41mg/L,分别超过《电镀污染物排放标准》(GB21900-2008)的规定标准54.5倍、189倍、53.4倍、81倍,对生态环境造成严重影响和损害。2016年5月4日,执法人员再次进行现场检查,发现藏金阁废水处理站1号综合废水调节池的含重金属废水通过池壁上的120mm口径管网未经正常处理直接排放至外环境并流入港城园区市政管网再进入长江。经监测,

1号池内渗漏的废水中六价铬浓度为6.10mg/L，总铬浓度为10.9mg/L，分别超过国家标准29.5倍、9.9倍。从2014年9月1日至2016年5月5日违法排放废水量共计145624吨。还查明，2014年8月，藏金阁公司将原废酸收集池改造为1号综合废水调节池，传送废水也由地下管网改为高空管网作业。该池池壁上原有110mm和120mm口径管网各一根，改造时只封闭了110mm口径管网，而未封闭120mm口径管网，该未封闭管网系埋于地下的暗管。首旭公司自2014年9月起，在明知池中有一根120mm管网可以连通外环境的情况下，仍然一直利用该管网将未经处理的含重金属废水直接排放至外环境。

受重庆市人民政府委托，重庆市环境科学研究院对藏金阁公司和首旭公司违法排放超标废水造成生态环境损害进行鉴定评估，并于2017年4月出具《鉴定评估报告书》。该评估报告载明：本事件污染行为明确，污染物迁移路径合理，污染源与违法排放至外环境的废水中污染物具有同源性，且污染源具有排他性。污染行为发生持续时间为2014年9月1日至2016年5月5日，违法排放废水共计145624吨，其主要污染因子为六价铬、总铬、总锌、总镍等，对长江水体造成严重损害。《鉴定评估报告书》采用《生态环境损害鉴定评估技术指南总纲》《环境损害鉴定评估推荐方法（第Ⅱ版）》推荐的虚拟治理成本法对生态环境损害进行量化，按22元/吨的实际治理费用作为单位虚拟治理成本，再乘以违法排放废水数量，计算出虚拟治理成本为320.3728万元。违法排放废水点为长江干流主城区段水域，适用功能类别属Ⅲ类水体，根据虚拟治理成本法的"污染修复费用的确定原则"Ⅲ类水体的倍数范围为虚拟治理成本的4.5-6倍，本次评估选取最低倍数4.5倍，最终评估出二被告违法排放废水造成的生态环境污染损害量化数额为1441.6776万元（即320.3728万元×4.5=1441.6776万元）。重庆市环境科学研究院是环境保护部《关于印发〈环境损害鉴定评估推荐机构名录（第一批）〉的通知》中确认的鉴定评估机构。

2016年6月30日，重庆市环境监察总队以藏金阁公司从2014年9月1

日至 2016 年 5 月 5 日通过 1 号综合调节池内的 120mm 口径管网将含重金属废水未经废水处理站总排口便直接排入港城园区市政废水管网进入长江为由，作出行政处罚决定，对藏金阁公司罚款 580.72 万元。藏金阁公司不服申请行政复议，重庆市环境保护局作出维持行政处罚决定的复议决定。后藏金阁公司诉至重庆市渝北区人民法院，要求撤销行政处罚决定和行政复议决定。重庆市渝北区人民法院于 2017 年 2 月 28 日作出（2016）渝 0112 行初 324 号行政判决，驳回藏金阁公司的诉讼请求。判决后，藏金阁公司未提起上诉，该判决发生法律效力。

2016 年 11 月 28 日，重庆市渝北区人民检察院向重庆市渝北区人民法院提起公诉，指控首旭公司、程龙（首旭公司法定代表人）等构成污染环境罪，应依法追究刑事责任。重庆市渝北区人民法院于 2016 年 12 月 29 日作出（2016）渝 0112 刑初 1615 号刑事判决，判决首旭公司、程龙等人构成污染环境罪。判决后，未提起抗诉和上诉，该判决发生法律效力。

裁判结果：重庆市第一中级人民法院于 2017 年 12 月 22 日作出（2017）渝 01 民初 773 号民事判决：一、被告重庆藏金阁物业管理有限公司和被告重庆首旭环保科技有限公司连带赔偿生态环境修复费用 1441.6776 万元，于本判决生效后十日内交付至重庆市财政局专用账户，由原告重庆市人民政府及其指定的部门和原告重庆两江志愿服务发展中心结合本区域生态环境损害情况用于开展替代修复；二、被告重庆藏金阁物业管理有限公司和被告重庆首旭环保科技有限公司于本判决生效后十日内，在省级或以上媒体向社会公开赔礼道歉；三、被告重庆藏金阁物业管理有限公司和被告重庆首旭环保科技有限公司在本判决生效后十日内给付原告重庆市人民政府鉴定费 5 万元，律师费 19.8 万元；四、被告重庆藏金阁物业管理有限公司和被告重庆首旭环保科技有限公司在本判决生效后十日内给付原告重庆两江志愿服务发展中心律师费 8 万元；五、驳回原告重庆市人民政府和原告重庆两江志愿服务发展中心其他诉讼请求。判决后，各方当事人在法定期限内均未提起上诉，判决发生法律效力。

裁判理由：法院生效裁判认为，重庆市人民政府依据《生态环境损害赔偿制度改革试点方案》规定，有权提起生态环境损害赔偿诉讼，重庆两江志愿服务发展中心具备合法的环境公益诉讼主体资格，二原告基于不同的规定而享有各自的诉权，均应依法予以保护。鉴于两案原告基于同一污染事实与相同被告提起诉讼，诉讼请求基本相同，故将两案合并审理。

本案的争议焦点为：

一、关于《鉴定评估报告书》认定的污染物种类、污染源排他性、违法排放废水计量以及损害量化数额是否准确

首先，关于《鉴定评估报告书》认定的污染物种类、污染源排他性和违法排放废水计量是否准确的问题。污染物种类、污染源排他性及违法排放废水计量均已被（2016）渝0112行初324号行政判决直接或者间接确认，本案中二被告并未提供相反证据来推翻原判决，故对《鉴定评估报告书》依据的上述环境污染事实予以确认。具体而言，一是关于污染物种类的问题。除了生效刑事判决所认定的总铬和六价铬之外，二被告违法排放的废水中还含有重金属物质如总锌、总镍等，该事实得到了江北区环境监测站、重庆市环境监测中心出具的环境监测报告以及（2016）渝0112行初324号生效行政判决的确认，也得到了首旭公司法定代表人程龙在调查询问中的确认。二是关于污染源排他性的问题。二被告辩称，江北区环境监测站出具的江环（监）字〔2016〕第JD009号分析报告单确定的取样点W4、W6位置高于藏金阁废水处理站，因而该两处检出污染物超标不可能由二被告的行为所致。由于被污染水域具有流动性的特征和自净功能，水质得到一定程度的恢复，鉴定机构在鉴定时客观上已无法再在废水处理站周围提取到违法排放废水行为持续时所流出的废水样本，故只能依据环境行政执法部门在查处二被告违法行为时通过取样所固定的违法排放废水样本进行鉴定。在对藏金阁废水处理情况进行环保执法的过程中，先后在多个取样点进行过数次监测取样，除江环

（监）字〔2016〕第 JD009 号分析报告单外，江北区环境监测站与重庆市环境监测中心还出具了数份监测报告，重庆市环境监察总队的行政处罚决定和重庆市环境保护局的复议决定是在对上述监测报告进行综合评定的基础上作出的，并非单独依据其中一份分析报告书或者监测报告作出。环保部门在整个行政执法包括取样等前期执法过程中，其行为的合法性和合理性已经得到了生效行政判决的确认。同时，上述监测分析结果显示废水中的污染物系电镀行业排放的重金属废水，在案证据证实涉案区域唯有藏金阁一家电镀工业园，而且环境监测结果与藏金阁废水处理站违法排放废水种类一致，以上事实证明上述取水点排出的废水来源仅可能来自藏金阁废水处理站，故可以认定污染物来源具有排他性。三是关于违法排污计量的问题。根据生效刑事判决和行政判决的确认，并结合行政执法过程中的调查询问笔录，可以认定铬调节池的废水进入 1 号综合废水调节池，利用 1 号池安装的 120mm 口径管网将含重金属的废水直接排入外环境并进入市政管网这一基本事实。经庭审查明，《鉴定评估报告书》综合证据，采用用水总量减去消耗量、污泥含水量、在线排水量、节假日排水量的方式计算出违法排放废水量，其所依据的证据和事实或者已得到被告方认可或生效判决确认，或者相关行政行为已通过行政诉讼程序的合法性审查，其所采用的计量方法具有科学性和合理性。综上，藏金阁公司和首旭公司提出的污染物种类、违法排放废水量和污染源排他性认定有误的异议不能成立。

其次，关于《鉴定评估报告书》认定的损害量化数额是否准确的问题。原告方委托重庆市环境科学研究院就本案的生态环境损害进行鉴定评估并出具了《鉴定评估报告书》，该报告确定二被告违法排污造成的生态环境损害量化数额为 1441.6776 万元。经查，重庆市环境科学研究院是环境保护部《关于印发〈环境损害鉴定评估推荐机构名录（第一批）〉的通知》中确立的鉴定评估机构，委托其进行本案的生态环境损害鉴定评估符合司法解释之规定，其具备相应鉴定资格。根据环境保护部组织制定的《生态环境损害鉴定评估技术指南总纲》《环境损害鉴定评估推荐方法（第Ⅱ版）》，鉴定评估可以采用虚拟治理成本法对事件造成的生态环境损害进行量化，量化结果可以作为生态环境损害赔偿的依据。鉴于本案违法排污行为持续时间长、违法排放数量大，且长江水体处于流动状态，难以直接计算生态环境修复费用，故《鉴定评估报告书》采用虚拟治理成本法对损害结果进行量化并无不当。《鉴定评估报告书》将 22 元/吨确定为单位实际治理费用，系根据重庆市环境监察总队现场核查藏金阁公司财务凭证，并结合对藏金阁公司法定代表人孙启良的调查询问笔录而确定。《鉴定评估报告书》根据《环境损害鉴定评估推荐方法（第Ⅱ版）》，Ⅲ类地表水污染修复费用的确定原则为虚拟治理成本的 4.5-6 倍，结合本案污染事实，取最小倍数即 4.5 倍计算得出损害量化数额为 320.3728 万元×4.5＝1441.6776 万元，亦无不当。

综上所述，《鉴定评估报告书》的鉴定机构和鉴定评估人资质合格，鉴定评估委托程序合法，鉴定评估项目负责人亦应法庭要求出庭接受质询，鉴定评估所依据的事实有生效法律文书支撑，采用的计算方法和结论科学有据，故对《鉴定评估报告书》及所依据的相关证据予以采信。

二、关于藏金阁公司与首旭公司是否构成共同侵权

首旭公司是明知 1 号废水调节池池壁上存在 120mm 口径管网并故意利用其违法排污的直接实施主体，其理应对损害后果承担赔偿责任，对此应无疑义。本争议焦点的核心问题在于如何评价藏金阁公司的行为，其与首旭公司是否构成共同侵权。法院认为，藏金阁公司与首旭公司构成共同侵权，应当承担连带责任。

第一，我国实行排污许可制，该制度是国家对排污者进行有效管理的手段，取得排污许可证的企业即排污单位，负有依法排污的义务，否则将承担相应法律责任。藏金阁公司持有排污许可证，必须确保按照许可证的规定和要求排放。藏金阁公司以委托运行协议的形式将废水处理交由专门从事环境治理业务（含工业废水运营）的首旭公司作业，该行为并不为法律所禁止。

但是，无论是自行排放还是委托他人排放，藏金阁公司都必须确保其废水处理站正常运行，并确保排放物达到国家和地方排放标准，这是取得排污许可证企业的法定责任，该责任不能通过民事约定来解除。申言之，藏金阁公司作为排污主体，具有监督首旭公司合法排污的法定责任，依照《委托运行协议》其也具有监督首旭公司日常排污情况的义务，本案违法排污行为持续了1年8个月的时间，藏金阁公司显然未尽监管义务。

第二，无论是作为排污设备产权人和排污主体的法定责任，还是按照双方协议约定，藏金阁公司均应确保废水处理设施设备正常、完好。2014年8月藏金阁公司将废酸池改造为1号废水调节池并将地下管网改为高空管网作业时，未按照正常处理方式对池中的120mm口径暗管进行封闭，藏金阁公司亦未举证证明不封闭暗管的合理合法性，而首旭公司正是通过该暗管实施违法排放，也就是说，藏金阁公司明知为首旭公司提供的废水处理设备留有可以实施违法排放的管网，据此可以认定其具有违法故意，且客观上为违法排放行为的完成提供了条件。

第三，待处理的废水是由藏金阁公司提供给首旭公司的，那么藏金阁公司知道需处理的废水数量，同时藏金阁公司作为排污主体，负责向环保部门缴纳排污费，其也知道合法排放的废水数量，加之作为物业管理部门，其对于园区企业产生的实际用水量亦是清楚的，而这几个数据结合起来，即可确知违法排放行为的存在，因此可以认定藏金阁公司知道首旭公司在实施违法排污行为，但其却放任首旭公司违法排放废水，同时还继续将废水交由首旭公司处理，可以视为其与首旭公司形成了默契，具有共同侵权的故意，并共同造成了污染后果。

第四，环境侵权案件具有侵害方式的复合性、侵害过程的复杂性、侵害后果的隐蔽性和长期性，其证明难度尤其是对于排污企业违法排污主观故意的证明难度较高，且本案又涉及对环境公益的侵害，故应充分考虑到此类案件的特殊性，通过准确把握举证证明责任和归责原则来避免责任逃避和公益受损。综上，根据本案事实和证据，藏金阁公司与首旭公司构成环境污染共同侵权的证据已达到高度盖然性的民事证明标准，应当认定藏金阁公司和首旭公司对于违法排污存在主观上的共同故意和客观上的共同行为，二被告构成共同侵权，应承担连带责任。

071. 企业将危险废物交由不具备危险废物处置资质的企业或者个人进行处置，造成环境污染的，应当承担生态环境损害责任[①]

江苏省人民政府诉安徽海德化工科技有限公司
生态环境损害赔偿案

（最高人民法院审判委员会讨论通过　2019 年 12 月 26 日发布）

关键词：民事/生态环境损害赔偿诉讼/分期支付

裁判要点

企业事业单位和其他生产经营者将生产经营过程中产生的危险废物交由不具备危险废物处置资质的企业或者个人进行处置，造成环境污染的，应当承担生态环境损害责任。人民法院可以综合考虑企业事业单位和其他生产经营者的主观过错、经营状况等因素，在责任人提供有效担保后判决其分期支付赔偿费用。

相关法条

1.《中华人民共和国侵权责任法》第六十五条

2.《中华人民共和国环境保护法》第六十四条

[①] 最高人民法院指导案例 129 号。

基本案情：2014年4月28日，安徽海德化工科技有限公司（以下简称海德公司）营销部经理杨峰将该公司在生产过程中产生的29.1吨废碱液，交给无危险废物处置资质的李宏生等人处置。李宏生等人将上述废碱液交给无危险废物处置资质的孙志才处置。2014年4月30日，孙志才等人将废碱液倾倒进长江，造成了严重环境污染。2014年5月7日，杨峰将海德公司的20吨废碱液交给李宏生等人处置，李宏生等人将上述废碱液交给孙志才处置。孙志才等人于2014年5月7日及同年6月17日，分两次将废碱液倾倒进长江，造成江苏省靖江市城区5月9日至11日集中式饮用水源中断取水40多个小时。2014年5月8日至9日，杨峰将53.34吨废碱液交给李宏生等人处置，李宏生等人将上述废碱液交给丁卫东处置。丁卫东等人于2014年5月14日将该废碱液倾倒进新通扬运河，导致江苏省兴化市城区集中式饮用水源中断取水超过14小时。上述污染事件发生后，靖江市环境保护局和靖江市人民检察院联合委托江苏省环境科学学会对污染损害进行评估。江苏省环境科学学会经调查、评估，于2015年6月作出了《评估报告》。江苏省人民政府向江苏省泰州市中级人民法院提起诉讼，请求判令海德公司赔偿生态环境修复费用3637.90万元，生态环境服务功能损失费用1818.95万元，承担评估费用26万元及诉讼费等。

裁判结果：江苏省泰州市中级人民法院于2018年8月16日作出（2017）苏12民初51号民事判决：一、被告安徽海德化工科技有限公司赔偿环境修复费用3637.90万元；二、被告安徽海德化工科技有限公司赔偿生态环境服务功能损失费用1818.95万元；三、被告安徽海德化工科技有限公司赔偿评估费用26万元。宣判后，安徽海德化工科技有限公司提出上诉，江苏省高级人民法院于2018年12月4日作出（2018）苏民终1316号民事判决：一、维持江苏省泰州市中级人民法院（2017）苏12民初51号民事判决。安徽海德化工科技有限公司应于本判决生效之日起六十日内将赔偿款项5482.85万元支付至泰州市环境公益诉讼资金账户。二、安徽海德化工科技有限公司在向江苏省泰州市中级人民法院提供有效担保后，可于本判决生效之日起六十日内支付上述款项的20%（1096.57万元），并于2019年12月4日、2020年12月4日、2021年12月4日、2022年12月4日前各支付上述款项的20%（每期1096.57万元）。如有一期未按时履行，江苏省人民政府可以就全部未赔偿款项申请法院强制执行。如安徽海德化工科技有限公司未按本判决指定的期限履行给付义务，应当依照《中华人民共和国民事诉讼法》第二百五十三条之规定，加倍支付迟延履行期间的债务利息。

裁判理由：法院生效裁判认为，海德公司作为化工企业，对其在生产经营过程中产生的危险废物废碱液，负有防止污染环境的义务。海德公司放任该公司营销部负责人杨峰将废碱液交给不具备危险废物处置资质的个人进行处置，导致废碱液被倾倒进长江和新通扬运河，严重污染环境。《中华人民共和国环境保护法》第六十四条规定，因污染环境和破坏生态造成损害的，应当依照《中华人民共和国侵权责任法》的有关规定承担侵权责任。《中华人民共和国侵权责任法》第六十五条规定，因污染环境造成损害的，污染者应当承担侵权责任。《中华人民共和国侵权责任法》第十五条将恢复原状、赔偿损失确定为承担责任的方式。环境修复费用、生态环境服务功能损失、评估费等均为恢复原状、赔偿损失等法律责任的具体表现形式。依照《中华人民共和国侵权责任法》第十五条第一款第六项、第六十五条，《最高人民法院关于审理环境侵权责任纠纷案件适用法律若干问题的解释》第一条第一款、第十三条之规定，判决海德公司承担侵权赔偿责任并无不当。

海德公司以企业负担过重、资金紧张，如短期内全部支付赔偿将导致企业破产为由，申请分期支付赔偿费用。为保障保护生态环境与经济发展的有效衔接，江苏省人民政府在庭后表示，在海德公司能够提供证据证明其符合国家经济结构调整方向、能够实现绿色生产转型，在有效提供担保的情况下，同意海德公司依照《中华人民共和国民事诉讼法》第二百三十一条之规定，分五期支付赔偿款。

（二）裁判依据

《中华人民共和国民法典》

第一千二百三十四条 违反国家规定造成生态环境损害，生态环境能够修复的，国家规定的机关或者法律规定的组织有权请求侵权人在合理期限内承担修复责任。侵权人在期限内未修复的，国家规定的机关或者法律规定的组织可以自行或者委托他人进行修复，所需费用由侵权人负担。

第一千二百三十五条 违反国家规定造成生态环境损害的，国家规定的机关或者法律规定的组织有权请求侵权人赔偿下列损失和费用：

（一）生态环境受到损害至修复完成期间服务功能丧失导致的损失；

（二）生态环境功能永久性损害造成的损失；

（三）生态环境损害调查、鉴定评估等费用；

（四）清除污染、修复生态环境费用；

（五）防止损害的发生和扩大所支出的合理费用。

《最高人民法院关于审理生态环境侵权纠纷案件适用惩罚性赔偿的解释》

第一条 人民法院审理生态环境侵权纠纷案件适用惩罚性赔偿，应当严格审慎，注重公平公正，依法保护民事主体合法权益，统筹生态环境保护和经济社会发展。

第二条 因环境污染、生态破坏受到损害的自然人、法人或者非法人组织，依据民法典第一千二百三十二条的规定，请求判令侵权人承担惩罚性赔偿责任的，适用本解释。

第三条 被侵权人在生态环境侵权纠纷案件中请求惩罚性赔偿的，应当在起诉时明确赔偿数额以及所依据的事实和理由。

被侵权人在生态环境侵权纠纷案件中没有提出惩罚性赔偿的诉讼请求，诉讼终结后又基于同一污染环境、破坏生态事实另行起诉请求惩罚性赔偿的，人民法院不予受理。

第四条 被侵权人主张侵权人承担惩罚性赔偿责任的，应当提供证据证明以下事实：

（一）侵权人污染环境、破坏生态的行为违反法律规定；

（二）侵权人具有污染环境、破坏生态的故意；

（三）侵权人污染环境、破坏生态的行为造成严重后果。

第五条 人民法院认定侵权人污染环境、破坏生态的行为是否违反法律规定，应当以法律、法规为依据，可以参照规章的规定。

第六条 人民法院认定侵权人是否具有污染环境、破坏生态的故意，应当根据侵权人的职业经历、专业背景或者经营范围，因同一或者同类行为受到行政处罚或者刑事追究的情况，以及污染物的种类，污染环境、破坏生态行为的方式等因素综合判断。

第七条 具有下列情形之一的，人民法院应当认定侵权人具有污染环境、破坏生态的故意：

（一）因同一污染环境、破坏生态行为，已被人民法院认定构成破坏环境资源保护犯罪的；

（二）建设项目未依法进行环境影响评价，或者提供虚假材料导致环境影响评价文件严重失实，被行政主管部门责令停止建设后拒不执行的；

（三）未取得排污许可证排放污染物，被行政主管部门责令停止排污后拒不执行，或者超过污染物排放标准或者重点污染物排放总量控制指标排放污染物，经行政主管机关责令限制生产、停产整治或者给予其他行政处罚后仍不改正的；

（四）生产、使用国家明令禁止生产、使用的农药，被行政主管部门责令改正后拒不改正的；

（五）无危险废物经营许可证而从事收集、贮存、利用、处置危险废物经营活动，或者知道或者应当知道他人无许可证而将危险废物提供或者委托给其从事收集、贮存、利用、处置等活动的；

（六）将未经处理的废水、废气、废渣直接排放或者倾倒的；

（七）通过暗管、渗井、渗坑、灌注，篡改、伪造监测数据，或者以不正常运行防治污染设施等逃避监管的方式，违法排放污染物的；

（八）在相关自然保护区域、禁猎（渔）区、禁猎（渔）期使用禁止使用的猎捕工具、方法猎捕、杀害国家重点保护野生动物、破坏野生动物栖息地的；

（九）未取得勘查许可证、采矿许可证，或者采取破坏性方法勘查开采矿产资源的；

（十）其他故意情形。

第八条 人民法院认定侵权人污染环境、破坏生态行为是否造成严重后果，应当根据污染环境、破坏生态行为的持续时间、地域范围，造成环境污染、生态破坏的范围和程度，以及造成的社会影响等因素综合判断。

侵权人污染环境、破坏生态行为造成他人死亡、健康严重损害，重大财产损失，生态环境严重损害或者重大不良社会影响的，人民法院应当认定为造成严重后果。

第九条 人民法院确定惩罚性赔偿金数额，应当以环境污染、生态破坏造成的人身损害赔偿金、财产损失数额作为计算基数。

前款所称人身损害赔偿金、财产损失数额，依照民法典第一千一百七十九条、第一千一百八十四条规定予以确定。法律另有规定的，依照其规定。

第十条 人民法院确定惩罚性赔偿金数额，应当综合考虑侵权人的恶意程度、侵权后果的严重程度、侵权人因污染环境、破坏生态行为所获得的利益或者侵权人所采取的修复措施及其效果等因素，但一般不超过人身损害赔偿金、财产损失数额的二倍。

因同一污染环境、破坏生态行为已经被行政机关给予罚款或者被人民法院判处罚金，侵权人主张免除惩罚性赔偿责任的，人民法院不予支持，但在确定惩罚性赔偿金数额时可以综合考虑。

第十一条 侵权人因同一污染环境、破坏生态行为，应当承担包括惩罚性赔偿在内的民事责任、行政责任和刑事责任，其财产不足以支付的，应当优先用于承担民事责任。

侵权人因同一污染环境、破坏生态行为，应当承担包括惩罚性赔偿在内的民事责任，其财产不足以支付的，应当优先用于承担惩罚性赔偿以外的其他责任。

第十二条 国家规定的机关或者法律规定的组织作为被侵权人代表，请求判令侵权人承担惩罚性赔偿责任的，人民法院可以参照前述规定予以处理。但惩罚性赔偿金数额的确定，应当以生态环境受到损害至修复完成期间服务功能丧失导致的损失、生态环境功能永久性损害造成的损失数额作为计算基数。

第十三条 侵权行为实施地、损害结果发生地在中华人民共和国管辖海域内的海洋生态环境侵权纠纷案件惩罚性赔偿问题，另行规定。

第十四条 本规定自2022年1月20日起施行。

《最高人民法院关于审理生态环境损害赔偿案件的若干规定（试行）》

第一条 具有下列情形之一，省级、市地级人民政府及其指定的相关部门、机构，或者受国务院委托行使全民所有自然资源资产所有权的部门，因与造成生态环境损害的自然人、法人或者其他组织经磋商未达成一致或者无法进行磋商的，可以作为原告提起生态环境损害赔偿诉讼：

（一）发生较大、重大、特别重大突发环境事件的；

（二）在国家和省级主体功能区规划中划定的重点生态功能区、禁止开发区发生环境污染、生态破坏事件的；

（三）发生其他严重影响生态环境后果的。

前款规定的市地级人民政府包括设区的市，自治州、盟、地区，不设区的地级市，直辖市的区、县人民政府。

第二条 下列情形不适用本规定：

（一）因污染环境、破坏生态造成人身损害、个人和集体财产损失要求赔偿的；

（二）因海洋生态环境损害要求赔偿的。

第三条 第一审生态环境损害赔偿诉讼案件由生态环境损害行为实施地、损害结果发生地或者被告住所地的中级以上人民法院管辖。

经最高人民法院批准，高级人民法院可以在辖区内确定部分中级人民法院集中管辖第一审生态环境损害赔偿诉讼案件。

中级人民法院认为确有必要的，可以在报请高级人民法院批准后，裁定将本院管辖的第一审生态环境损害赔偿诉讼案件交由具备审理条件的基层人民法院审理。

生态环境损害赔偿诉讼案件由人民法院环境资源审判庭或者指定的专门法庭审理。

第四条 人民法院审理第一审生态环境损害赔偿诉讼案件，应当由法官和人民陪审员组成合议庭进行。

第五条 原告提起生态环境损害赔偿诉讼，符合民事诉讼法和本规定并提交下列材料的，人民法院应当登记立案：

（一）证明具备提起生态环境损害赔偿诉讼原告资格的材料；

（二）符合本规定第一条规定情形之一的证明材料；

（三）与被告进行磋商但未达成一致或者因客观原因无法与被告进行磋商的说明；

（四）符合法律规定的起诉状，并按照被告人数提出副本。

第六条 原告主张被告承担生态环境损害赔偿责任的，应当就以下事实承担举证责任：

（一）被告实施了污染环境、破坏生态的行为或者具有其他应当依法承担责任的情形；

（二）生态环境受到损害，以及所需修复费用、损害赔偿等具体数额；

（三）被告污染环境、破坏生态的行为与生态环境损害之间具有关联性。

第七条 被告反驳原告主张的，应当提供证据加以证明。被告主张具有法律规定的不承担责任或者减轻责任情形的，应当承担举证责任。

第八条 已为发生法律效力的刑事裁判所确认的事实，当事人在生态环境损害赔偿诉讼案件中无须举证证明,但有相反证据足以推翻的除外。

对刑事裁判未予确认的事实,当事人提供的证据达到民事诉讼证明标准的,人民法院应当予以认定。

第九条 负有相关环境资源保护监督管理职责的部门或者其委托的机构在行政执法过程中形成的事件调查报告、检验报告、检测报告、评估报告、监测数据等,经当事人质证并符合证据标准的,可以作为认定案件事实的根据。

第十条 当事人在诉前委托具备环境司法鉴定资质的鉴定机构出具的鉴定意见,以及委托国务院环境资源保护监督管理相关主管部门推荐的机构出具的检验报告、检测报告、评估报告、监测数据等,经当事人质证并符合证据标准的,可以作为认定案件事实的根据。

第十一条 被告违反国家规定造成生态环境损害的,人民法院应当根据原告的诉讼请求以及具体案情,合理判决被告承担修复生态环境、赔偿损失、停止侵害、排除妨碍、消除危险、赔礼道歉等民事责任。

第十二条 受损生态环境能够修复的,人民法院应当依法判决被告承担修复责任,并同时确定被告不履行修复义务时应承担的生态环境修复费用。

生态环境修复费用包括制定、实施修复方案的费用,修复期间的监测、监管费用,以及修复完成后的验收费用、修复效果后评估费用等。

原告请求被告赔偿生态环境受到损害至修复完成期间服务功能损失的,人民法院根据具体案情予以判决。

第十三条 受损生态环境无法修复或者无法完全修复,原告请求被告赔偿生态环境功能永久性损害造成的损失的,人民法院根据具体案情予以判决。

第十四条 原告请求被告承担下列费用的,人民法院根据具体案情予以判决:

(一)实施应急方案、清除污染以及为防止损害的发生和扩大所支出的合理费用;

(二)为生态环境损害赔偿磋商和诉讼支出的调查、检验、鉴定、评估等费用;

(三)合理的律师费以及其他为诉讼支出的合理费用。

第十五条 人民法院判决被告承担的生态环境服务功能损失赔偿资金、生态环境功能永久性损害造成的损失赔偿资金,以及被告不履行生态环境修复义务时所应承担的修复费用,应当依照法律、法规、规章予以缴纳、管理和使用。

第十六条 在生态环境损害赔偿诉讼案件审理过程中,同一损害生态环境行为又被提起民事公益诉讼,符合起诉条件的,应当由受理生态环境损害赔偿诉讼案件的人民法院受理并由同一审判组织审理。

第十七条 人民法院受理因同一损害生态环境行为提起的生态环境损害赔偿诉讼案件和民事公益诉讼案件,应先中止民事公益诉讼案件的审理,待生态环境损害赔偿诉讼案件审理完毕后,就民事公益诉讼案件未被涵盖的诉讼请求依法作出裁判。

第十八条 生态环境损害赔偿诉讼案件的裁判生效后,有权提起民事公益诉讼的国家规定的机关或者法律规定的组织就同一损害生态环境行为有证据证明存在前案审理时未发现的损害,并提起民事公益诉讼的,人民法院应予受理。

民事公益诉讼案件的裁判生效后,有权提起生态环境损害赔偿诉讼的主体就同一损害生态环境行为有证据证明存在前案审理时未发现的损害,并提起生态环境损害赔偿诉讼的,人民法院应予受理。

第十九条 实际支出应急处置费用的机关提起诉讼主张该费用的,人民法院应予受理,但人民法院已经受理就同一损害生态环境行为提起的生态环境损害赔偿诉讼案件且该案原告已经主张应急处置费用的除外。

生态环境损害赔偿诉讼案件原告未主张应急处置费用,因同一损害生态环境行为实际支出应急处置费用的机关提起诉讼主张该费用的,由受理生态环境损害赔偿诉讼案件的人民法院受理并由同一审判组织审理。

第二十条 经磋商达成生态环境损害赔偿协议的,当事人可以向人民法院申请司法确认。

人民法院受理申请后,应当公告协议内容,公告期间不少于三十日。公告期满后,人民法院经审查认为协议的内容不违反法律法规强制性规定且不损害国家利益、社会公共利益的，裁定确认协议有效。裁定书应当写明案件的基本事实和协议内容，并向社会公开。

第二十一条 一方当事人在期限内未履行或者未全部履行发生法律效力的生态环境损害赔偿诉讼案件裁判或者经司法确认的生态环境损害赔偿协议的，对方当事人可以向人民法院申请强制执行。需要修复生态环境的，依法由省级、市地级人民政府及其指定的相关部门、机构组织实施。

第二十二条 人民法院审理生态环境损害赔偿案件，本规定没有规定的，参照适用《最高人民法院关于审理环境民事公益诉讼案件适用法律若干问题的解释》《最高人民法院关于审理环境侵权责任纠纷案件适用法律若干问题的解释》等相关司法解释的规定。

第二十三条 本规定自 2019 年 6 月 5 日起施行。

十三、饲养动物损害责任纠纷

（一）最高人民法院公报案例及典型案例

072. 饲养动物损害责任纠纷案件中，动物饲养人不能举证证明受害人对损害的发生存在故意或者重大过失的，应当承担全部的侵权责任[①]

欧丽珍诉高燕饲养动物损害责任纠纷案

> **裁判摘要**
>
> 饲养动物损害责任纠纷案件中，饲养动物虽未直接接触受害人，但因其追赶、逼近等危险动作导致受害人摔倒受伤的，应认定其与损害之间存在因果关系。动物饲养人或管理人不能举证证明受害人对损害的发生存在故意或者重大过失的，应当承担全部的侵权责任。

原告：欧丽珍。

被告：高燕。

原告欧丽珍因与被告高燕发生饲养动物损害责任纠纷，向广东省台山市

[①] 参见《最高人民法院公报》2019年第10期。

人民法院提起诉讼。

原告欧丽珍诉称： 2017年8月13日20点许，欧丽珍途经被告高燕经营的台城旭诚驾培信息咨询服务中心档口门前时，突然遭到高燕饲养的狗攻击，欧丽珍躲避不及摔倒在地。欧丽珍当晚即被送至台城区人民医院住院治疗，经B超检查诊断为左股骨粗隆间骨质断裂，断端分离累及大转子，必须立即手术。事发后，欧丽珍家属报警，派出所介入调查，高燕在询问笔录中确认狗主为其本人，事发时没有拴狗，欧丽珍为其狗攻击所致。同时，高燕向派出所提供了当时的监控，清楚显示高燕的狗攻击欧丽珍的事实。由于高燕对其饲养的狗看管不严，导致欧丽珍遭该狗伤害，不但给欧丽珍带来肉体上的痛苦、耽误工作所遭受的损失，更造成了欧丽珍精神上的极大伤害。欧丽珍由此遭受的损失有医疗费56000元、后续治疗费15000元、残疾赔偿金135663元、残疾鉴定费5000元、精神损失费30000元、住院伙食补助费1300元、营养费5000元、交通费3000元，合计250963元。请求判令：1. 高燕赔偿欧丽珍因遭高燕所养犬只伤害而产生的住院医疗等费用共计人民币56928.41元（其中住院医疗费50328.41元、住院伙食费1300元、住院护理费1300元、交通费1000元、营养费3000元）；2. 本案的诉讼费用由高燕承担。诉讼过程中，欧丽珍于2017年11月7日将上述第1项诉讼请求变更增加为250963元。

被告高燕辩称： 一、本案原告欧丽珍摔倒与宠物狗并无关联性。由于宠物狗自始至终与欧丽珍并无发生接触，判断发生损害与宠物狗有无因果关系，关键在于宠物狗在事发当时是否对欧丽珍有现实的危险，并足以使欧丽珍产生恐慌的心理，从而使欧丽珍在躲避的过程中摔倒，但本案中宠物狗对欧丽珍并无进行追赶、绊倒或吼叫，与损害后果无因果关系。具体而言：1. 宠物狗的行动没有产生任何的惊吓效果，案发时宠物狗往前走了一个与狗等长的距离，并且是正常行走而非冲撞或往前扑；2. 宠物狗与欧丽珍相距较远，即使宠物狗往前走了两步仍与欧丽珍保持较远距离，远大于欧丽珍首次驻足鸡煲店门口并路过时与宠物狗的距离。3. 欧丽珍并非如其主张是极其害怕狗的人，视频初段欧丽珍经过并驻足鸡煲店外，此时距离宠物狗较近，后来欧丽珍直视宠物狗并从其面前经过，表现出其对宠物狗的兴趣而非恐惧，案发地是一条宽阔的人行道，怕狗的人在可以选择的情况下一定会绕开狗行走，而非采取如欧丽珍靠近宠物狗通过的行为。综合以上三点与本案的客观环境，比照同行的欧丽珍丈夫在宠物狗移动时的动作，正是一个普通人在现场环境下的正常反应。宠物狗的行动根本不可能造成对远处行人的惊吓并倒地受伤，与本案损害发生并无因果关系。二、欧丽珍主张赔偿金额没有客观依据，高燕对其赔偿主张不予认可，并再次强调欧丽珍主张的损害与宠物狗并无因果关系。鉴于欧丽珍提出赔偿的具体要求，高燕作出如下回应：1. 高燕不认可欧丽珍提出赔偿的有关依据，已向法院提交了书面的司法鉴定申请。2. 根据欧丽珍变更诉求时提供的赔偿清单，其中医疗费与其提供的票据金额不符；后续医疗费与其提交的鉴定意见陈述不符；残疾赔偿金欧丽珍自行委托鉴定机构；残疾鉴定费与欧丽珍提交鉴定意见附带的发票金额不一致；精神损失费参照《最高人民法院关于确定民事侵权精神损害赔偿责任若干问题的解释》第九条、第十条的规定，残疾赔偿金是包括精神损失在内的综合赔偿，该项属重复主张，且高燕亦无经济能力承担；住院伙食补助费的发生并非由宠物狗造成；营养费没有医疗机构的意见确定，不符合《最高人民法院关于审理人身损害赔偿案件适用法律若干问题的解释》第二十四条的规定；交通费没有正式凭证，欧丽珍无必需的事由到佛山市进行治疗，不符合《最高人民法院关于审理人身损害赔偿案件适用法律若干问题的解释》第二十二条的规定。

广东省台山市人民法院一审查明：

从被告高燕提供双方当事人无异议的监控录像清晰显示：2017年8月13日19时20分20秒，原告欧丽珍在丈夫陪同下徒步经台山市台城舜德路2号前面宽敞公共人行道时，即旭诚驾培信息咨询服务中心与聚鲜楼邻接处，遇趴在台阶上休息的由高燕饲养的一只棕色"泰迪犬";"泰迪犬"见欧丽珍夫妻接近,站立起来向欧丽珍方向走了两步(约50公分),此时欧丽珍与"泰迪犬"相距约3米;欧丽珍见"泰迪犬"靠近,惊慌往其左侧避让时摔倒受伤。欧丽珍受伤后即被送往台山市人民医院住院治疗,翌日转佛山市中医院住院治疗,共住院治疗13日,支出的住院医疗费为50328.41元,在诊疗期间没有医嘱建议需加强营养辅助治疗。广东法维司法鉴定所于2017年11月15日接受欧丽珍的委托,并于同月16日作出《司法鉴定意见书》对欧丽珍的损伤鉴定意见为:欧丽珍的损伤被评定为9级伤残;后续治疗费约需12000元。产生的鉴定费为3000元。

广东省台山市人民法院一审认为:

公民的人身权受法律保护,饲养的动物造成他人损害的,动物饲养人或者管理人应当承担侵权责任。按原告欧丽珍的诉讼请求,经台山市人民法院核准,事故导致其的损失、减少的收入和增加的必然支出有:1. 医疗费50812.03元(其中门诊费483.62元、住院费50328.41元);2. 后续治疗费12000元;3. 残疾赔偿金135663元(2016年广东省一般地区城镇居民人均可支配收入37684.30元/年×18年×20%残疾赔偿系数);4. 鉴定费3000元;5. 精神损害抚慰金,根据《最高人民法院关于确定民事侵权精神损害赔偿责任若干问题的解释》第十条规定,涉案事故致欧丽珍伤残,其遭受较大精神痛苦,结合其在事故中的伤残等级及本地生活水平等因素,精神损害抚慰金酌情确定为6000元;6. 住院伙食补助费1300元(100元/天×13天);7. 交通费,在欧丽珍未能提供相关票据情况下,一审法院视其复诊次数及住院时间酌定1000元;合计209775.03元。根据《中华人民共和国侵权责任法》第七十八条关于"饲养的动物造成他人损害的,动物饲养人或者管理人应当承担侵权责任,但能够证明损害是因被侵权人故意或者重大过失造成的,可以不承担或者减轻责任"的规定,从被告高燕提供的监控录像清晰显示,高燕饲养的狗只是体形较小、性情温顺的棕色"泰迪犬",本案高燕未采取安全防范措施，致使饲养的"泰迪犬"肆意在公共场所活动，并在靠近欧丽珍时令到欧丽珍受惊吓倒地受伤，高燕作为动物饲养人及管理人应承担相应责任；与此同时，该"泰迪犬"见欧丽珍靠近时，在没有吠叫、没有向欧丽珍攻击、仅向欧丽珍移动约50公分与欧丽珍仍相距约3米的前提下，欧丽珍由于过度惊慌，采取避让措施不当摔倒致自己受伤，其本身存在重大过失。考虑到欧丽珍的重大过失，结合本案实际情况，欧丽珍的上述209775.03元损失，一审法院酌情以高燕承担30%责任为宜，即62932.50（209775.03元×30%）。至于欧丽珍的其他诉讼请求，没有事实和法律依据，法院不予支持。

综上，广东省台山市人民法院依照《中华人民共和国侵权责任法》第十六条、第七十八条，《最高人民法院关于审理人身损害赔偿案件适用法律若干问题的解释》第十七条、第十九条、第二十二条、第二十三条、第二十四条，《最高人民法院关于确定民事侵权精神损害赔偿责任若干问题的解释》第八条第二款、第十条第一款，《中华人民共和国民事诉讼法》第六十四条第一款和《最高人民法院关于适用〈中华人民共和国民事诉讼法〉的解释》第九十条之规定，于2018年7月10日作出判决：

一、被告高燕于本判决发生法律效力之日起十日内赔偿原告欧丽珍62932.50元；二、驳回欧丽珍的其他诉讼请求。

欧丽珍与高燕均不服一审判决，向广东省江门市中级人民法院提起上诉。

欧丽珍上诉称：一、由于高燕对其饲养的狗看管不严进而导致欧丽珍被其狗伤害，不但给欧丽珍带来肉体上的痛苦，耽误工作遭受损失，更造成了欧丽珍精神上的极大伤害。二、高燕在管理饲养动物未尽基本责任，应承担事故的全部责任，而非次要责任。但一审判决在没有任何依据的情况下认定欧丽珍承担70%的责任，既违反公平原则又没有事实依据。故一审判决认定事实错误。三、一审判决适用法律有违法之处，本案件属于特别侵权，一审法院适用法律错误。综上，请求判令：1.撤销原审判决；2.改判高燕赔偿250963元；3.本案一、二审诉讼费用由高燕承担。

高燕辩称： 一、欧丽珍发生摔倒与狗之间没有因果关系，本案没有证据证明欧丽珍摔倒是因为宠物狗造成。二、从视频中欧丽珍行走路线的变化看出欧丽珍在路过时不但没有选择回避宠物狗，而且还有意选择接近宠物狗的路线经过，说明欧丽珍不是如其所称极其怕狗的人。三、视频中欧丽珍开始摔倒时是在视频之外，在接近倒地时再进入镜头，无法得知其摔倒的原因，有可能是被石头绊倒，也有可能被其他动物、昆虫攻击，宠物狗在视频中没有任何攻击、恐吓、接触行为，故本案视频不能证明宠物狗与欧丽珍摔倒有因果关系。四、视频的不全面性决定了无法反映出欧丽珍摔倒的真实原因。

高燕上诉称： 一、高燕饲养的狗并无实施侵权行为，与欧丽珍受伤不具有因果关系，高燕依法不应承担侵权责任。二、欧丽珍主张其因躲避不及而摔倒不符合当时情况。三、以欧丽珍单方提交的《司法鉴定意见书》作为赔偿依据缺乏客观性。四、本案精神损害已经以残疾赔偿金的方式体现，一审判决认定精神损害抚慰金属于重复计算。综上，请求判令：1. 撤销原审判决第一项，并改判驳回欧丽珍的全部诉讼请求；2. 欧丽珍承担本案的所有诉讼费用。

欧丽珍辩称： 一、本案属于特殊侵权，高燕确认宠物狗没有拴绳子也没有进行任何的约束，违反了国家的有关饲养动物的法律法规。二、关于民法当中动物侵权的特例，举证责任倒置，除非高燕能证明致害人的过错或者第三人的过错或者重大过失。三、关于高燕所述的欧丽珍来去的问题，因为事发的店铺属于步行街公共场所，并非高燕的私人场所，欧丽珍去的时候必然离店铺较远，往回走靠右走的时候离店铺较近，这是很正常的现象，并不是高燕所述的欧丽珍不怕狗。

广东省江门市中级人民法院经二审，确认了一审查明的事实。

另查明：从19时19分10秒至25秒期间，欧丽珍第一次出现在画面左上方，为避让后方来的车辆，朝画面右下角的方向慢慢走动。

广东省江门市中级人民法院二审认为：

本案双方的争议焦点为：1. 上诉人高燕应否对上诉人欧丽珍的涉案损失承担侵权责任；2. 如需承担，欧丽珍的损失金额应如何认定。

一、关于上诉人高燕应否对欧丽珍的涉案损失承担侵权责任的问题。

根据《中华人民共和国侵权责任法》第七十八条"饲养的动物造成他人损害的，动物饲养人或者管理人应当承担侵权责任，但有证据证明损害是因被侵权人故意或者重大过失造成的，可以不承担或者减轻责任"以及第七十九条"违反管理规定，未对动物采取安全措施造成他人损害的，动物饲养人或者管理人应当承担侵权责任"的规定，动物饲养人或者管理人有义务按规定饲养或者管理动物，并对动物采取安全措施，如其所饲养或管理的动物造成他人损害的，动物饲养人或者管理人应承担侵权责任，仅在被侵权人故意或者重大过失的情形下，才能减轻动物饲养人或者管理人的责任。本案中，2017年8月13日19时20分20秒，上诉人欧丽珍在丈夫陪同下徒步经台山市台城舜德路2号前面宽敞公共人行道时，即旭诚驾培信息咨询服务中心与聚鲜楼邻接处，遇到一只由上诉人高燕饲养的正趴在台阶上休息的"泰迪犬"，该"泰迪犬"见欧丽珍夫妻接近，站立起来向欧丽珍方向走了两步，欧丽珍见"泰迪犬"靠近，往其左侧避让时摔倒受伤导致本案涉案损失产生。高燕上诉称其饲养的"泰迪犬"并无"追赶、扑倒、撕咬、吠叫"等情形，系欧丽珍自行摔倒，故其不应承担赔偿责任。欧丽珍则主张系高燕对其所饲养的犬只未拴狗绳以及进行任何约束，系涉案犬只的攻击行为导致欧丽珍摔倒进而引发涉案的损失。对于双方争议的问题，二审法院分析如下：首先，高燕没有证据证明其所饲养的"泰迪犬"有取得《犬类准养证》，其饲养涉案犬只违反了《广东省犬类管理规定》第四条"县以上城市（含县城镇、近郊）、工矿、港口、机场、游览区及其3公里以内的地区，经济开发区、各类有对外经济合作的乡镇政府所在地，均列为犬类禁养区。上述地区的机关单位、外国驻粤机构、外籍人士等，因特殊情况需要养犬者，须经当地公安部门批准,领取《犬类准养证》并对犬只进行免疫注射后方可圈(栓)养"的规定。其次,涉案的犬只虽未对人实施如"抓伤、扑倒、撕咬"等直接接触人体的动作,一般人在陌生犬只尤其是未被约束的犬只进入到在自身安全界线内的时候,本能会产生恐惧的心理,故欧丽珍在看到未被采取任何约束措施的涉案犬只突然起立并向其逼近的时候,因本能的恐惧而避让进而摔倒,并致欧丽珍受伤。虽然犬只与人体不存在实际接触,但该伤害与犬只之间具备了引起与被引起的关系,故二者具备因果关系,动物饲养人或者管理人对此亦应当承担侵权责任。最后,高燕主张欧丽珍的摔倒可能系石头绊倒,或者被其他动物的攻击所致,但其并未提供相应证据证实其主张,亦未有证据证明欧丽珍在受伤害过程中存有主动挑逗、投打、追赶等故意或者重大过失等情形。据此可认定,欧丽珍本案所涉的损失系高燕未规范饲养动物导致,本案中亦无证据证明高燕存在能减轻其责任的情形,故高燕应对欧丽珍的涉案损失承担全部赔偿责任。一审法院认定欧丽珍由于过度惊慌导致摔倒受伤,本身存在重大过失,并认定欧丽珍自身承担70%的责任,法律适用有误,二审法院予以纠正。

二、关于上诉人欧丽珍损失金额的认定问题。

二审中,双方对于一审法院认定医疗费50328.41元、住院伙食补助费1300元、交通费1000元、后续治疗费12000元以及鉴定费3000元无异议,二审法院予以确认。对于伤残赔偿金,上诉人高燕对广东法维司法鉴定所出具的《司法鉴定意见书》(粤维司鉴所[2017]临鉴字第11423号)认定欧丽珍为9级伤残有异议,并要求重新鉴定。经审查,广东法维司法鉴定所是具有鉴定资格的鉴定机构,该机构的鉴定人员也具备相应资质。该所以上诉人欧丽珍的病历资料作为鉴定依据,通过运用专业知识与技能经活体鉴定检查后,按照《人体损伤致残程度分级》标准5.9.6.9条的规定,依法定程序制作的粤维司鉴所[2017]临鉴字第11423号《司法鉴定意见书》在形式、过程、依据、内容、意见等方面符合相关法律规定,并不存在缺陷,可以作为本案的定案证据使用。高燕虽上诉对该《司法鉴定意见书》的鉴定结论有异议，并要求重新鉴定，但其未能提供反驳证据证明该《司法鉴定意见书》存在程序严重违法或事实依据不足，以及不能作为证据使用的其他情形，其提出的上诉理由不成立，二审法院不予支持。故一审法院据此认定欧丽珍的残疾赔偿金为135663元（2016年广东省一般地区城镇居民人均可支配收入37684.30元/年×18年×20%残疾赔偿系数）并无不当，二审法院予以确认。对于精神损害赔偿金，一审法院根据《中华人民共和国侵权责任法》第二十二条"侵害他人人身权益，造成他人严重精神损害的，被侵权人可以请求精神损害赔偿"的规定，结合欧丽珍的伤残情况，酌定为6000元亦无不当，二审法院予以维持。据此，欧丽珍涉案损失金额为209775.03元（50812.03+6000+1300+1000+12000+3000+135663），欧丽珍超出此部分的请求无事实及法律依据，二审法院不予支持。

综上，上诉人欧丽珍的部分上诉请求理据充分，应予支持；上诉人高燕的上诉请求理据不足，不予支持。广东省江门市中级人民法院根据《中华人民共和国侵权责任法》第二十二条、第七十八条、第七十九条以及《中华人民共和国民事诉讼法》第一百七十条第一款第（二）项、《最高人民法院关于适用〈中华人民共和国民事诉讼法〉的解释》第九十条之规定，于2018年12月13日作出判决：

一、撤销广东省台山市人民法院（2017）粤0781民初2581号民事判决；

二、高燕应在本判决生效之日起十日内给付209775.03元给欧丽珍；

三、驳回欧丽珍的其他诉讼请求。

本判决为终审判决。

073. 幼童在动物园喂养饲养的动物，被动物咬伤的，损害赔偿责任应当如何承担[①]

谢某某诉上海动物园饲养动物致人损害纠纷案

裁判摘要

> 《中华人民共和国侵权责任法》第八十一条就动物园无过错责任作出了明确规定，同时规定，如受害人或监护人确有过错，动物园可以减轻或者不承担责任。动物园作为饲养管理动物的专业机构，依法负有注意和管理义务，其安全设施应充分考虑到未成年人的特殊安全需要，最大限度地杜绝危害后果发生。游客亦应当文明游园，监护人要尽到监护责任，否则亦要依法承担相应的责任。

原告：谢某某，男，5岁，汉族，户籍地：安徽省无为县泥汊镇幸福洲行政村，住所地：上海市青浦区徐泾镇民主村。

法定代理人：谢玉平，原告谢某某之父，男，37岁，汉族，住址同上。

法定代理人：许实梅，原告谢某某之母，女，37岁，汉族，住址同上。

被告：上海动物园，住所地：上海市长宁区虹桥路。

法定代表人：张峰，该园园长。

原告谢某某因与被告上海动物园发生饲养动物致人损害纠纷，向上海市长宁区人民法院提起诉讼。

原告谢某某及其法定代理人谢玉平、许实梅诉称：2011年4月10日15时左右，原告与其父母至被告上海动物园游玩，当行至猴子展区，原告给猴

[①] 参见《最高人民法院公报》2013年第8期。

子喂食食物时，右手中指被猴子咬伤。出事前和出事时，被告的工作人员均未出现，后原告及其父母自行报警，并至上海市儿童医院进行医治。原告认为，被告没有尽到巡视义务、管理技术不合格、防护设施有瑕疵导致原告可以随意钻入，故被告有过错，原告要求被告赔偿：医疗费人民币（下同）4058.09元、交通费408元、住院伙食补助费160元、精神损害抚慰金40000元、律师代理费8000元。诉讼中，原告变更诉讼请求：医疗费4058.09元、交通费408元、住院伙食补助费160元、伤残赔偿金63676元、护理费6600元、营养费1500元、假肢费2300元、18岁之前剩余假肢费13800元、18岁之后20年假肢费11500元、假肢维修费3910元、司法鉴定费1930元、律师代理费8000元、精神损害抚慰金50000元。

被告上海动物园辩称：对原告谢某某受伤的时间、地点没有异议。但认为：一、被告已尽到合理限度的安全保障义务，已设立了完善的游客游园安全规则。1.防护措施到位。伤人猴子被关在铁质网状笼舍内，起到了第一层保护作用；笼舍外有高1.20米左右、隔离区域达1.50米的金属栏杆（笼舍距离栏杆宽度），这既是第二层保护，使游客无法近距离靠近动物，也是一种警示，让游客知道不能靠近笼舍。2.已尽到警示告知义务。被告在动物园门口就张贴告示要求家长监管好孩子，不得嬉弄、喂养动物、不得跨越栏杆等图文并茂的安全警示牌；3.被告工作人员已尽到巡视义务。事发日，有工作人员上班，并在动物园正常巡视，事发时虽未在原告受伤地，但由于原告受伤是瞬间发生，而动物园区域较大，被告工作人员不可能时刻在旁守候阻止，这主要靠游客的文明游园来避免危险的发生，加之流动的执勤人员、书面告知牌等来补充劝阻不文明行为，让被告在每个景点全天候配以固定监督岗位显已超过合理安全限度。4.防护栏间隙的问题。防护栏本身起到一种警示、劝阻的作用，并不是让儿童钻入的，被告已安装了密集的铁质笼舍，儿童不能钻入已起到了安全保护作用。二、本次原告受伤原因系原告不遵守游园守则、原告法定代理人没有尽到监管义务造成，应由原告及其法定代理人承担全部责任。此次原告受伤的直接原因是原告用手喂食笼舍内的猴子导致咬伤；间接原因是原告法定代理人未尽到监护责任导致原告穿过防护栏，原告法定代理人事先未对原告进行安全教育，也未及时阻止原告的行为，原告法定代理人严重失职。综上意见，被告不同意赔偿原告相关损失。

上海市长宁区人民法院一审查明：

2011年4月10日上午，原告谢某某与其父母至被告上海动物园游玩，当日15时许，原告及其家人行至灵长类动物展区时，原告穿过笼舍外设置的防护栏，给猴子喂食食物时，右手中指被猴子咬伤。事发时，上海动物园无工作人员在场，原告父亲向动物园相关部门投诉后，因情况紧急，自行带原告至上海市儿童医院医治并报警。原告当日住院，于2011年4月13日出院。出院后，原告至其家附近的上海市闵行区七宝社区卫生服务中心随访医治，原告用去医疗费4058.09元（含住院期间伙食费32.50元）。原告于2011年12月13日至上海科生假肢有限公司对其右手中指安装假肢，花费2300元，并经上海科生假肢有限公司专家会诊，确认原告在18岁成年前每两年更换一次假肢，成年以后每四年更换一次，每年的维修费为该假肢总额的5%。假肢的赔偿期限建议从第一次安装之日算至原告成年之后第二十年。

经原告谢某某申请，法院委托司法鉴定科学技术研究所司法鉴定中心对原告的伤势进行了鉴定，鉴定结论为：原告因故致右手部损伤，其损伤的后遗症相当于道路交通事故十级伤残，本次损伤后的护理期为60日，营养期为30日。

审理期间，法院对事发笼舍进行勘查：笼舍是铁制网状，在笼舍2米处悬挂"禁止跨越栏杆""禁止敲打""禁止嬉弄"等图文并茂的警示牌，距笼舍外1.50米处建有高1.12米的金属防护栏，金属防护栏栏杆间距15厘米左右。经现场试验，原告谢某某及10周岁以下（偏瘦小）儿童可以通过栏杆间隙钻入。

上述事实，有病史资料、交通费发票、户籍资料、上海市公安局案件接报回执单、鉴定意见书、法院于 2012 年 1 月 5 日向上海科生假肢有限公司调查笔录等证据及原告谢某某法定代理人、被告上海动物园的陈述为证，并经庭审查证属实。

本案一审的争议焦点是：一、被告上海动物园是否尽到管理职责以免除其责任。二、原告谢某某及其法定代理人有无过失，是否可以减轻被告的责任。三、赔偿责任比例的确定。

上海市长宁区人民法院一审认为：

一、关于被告上海动物园是否尽到管理职责以免除其责任的问题。被告的管理职责应根据具体动物的种类和性质来定，并且鉴于动物园所承担的独特社会功能，其不应该只是承担善良管理人的注意义务，而应该承担更高的符合其专业管理动物的注意义务。具体可从以下几点考量：1. 是否尽到了告知提醒义务。被告在动物园门口张贴了《上海市公园游园守则》，并在灵长馆笼舍等处悬挂了"禁止跨越栏杆""禁止敲打""禁止嬉弄"等图文并茂的警示牌。原告谢某某认为上述警示牌事发时没有，位置不合理，但原告未提供相反证据予以佐证，法院不予采信，且游览动物是从远至近，挂于 2 米处的位置，适合游客从远处明显观察到，且被告配置了儿童较易识别的图文警示，其已尽到了告知义务。2. 管理人员是否有巡视制度，已尽到对游客擅自翻越、穿越栏杆靠近动物等行为的劝阻义务。被告提供的值班表、饲养员值班表等皆反映了事发当日，被告员工正常上班、巡视。对动物园的看管义务应当在具体情况下以一个谨慎、小心的动物保有人的标准来确定，不能要求其尽到所有的注意义务。原告受伤事发于瞬间，显不能苛求被告员工在事发时在场，故法院认为被告人员在巡视方面尽到了其职责。3. 动物园灵长馆设施、设备有无安全问题。对于动物园来说，需要安装特殊的防患设备将游客与动物隔离，避免动物因为游客的挑动而加害他人。动物园更应履行必要的防护义务，避免行人在过失的情况下擅入动物侵害范围之内，从而造成他人损害。被告给灵长类动物安装了网状的铁质笼舍，并在外加装了防护栏，保持了 1.50 米的安全间距，确实起到了一定的防护作用。但金属防护栏之间间距在 15 厘米左右仅仅能避免成年人钻入，并不能防止幼童的钻入，现原告穿过防护栏，用手喂食猴子导致右手中指受伤。动物园是一所对公众开放的公共场所，每年要接待成千上万的学龄前儿童，根据其专业能力应能预见此危险发生的可能性，而未采取必要补救措施，动物园有过错，未尽到其管理职责。

二、关于原告谢某某及其法定代理人有无过失，是否可以减轻被告上海动物园的责任的问题。原告受伤的直接原因是原告违反《上海市公园管理条例》第二十三条："游客应当文明游园，爱护公园绿化，保护公园设施，维护公园秩序，遵守游园守则……"以及《上海市公园游园守则》："不得嬉弄……各种动物……"等有关规定，擅自穿越防护栏，给猴子喂食导致受伤，原告有过错。原告事发时仅 4 周岁，其过错应由其监护人承担。根据《中华人民共和国民法通则》第十八条规定，监护人应当履行监护职责，保护被监护人的人身、财产及其他合法权益。监护人的监护责任之一就是对被监护人的人身进行监护，防止其受到侵害。在监护人监护之下，被监护的无民事行为能力人受到自己的行为损害或者他人的行为侵害，就是监护人未尽到自己的监护责任。本案中，原告事发时仅 4 周岁，没有民事行为能力，对喂食猴子等危险情况没有认知能力和处置特殊情况的能力。原告法定代理人带原告到动物园游玩并无不当，然，在被告已书面告知警示情况下，原告法定代理人仍放松对原告危险警示教育和看护，导致原告穿过防护栏产生损害后果，故原告法定代理人有监管过失，应减轻被告的民事责任。

三、关于赔偿责任比例的确定问题。原告谢某某法定代理人未看护好无民事行为能力的原告导致原告擅自穿越防护栏，喂食猴子，是原告受伤的近原因及主要原因，应当承担主要责任即承担本案确定赔偿总额的百分之六十之责。被告上海动物园的防护栏存在安全瑕疵未有效阻止原告穿越，应承担次要责任即承担本案确定赔偿总额的百分之四十之责。

四、赔偿范围及数额的确定。本案赔偿数额应基于原告谢某某的诉请以及法律法规合理确定。

1. 关于医疗费 4058.09 元，原、被告双方均没有异议，法院予以确认；根据本案的责任认定，确认被告上海动物园应负担原告谢某某医疗费 1623.24 元。

2. 交通费 408 元，交通费是原告谢某某及其必要的陪护人员因就医或者转院治疗实际发生的费用，法院根据原告提供的交通费票据、就医时间、地点，酌定为 380 元。根据本案的责任认定，酌定被告上海动物园负担原告交通费 152 元。

3. 住院伙食补助费 160 元。原告谢某某住院伙食补助费应按每天 20 元计算，原告住院 3 天，同时应扣除已在医疗费中包含的 32.50 元；根据本案的责任认定，确认被告上海动物园应负担原告住院伙食补助费 11 元；

4. 关于伤残赔偿金 63676 元，原、被告没有异议，根据本案的责任认定，法院确认被告上海动物园应负担原告谢某某伤残赔偿金 25470.40 元。

5. 护理费 6600 元，原告谢某某提供的其父亲因护理产生的误工损失证据尚不充分，且与其当庭陈述有出入，但原告的护理损失经司法鉴定客观存在，护理标准可参照上海市月平均护理标准，酌定为 2000 元，根据本案的责任认定，酌定被告上海动物园负担原告护理费 1600 元。

6. 营养费 1500 元。法院认为，根据上海目前的生活水平、原告谢某某的受伤情况结合原告年龄因素，营养费每天 40 元为宜。根据本案责任认定，酌定被告上海动物园负担原告营养费 480 元。

7. 2011 年 12 月 13 日假肢费 2300 元、18 岁之前剩余假肢费 13800 元、18 岁之后 20 年假肢费 11500 元、假肢维修费 3910 元。原告谢某某的假肢虽为美容假肢，但考虑到原告右手中指受伤对其握笔、取物都有所影响，原告的假肢对原告右手功能确实起到了补充作用，并能维持其基本生活需求，适当减轻了原告的心理压力，故对原告 2011 年 12 月 13 日的假肢费用予以确认，根据被告上海动物园的过错程度，确认被告负担920元。其余原告所主张的假肢费用，鉴于目前尚未发生，将来发生的时间跨度较长，假肢费用的价格幅度也会有所变化，为更好保护原告的合法权益，该些费用可待实际发生后另行主张。

8. 律师代理费8000元。法院认为原告谢某某该损失系其为诉讼所实际支出，应纳入本案赔偿范围。按照上海市现行律师收费标准以及本案的诉讼标的，律师代理费可酌定为5000元。根据本案的责任认定，酌定被告上海动物园负担原告律师代理费2000元。

9. 精神损害抚慰金50000元。法院认为，原告谢某某此次受伤确给其精神和肉体上造成了较大痛苦，构成了右手中指伤残，后果严重，应给予精神损害抚慰金。根据本案的责任认定，酌定被告上海动物园给付原告精神损害抚慰金2000元。

10. 司法鉴定费1930元。根据本案的责任认定，被告上海动物园应负担原告谢某某鉴定费772元。

据此，依照《中华人民共和国侵权责任法》第八十一条、第二十六条、第十六条、第二十二条，《中华人民共和国民法通则》第十八条之规定，于2012年1月30日判决如下：

一、被告上海动物园应于本判决生效后十日内赔偿原告谢某某医疗费人民币1623.24元、交通费人民币152元、住院伙食补助费人民币11元、护理费人民币1600元、营养费人民币480元、2011年12月13日发生的假肢费人民币920元、伤残赔偿金人民币25470.40元。

二、被告上海动物园应于本判决生效后十日内赔偿原告谢某某精神损害抚慰金人民币2000元、律师代理费人民币2000元。

如果未按本判决指定的期间履行给付金钱义务，应当依照《中华人民共和国民事诉讼法》第二百二十九条之规定，加倍支付迟延履行期间的债务利息。

本案鉴定费人民币 1930 元，由原告谢某某负担人民币 1158 元、被告上海动物园负担人民币 772 元；

案件受理费人民币 3656.84 元，因本案适用简易程序审理，减半收取人民币 1828.42 元，由原告谢某某负担人民币 1428.42 元，被告上海动物园负担人民币 400 元。

谢某某、上海动物园均不服一审判决，向上海市第一中级人民法院提起上诉。谢某某主要上诉理由：1. 谢某某系 4 岁幼童，无法看清并看懂警示牌的内容，且上海动物园未举证证明在事发时即悬挂警示牌。上海动物园提供的值班表等仅是其内部制定的规章制度，系上海动物园单方出具的证据，不能证明其在巡视方面尽到职责。2. 本案中上海动物园未尽到告知提醒义务、在巡视方面未尽到职责、设施设备存在安全隐患，应承担全部的侵权责任。由于谢某某法定代理人不能进入金属防护栏及时将谢某某抱出，故谢某某的法定代理人无法预见此类事情的发生，事发时也无法及时阻止该伤害事实的发生，故对本案不应当承担任何责任。3. 谢某某的假肢费用系有资质的康复辅助器具生产装配企业证明系必然发生的费用，应当在一审时一并进行赔偿。故谢某某要求撤销原判，改判支持谢某某原审的全部诉讼请求。

上诉人上海动物园辩称：不同意上诉人谢某某的上诉请求。一审判决认定的大部分事实正确，仅对动物园有过错的认定有误。谢某某主张的假肢系美容性质而非功能性质，应不予支持。

上诉人上海动物园主要上诉理由：上海动物园已尽了应有管理义务，包括灵长馆展览猴类关在笼内、设有游客安全隔离护栏、有多处安全警示牌。上诉人谢某某之所以受到伤害，一是无视安全警示牌；二是穿越了游客安全隔离护栏；三是主动靠近铁质笼舍或肢体进入了笼舍以内，才会发生伤害的情形。谢某某的法定代理人如果尽到监护义务，告知谢某某文明游览、阻止谢某某穿越安全隔离栏、阻止谢某某给猴子喂食，只要做到其中一个环节，就不会发生谢某某受到伤害的情况。故相应的责任应由谢某某的法定代理人承担。另外，谢某某的假肢属于美容性的假肢，不具备功能性的特点，该费用不应由上海动物园承担。故上诉要求撤销原判，改判驳回谢某某原审的诉讼请求。

上诉人谢某某辩称：上诉人动物园应承担全部赔偿责任，不同意其上诉请求。

上海市第一中级人民法院经二审，确认了一审查明的事实。

本案二审的争议焦点是：第一，对于上诉人谢某某的受伤，谢某某的法定代理人以及上诉人上海动物园是否需承担各自的责任及责任应如何分担；第二，谢某某的假肢费用是否应包括在赔偿范围内，之后的维修费用在本案中是否应一并解决。

上海市第一中级人民法院二审认为：

关于第一个争议焦点，法院认为，饲养的动物造成他人损害的，动物饲养人或者管理人应当承担侵权责任，但能够证明损害是因被侵权人故意或者重大过失造成的，可以不承担或减轻责任。根据本案查明的事实，事发地点灵长馆的笼舍系铁网状的封闭性笼舍，在笼舍外还另有金属隔离护栏，笼舍上也悬挂了"禁止跨越栏杆"等的警示牌。金属隔离护栏与铁质笼舍一样，都是起到防止灵长类动物伤及游客的防护作用。游园时不可穿越隔离护栏对每一个具有民事行为能力的人来说都应是明知的。上诉人谢某某这一4岁男童，正是活泼好动而又缺乏危险意识的时期，谢某某的监护人在对谢某某进行文明游园安全教育的同时，更应严格监管防止发生意外，然谢某某监护人却让谢脱离了监护人监护，发生了自行穿越防护栏并喂食猴子的行为，导致本案伤害的发生，因此，谢某某的监护人存在重大过失。谢某某一方上诉认为其对于本案不应承担任何责任的观点，法院不予采信。对上诉人上海动物园而言，其作为专门饲养管理动物的机构较一般动物饲养人有着更高的注意和管理义务。金属隔离护栏除警示的作用外亦应负担着一定的隔离作用，而护栏之间15厘米的间距，存在不能杜绝幼童钻入的可能性。另外，本案事发时上海动物园无工作人员在场。事发后，上海动物园又缺乏有效的紧急联系方式供需要帮助的游客与园方取得联络，致使谢某某一方不能及时进行手指被咬伤后的紧急善后处理，只能自行至医院求治。基于以上原因，原审法院认为上海动物园未尽到管理职责，并无不当。上海动物园关于其已尽到管理职责，不应承担赔偿责任的上诉观点，法院亦不予采信。综合本案双方过错情况，原审法院酌定谢某某的法定代理人对谢某某的受伤承担60%的责任，上海动物园承担40%的责任，尚属合理，法院予以维持。

关于第二个争议焦点，法院认为，上诉人谢某某尚年幼，右手中指的部分缺失对其今后正常的生活、学习确实会造成一定影响，安装的假肢虽为美容假肢，但确能起到一定的功能作用。故原审法院根据双方的过错程度，酌情支持部分假肢费用并无不当。上诉人上海动物园上诉认为不应承担假肢费用的观点，法院不予采纳。原审法院鉴于今后的假肢费用目前尚未实际发生，假肢费用具有不确定性，为更好保护谢某某的权益，对今后的假肢费用未予支持亦无不当。谢某某要求本案中一并处理今后的假肢费用的观点，法院亦不予采纳。谢某某可待该费用实际发生后另行主张。

综上所述，原审法院所作的判决并无不当，予以维持。上诉人谢某某、上海动物园的上诉请求，均缺乏依据，法院不予支持。据此，依照《中华人民共和国民事诉讼法》第一百五十三条第一款第（一）项之规定，于2012年6月12日判决如下：

驳回上诉，维持原判。

上诉案件受理费人民币3656.80元，由上诉人谢某某负担1828.40元，上诉人上海动物园负担1828.40元。

本判决为终审判决。

（二）地方法院典型案例

074. 楼房区内违规饲养大型犬，出户遛犬致晨练人受伤[①]

基本案情：甲、乙居住同一小区。一日，甲在晨练时因被乙养的拉布拉多犬惊吓跌倒受伤，甲的右肘部皮肤挫伤，腰背部剧烈疼痛，诊断为腰1椎体压缩性骨折、右肘部皮肤挫伤。事发后，乙垫付甲相应医疗费、交通费，并给付甲现金2000元。乙认可自己饲养的拉布拉多犬未取得相应登记。

法官说法：违反管理规定，未对动物采取安全措施造成他人损害的，动物饲养人或者管理人应当承担侵权责任。北京市实行养犬登记、年检制度，未经登记和年检，任何单位和个人不得养犬。在重点管理区内，每户只准养一只犬，不得养烈性犬、大型犬。本案中，乙在楼房居住区未经登记饲养拉布拉多大型犬，同时违反规定出户遛犬，导致甲遇犬受惊，跌倒摔伤，乙作为动物饲养人应承担相应赔偿责任。据此判决乙赔偿甲误工费、营养费、护理费共计2万余元。

> **法院提示与建议**
>
> 根据规定，在北京市，大型犬是指成年体高超过35厘米的犬种（犬只正常站立时前足到肩部最高点的距离），大型犬与烈性犬均具有一定的危险性。在楼房居住小区等重点管理区域内违规饲养烈性犬、大型犬，尤其是未采取安全保护措施肆意遛犬，会带来许多安全隐患。同时，饲养的动物在面对陌生人时可能会因害怕而做出攻击性动作，使人受到惊吓甚至受伤。

[①] 《饲养动物前，这些法律法规必修课您学会了吗?》(北京市大兴区人民法院2021年11月10日发布)，一、楼房区内违规饲养大型犬，出户遛犬致晨练人受伤，载北京大兴法院微信公众号，https://mp.weixin.qq.com/s/HeY2X8TT-HkF6q3jODkMXw，最后访问日期：2023年6月28日。

> 因此，提醒各位市民，如果您居住在重点管理区内，切记不要违规饲养烈性犬、大型犬，在外出遛犬时也请做好充足的安全保护措施。

075. 监护不周，幼儿被猫咬伤，家长与养猫人均要负责[①]

基本案情： 甲、乙系某村邻居。某日，甲抱着幼儿看见乙家饲养的黑猫，于是步行至猫停留处，抱着幼儿同猫玩耍。后甲将幼儿放下，期间二人均有用脚踢猫的动作，猫受惊，发出疑似抓挠动作。后经检查，幼儿的小腿红肿并有猫咬齿痕。幼儿被带往医院检查治疗，并注射狂犬疫苗，费用由乙支付。甲表示幼儿受到惊吓，并在注射狂犬疫苗期间，因副作用产生发烧、呕吐、消化不良等现象，故起诉至法院要求乙赔偿护理费、交通费、营养费、精神损失费等共计七千余元。

法官说法： 饲养的动物造成他人损害的，动物饲养人或者管理人应当承担侵权责任；但是，能够证明损害是因被侵权人故意或者重大过失造成的，可以不承担或者减轻责任。本案中，乙的猫造成幼儿受伤，应当承担相应的赔偿责任。但幼儿对动物的危险性缺乏认知，其监护人应当恪尽监管职责，保护幼儿不受侵害。从现场监控视频显示，甲带幼儿行至猫所在处同猫玩耍，且在玩耍过程中有踢打动作，最终造成猫受惊咬伤幼儿的结果发生。幼儿监护人没有尽到谨慎看护义务，应当承担一定责任。故酌定乙按照双方的责任比例，赔偿原告 2000 余元。

[①] 《饲养动物前，这些法律法规必修课您学会了吗?》（北京市大兴区人民法院 2021 年 11 月 10 日发布），二、监护不周幼儿被猫咬伤，家长与养猫人均要负责，载北京大兴法院微信公众号，https://mp.weixin.qq.com/s/HeY2X8TT-HkF6q3jODkMXw，最后访问日期：2023 年 6 月 28 日。

十三、饲养动物损害责任纠纷

> **法院提示与建议**
>
> 根据法律规定,父母对未成年子女负有抚养、教育和保护的义务。未成年人由于年龄小、好奇心强、性格顽皮等因素,喜欢与动物接触,但缺少防范意识,更容易受到动物伤害。父母作为监护人应当尽到相应看护义务,如果未尽看护责任导致未成年人受伤,监护人亦须对损害后果承担相应过错责任。故建议广大家长朋友们,务必看护好未成年人,避免其受到动物伤害。同时,动物饲养人、管理人应当遵守规定,加强对饲养动物的管理,尤其防范对未成年人可能存在的危险。

076. 遛狗不拴绳,咬狗又伤人,饲养人要担责[①]

基本案情:某日清晨,甲在其居住的小区牵绳遛狗,乙带着其饲养的大型犬狼青狗在遛狗。因乙没有给狗拴绳,狼青狗径直扑向了甲的宠物犬,将其咬伤。甲在阻止过程中也被乙的狼青狗咬伤右手,抓伤右腿。后甲被诊断为犬咬伤Ⅲ级伤口,甲为此支付医疗费近4000元。甲饲养的宠物犬在动物医院治疗花费上千元。

法官说法:违反管理规定,未对动物采取安全措施造成他人损害的,动物饲养人或者管理人应当承担侵权责任。根据《北京市养犬管理规定》养犬人携犬出户时,应当对犬束犬链,由成年人牵领,携犬人应当携带养犬登记证,并应当避让老年人、残疾人、孕妇和儿童;对烈性犬、大型犬实行拴养或者圈养,不得出户遛犬;因登记、年检、免疫、诊疗等出户的,应当将犬装入犬笼或者为犬戴嘴套、束犬链,由成年人牵领。本案中,乙未举证证明

[①] 《饲养动物前,这些法律法规必修课您学会了吗?》(北京市大兴区人民法院2021年11月10日发布),三、遛狗不拴绳,咬狗又伤人,载北京大兴法院微信公众号,https://mp.weixin.qq.com/s/HeY2X8TT-HkF6q3jODkMXw,最后访问日期:2023年6月28日。

其养犬经过了登记、年检，且乙违反规定出户遛犬，遛犬过程中又未对犬束犬链、戴嘴套，最终导致甲及其所饲养的犬受伤，故乙应对此承担侵权责任。

> **法院提示与建议**
>
> 市民在遛狗时要按照规定给犬佩戴束犬链，尤其对烈性犬、大型犬，以及因登记、年检、免疫、诊疗等出户的犬只采取更加严格的安全防护措施，即便对于小型观赏宠物犬也要做到理性饲养，避免犬类伤人情况的发生。

077. 违规养犬遛犬致二犬撕咬，为护爱犬老人摔伤致残[①]

基本案情：老人甲在居住小区内牵泰迪犬行走，乙饲养的拉布拉多犬从后方跑来与泰迪犬打斗，甲在护犬后退的过程中摔倒，随后乙急忙跑来将两条狗分开。甲被送往医院治疗，初步诊断为胸12椎体爆裂骨折。经鉴定，甲伤残等级为九级。事发后，乙为甲垫付部分医疗费、饭费、护工费，甲自行支付医疗费约五万元。因未经登记、年检养犬，甲、乙分别被行政罚款2000元。本案中，乙主张甲饲养的泰迪犬本身具有攻击性，乙饲养的拉布拉多犬是在受到挑衅后才发生的厮斗，甲是被自己的狗绊倒摔伤，乙的狗始终没有攻击甲本人，甲应对自己行为造成的损失负责，并非乙的过错，乙不应当承担任何责任。

法官说法：违反管理规定，未对动物采取安全措施造成他人损害的，动物饲养人或者管理人应当承担侵权责任。禁止饲养的烈性犬等危险动物造成他人损害的，动物饲养人或者管理人应当承担侵权责任。动物饲养人或者管

[①] 《饲养动物前，这些法律法规必修课您学会了吗？》（北京市大兴区人民法院2021年11月10日发布），四、违规养犬遛犬致二犬撕咬，为护爱犬老人摔伤致残，载北京大兴法院微信公众号，https://mp.weixin.qq.com/s/HeY2X8TT-HkF6q3jODkMXw，最后访问日期：2023年6月28日。

理人对动物负有管束的义务,其必须对动物所具有的危险性负责,保证动物不至于造成他人损害,而一旦造成损害,动物饲养人或者管理人就应当承担民事责任,除非具有法定的免责事由。本案中双方争议的焦点为乙是否应当对甲的损害后果承担民事责任。法院经审理认为,乙饲养大型拉布拉多犬在领取养犬证后未再进行年检,违规出门遛犬,具有过错;甲携没有领取养犬证的泰迪犬出门亦具有过错,双方均已受到相应的行政处罚。但事发当天,乙未对其饲养的拉布拉多犬进行牵引,对犬只管束不力,导致犬只跑来撕咬甲手牵的泰迪犬,由此造成甲摔倒受伤,进而造成甲产生经济损失,乙存在过错,应当承担全部责任。故判决乙支付甲各项赔偿金共计19万余元。

法院提示与建议

饲养动物致人损害不仅包括动物直接伤人,还包括被侵权人受惊吓跌倒损伤等。因此饲养人在饲养、管理动物的过程中,尤其在将动物带至公共区域时要着重注意对动物的管束。同时,要注意禁止儿童外出遛狗,老年人也有必要自我评估身体条件是否适合养犬,即使养犬也要按照规定进行登记、年检,外出遛狗要谨慎小心,做好自我防护。

(三) 裁判依据

《中华人民共和国民法典》

第一百二十条 民事权益受到侵害的,被侵权人有权请求侵权人承担侵权责任。

第一千二百四十五条 饲养的动物造成他人损害的,动物饲养人或者管理人应当承担侵权责任;但是,能够证明损害是因被侵权人故意或者重大过失造成的,可以不承担或者减轻责任。

第一千二百四十六条 违反管理规定,未对动物采取安全措施造成他人损害的,动物饲养人或者管理人应当承担侵权责任;但是,能够证明损害是因被侵权人故意造成的,可以减轻责任。

第一千二百四十七条 禁止饲养的烈性犬等危险动物造成他人损害的,动物饲养人或者管理人应当承担侵权责任。

第一千二百四十八条 动物园的动物造成他人损害的,动物园应当承担侵权责任;但是,能够证明尽到管理职责的,不承担侵权责任。

第一千二百四十九条 遗弃、逃逸的动物在遗弃、逃逸期间造成他人损害的,由动物原饲养人或者管理人承担侵权责任。

第一千二百五十条 因第三人的过错致使动物造成他人损害的,被侵权人可以向动物饲养人或者管理人请求赔偿,也可以向第三人请求赔偿。动物饲养人或者管理人赔偿后,有权向第三人追偿。

第一千二百五十一条 饲养动物应当遵守法律法规,尊重社会公德,不得妨碍他人生活。

十四、建筑物和物件损害责任纠纷

（一）最高人民法院公报案例及典型案例

078. 因公共交通道路上遗撒的物品受伤，无法确定具体侵权人时，具体负责道路清扫的责任单位是否应当承担责任[①]

姚友民与东台市城市管理局、东台市环境卫生管理处公共道路妨碍通行责任纠纷案

裁判摘要

在公共交通道路上堆放、倾倒、遗撒妨碍他人通行的物品，无法确定具体行为人时，环卫机构作为具体负责道路清扫的责任单位，应当根据路面的实际情况制定相应的巡查频率和保洁制度，并在每次巡查保洁后保存相应的记录，保持路面基本见本色，保障安全通行。环卫机构未能提供其巡回保洁和及时清理的相关记录，应当认定其未尽到清理、保洁的义务，对他人因此受伤产生的损失，依法应承担相应的赔偿责任。

原告：姚友民。

[①] 参见《最高人民法院公报》2015年第1期。

被告：东台市城市管理局，住所地：江苏省东台市望海东路。

法定代表人：刘烨，该局局长。

被告：东台市环境卫生管理处，住所地：江苏省东台市新民南路。

法定代表人：丁杰，该处主任。

原告姚友民因与被告东台市城市管理局（以下简称城管局）、东台市环境卫生管理处（以下简称环卫处）发生公共道路妨碍通行纠纷，向江苏省东台市人民法院提起诉讼。

原告姚友民诉称： 2011年10月9日上午9点左右，姚友民骑电动自行车行至东台市东达路与红兰路交叉路口时，因路面存在油污且路面刚洒水很潮湿而摔倒，造成右胫腓骨开放性骨折，经鉴定构成十级伤残，需要进行二次手术。被告城管局、环卫处管理存在瑕疵，没有尽到相应的管理注意义务，应依照《中华人民共和国侵权责任法》第八十九条规定承担连带赔偿责任。故要求两被告连带赔偿各项损失52268元。

被告城管局辩称： 城管局是行政管理单位，不应承担民事赔偿责任，请求驳回原告姚友民的诉讼请求。

被告环卫处辩称： 原告姚友民诉称无事实依据和法律依据，请求驳回原告的诉讼请求。

江苏省东台市人民法院一审查明：

2011年10月9日上午9时左右，原告姚友民驾驶电动自行车由西向东行驶至东台市东达路与红兰路交叉路口，实施右转弯向南驶入红兰路的过程中，因路面遗有油污且有水，致原告驾驶的电动自行车滑倒后受伤。原告受伤后即向东台市公安局交通巡逻警察大队报警，接处警民警季勇到现场进行拍照，从照片可见，事发地红兰路上有两处油污：一处油污在红兰路路西，另一处油污接近红兰路的中心线，油污与水融在一起占地面积超过0.5平方米。

事故发生当日，原告姚友民即到东台市人民医院进行治疗，经诊断为右胫腓骨开放性骨折，住院18天，住院期间支出医疗费12718.34元，门诊支出医药费 624.40 元。

2012 年 4 月 13 日，原告姚友民自行委托东台市人民医院司法鉴定所对其伤残等级、误工、护理、营养期限及二次手术费用进行法医学鉴定。2012 年 4 月 25 日，东台市人民医院司法鉴定所出具法医学鉴定意见书，鉴定意见：被鉴定人姚友民右踝部损伤致右踝功能丧失 25%以上（不足 50%）构成十级伤残；被鉴定人误工期限从受伤之日至今，护理期限四个月（住院期间 2 人护理，其余时间 1 人护理），营养期限二个月；被鉴定人取除钢板内固定费用约需人民币 6000 元。

另查明，原告姚友民受伤前系盐城世纪联华超市有限公司东台店的劳务工。原告因本起事故受伤，原告所在单位自 2011 年 10 月 9 日至 2012 年 4 月 25 日止按净工资 1900 元/月的 75%即 1425 元/月向其发放工资。

以上事实，有原告姚友民提供的公安机关工作人员出具的证明、现场照片、出院记录、药费收据、用药清单、司法鉴定意见书、当事人庭审中的陈述等证据在卷予以证实。

本案一审的争议焦点为：1. 被告城管局和环卫处是否应当承担赔偿责任；2. 原告姚友民自身对损害是否有过错；3. 双方承担责任的比例如何划分；4. 原告主张的损失是否合理。

东台市人民法院一审认为：

针对第一个争议焦点：城管局的主要职责为贯彻和实施国家及本市区有关城市管理方面的法律、法规及规章，治理和维护城市管理秩序等。环卫处的职责主要是对辖区建筑垃圾及其他渣土实施管理，负责辖区范围内的主次干道、公共场所和各单位委托的卫生保洁，各种生活废弃物的清运和处置等工作等。故城管局并非道路清洁的直接维护单位，不应当承担赔偿责任。

根据江苏省《城市市容和环境卫生管理条例》实施办法第四条规定"市、县（市）人民政府建设行政主管部门，或者市、县（市）人民政府指定的行政主管部门，负责本行政区域的城市市容和环境卫生管理工作"，第二十三条规定"城市主要街道、广场和公共水域的清扫、清捞和保洁,由环境卫生专业单位负责",故负责事发路段的保洁单位应当为环卫处。

本案中的事故发生地道路保洁等级属于二级。依据《江苏省城市环境卫生作业服务质量标准》规定,道路保洁的通用质量要求:路面冲洗应23:00-1:00之间进行;冲洗后路面应干净,下水口不应堵塞。二级道路保洁质量要求:主要路段应巡回保洁,路面基本见本色。在本案的审理中被告环卫处未能提供其巡回保洁和及时清理的相关记录,故应当认定环卫处未尽到清理、保洁的义务,对原告姚友民受伤产生的损失,依法应承担相应的赔偿责任。

针对第二个争议焦点:依据《中华人民共和国道路交通安全法》第三十六条的规定"根据道路条件和通行需要,道路划分为机动车道和非机动车道的,机动车、非机动车、行人应当分道通行,没有划分机动车道和非机动车道的,机动车在道路中间通行,非机动车和行人在道路两侧通行",第五十七条的规定"驾驶非机动车在道路上行驶应当遵守有关交通安全的规定。非机动车应当在非机动车道内行驶;没有非机动车道的,应当靠车行道的右侧行驶",原告姚友民滑倒受伤的道路属城市道路,原告作为成年人,应当具备安全通行的基本常识,其驾驭电动自行车应当注意自身安全,而原告驾驶非机动车行驶在机动车道路,显然不符合道路交通安全法对非机动车通行的规定,并且原告对前方道路的地面情况疏于观察,遇有情况处理不当,因此原告自身存在过错,应当对事故负有责任。

针对第三个争议焦点:原告姚友民驾驶非机动车严重违反《中华人民共和国道路交通安全法》的规定进入机动车道,并且未尽到谨慎驾驶的义务,故应当认定对本事故承担主要责任。被告环卫处作为承担事发路段清洁工作的直接义务人,该事发路段属于人流密集处,理应加强保洁工作和制定相应的保洁制度,并在每次巡回保洁结束之后保存相应的记录。被告环卫处在庭审中未能提供证据证明其根据规定完成保洁义务,故环卫处应当对事故承担次要责任。根据双方当事人的过失大小及事故发生的原因力比例,酌定环卫处对原告受伤产生的合理损失承担 20%的赔偿责任，原告姚友民自负 80%的责任。

针对第四个争议焦点：关于医疗费，根据医疗机构出具的医药费、住院费等收款凭证，结合出院记录等相关证明，认定医疗费 13342.74 元；关于误工费，根据法医学鉴定意见，确定原告姚友民误工时间从受伤之日至定残前一天为 6.5 个月，原告受伤后其所在单位按原告收入 1900 元/月的 75%向原告发放病假工资 1425 元，故原告因误工而实际减少的收入为 3087.50 元（6.5 个月×每月 475 元/月）；关于护理费，根据法医学鉴定意见确定的护理人数和护理期限，参照当地护工人员的劳务报酬每日 53 元的标准计算，认定护理费 7314 元（18 天×2 人/天×53 元/天+102 天×1 人/天×53 元/天）；关于原告主张的精神损害抚慰金，鉴于本起事故的主要责任在原告自身，原告要求被告给付精神损害抚慰金不符合相关规定，依法不予支持。原告受伤产生的合理损失为：医疗费 13342.74 元、住院伙食补助费 324 元、营养费 540 元、护理费 7314 元、误工费 3087.50 元、残疾赔偿金 52682 元、二次手术费 6000元、交通费 200 元、鉴定费 960 元，合计 84450.24 元，由被告环卫处承担原告合理损失的 20%即 16890 元，其余损失由原告自负。

综上，公民的生命健康权受法律保护，东台市人民法院依照《中华人民共和国侵权责任法》第十六条、第八十九条，最高人民法院《关于审理道路交通事故损害赔偿案件适用法律若干问题的解释》第十条，最高人民法院《关于审理人身损害赔偿案件适用法律若干问题的解释》第十九条、第二十条、第二十一条、第二十二条、第二十三条、第二十五条，最高人民法院《关于民事诉讼证据的若干规定》第二条之规定，于 2013 年 2 月 21 日判决如下：

一、被告东台市环境卫生管理处于本判决生效之日起 30 日内赔偿原告姚友民受伤产生的各项损失 16890 元；

二、驳回原告姚友民的其他诉讼请求。

一审宣判后，姚友民不服，提起上诉称：一、一审法院认定事实清楚，但判决城管局不承担责任错误，判决环卫处仅承担20%的赔偿责任有失公正。城管局和环卫处未尽到管理注意义务，应当判决两单位承担不低于50%的赔偿责任。1. 根据江苏省《城市市容和环境卫生管理条例》第五十一条第（十）项的规定，车辆行驶中的抛洒滴漏污染道路的，城管局应当纠正违法行为、采取补救措施并作出处罚。城管局在本案审理过程中未能提供路政巡查记录，其在管理中存在明显瑕疵。2. 环卫处未能提供对城市道路养护清洁记录，不能够证明其已经按照城市道路的日常清洁标准及频率来清洁事故路面。二、一审法院对上诉人的合理损失审查有误。上诉人的误工工资不仅仅是每月工资的25%，还包括上诉人的月奖金及满勤奖、年终奖。上诉人的精神抚慰金也应当依法予以支持。三、一审法院判令上诉人承担的诉讼费比例错误。上诉人在一审中仅主张了总损失的50%，诉讼费也是按照总损失的50%缴纳的，一审法院判决第二被上诉人承担总损失的20%的赔偿责任，却只承担诉讼费的20%，明显错误。综上，请求二审法院撤销一审判决，改判支持上诉人的一审诉讼请求。

上诉人环卫处不服一审法院的判决，提起上诉称：一、一审认定上诉人姚友民跌倒是因为路面遗有油污且有水，无事实和法律依据。根据民诉法及民事诉讼证据规则的规定，当事人对其提供的诉求有举证的义务。而本案中，一审法院仅凭姚友民的陈述、存有瑕疵的公安机关工作人员的证明、现场照片就认定案件缺乏依据。二、一审法院审理程序违法。1. 一审法院将姚友民私自委托的鉴定机构作出的司法鉴定意见书作为证据使用，侵害了上诉人的合法权益。2. 环卫处有特殊地位，在类似判决中有不承担民事责任的案例，可一审法院对此只字不提，损害了上诉人的合法权益。综上，请求二审法院依法改判上诉人不承担责任或将案件发回重审。

被上诉人城管局答辩称：城管局是政府职能部门，目前主要职责是管理城市、纠正违法行为，履行的是行政处罚职能，本案中城管局没有过错，依法不应承担民事责任,故一审判决就城管局的责任认定,并无不当。请求二审法院依法驳回上诉人姚友民对我单位的上诉请求。

本案在审理过程中,上诉人姚友民向法院提供了一份盐城世纪联华超市有限公司东台店的证明,内容为:由于姚友民2011年休病假69天,2012年休病假60天,按公司规定免发2011年和2012年两年一次性奖金,奖金额是一个月的档案工资。

盐城市中级人民法院经二审,确认了一审认定的事实。

盐城市中级人民法院二审认为:

本案的争议焦点是:一、上诉人环卫处和城管局是否应当对案涉事故承担损害赔偿责任。二、上诉人姚友民自身应承担的责任比例以及可以获得赔偿数额应如何确定。

关于第一个争议焦点,上诉人姚友民在一审中为证明其跌倒受伤的原因,向一审法院提供东台市公安局交通巡逻警察大队的证明以及事故现场的照片,从现场照片反映的情况看,路面油污痕迹明显、洒水痕迹未干,姚友民本人蹲坐在事故现场。上诉人环卫处对姚友民跌倒是否是因为路面遗有油污且有水提出质疑,但除其口头提出的异议外,未能提供其他有效证据推翻姚友民提出的证据,因此一审认定姚友民驾驶电动自行车滑倒受伤系道路上存在油污引起有事实依据。根据《江苏省城市市容和环境卫生管理条例》第十三条之规定,道路出现毁损、污染的,所有权人或者维护管理单位应当及时维修、更换或清洗。从本案的诉讼主体看,环卫处应是直接的维护管理单位。事故发生地的道路保洁等级为二级,属于应当巡回保洁的路段。环卫处在本案审理过程中未能提供具体的巡回保洁制度,未能提供事发当天进行巡回保洁的具体记录,不能够证明其已经按照城市道路的日常清洁标准及频率来清洁事故路面。现场照片也已经证明环卫处未能根据要求履行保洁义务。因此,环卫处应当承担相应的赔偿责任。城管局并非道路清洁的直接维护管理单位,在本案中不应承担责任。

关于争议焦点二，作为承担路面巡回清洁义务的环卫处应当根据路面的实际状况制定相应的巡查频率及保洁制度。从事故发生的地点看，该路段保洁等级为二级，属于人流量较多路段；从事故发生的时间看，上午 9 点属于路面人流量较多的时间段；从本案现场照片反映的情况看，油污面积非常明显且在道路交叉路口，因此，一审判令环卫处承担 20% 的责任，姚友民承担 80% 的责任，责任比例分配明显不当。据此，法院将责任比例调整为环卫处承担 40% 的责任，姚友民自身承担 60% 的责任。

在损失数额的认定上，上诉人环卫处认为上诉人姚友民提供的法医学鉴定是其单方委托鉴定，不能作为确定损失的依据，但其未能举证证明该鉴定结论存在明显不当之处，故可以以该鉴定结论作为确定赔偿的依据。姚友民主张其损失包括按公司规定免发 2011 年和 2012 年两年一次性奖金。法院认为，奖金是单位对其员工在综合考评之后给予的奖励，其涉及的因素较多，姚友民提供的证据不足以证明其损失与案涉事故间存在完全的因果关系。一审根据姚友民受伤前直接的工资损失确定赔偿依据，符合法律规定。

综上，上诉人姚友民因路面油污致其在驾驶电动车时滑倒受伤，上诉人环卫处作为直接承担道路清洁义务的维护管理单位应当根据其过错承担相应的责任，环卫处认为其不应承担责任的上诉理由不能成立。姚友民要求被上诉人城管局承担责任的上诉理由亦不能成立，依法不予支持。一审对案涉纠纷责任比例分配不当，依法予以改判。根据本案的实际情况，法院依法判令环卫处承担 40% 的赔偿责任，其赔偿数额为 84450.24 元×40% = 33780 元（精确到个位数）。据此，盐城市中级人民法院依据《中华人民共和国民事诉讼法》第一百七十条第一款第（二）项之规定，判决如下：

一、维持东台市人民法院（2012）东民初字第 1043 号民事判决的第二项，即驳回姚友民的其他诉讼请求；

二、变更东台市人民法院（2012）东民初字第 1043 号民事判决的第一项为：东台市环境卫生管理处于本判决生效之日起 30 日内赔偿姚友民受伤产生的各项损失 33780 元。

本判决为终审判决。

079. 禁止从建筑物中抛掷物品，进一步完善了高空抛物的治理规则[①]

> **典型意义**
>
> 本案是人民法院首次适用《中华人民共和国民法典》第一千二百五十四条判决高空抛物者承担赔偿责任，切实维护人民群众"头顶上的安全"的典型案例。《中华人民共和国民法典》侵权责任编明确禁止从建筑物中抛掷物品，进一步完善了高空抛物的治理规则。本案依法判决高空抛物者承担赔偿责任，有利于通过公正裁判树立行为规则，进一步强化高空抛物、坠物行为预防和惩治工作，也有利于更好地保障居民合法权益，切实增强人民群众的幸福感、安全感。

基本案情：2019 年 5 月 26 日，庾某娴在位于广州杨箕的自家小区花园散步，经过黄某辉楼下时，黄某辉家小孩在房屋阳台从 35 楼抛下一瓶矿泉水，水瓶掉落到庾某娴身旁，导致其惊吓、摔倒，随后被送往医院救治。次日，庾某娴亲属与黄某辉一起查看监控，确认了上述事实后，双方签订确认书，确认矿泉水瓶系黄某辉家小孩从阳台扔下，同时黄某辉向庾某娴支付 1 万元赔偿。庾某娴住院治疗 22 天才出院，其后又因此事反复入院治疗，累计超过 60 天，且被鉴定为十级伤残。由于黄某辉拒绝支付剩余治疗费，庾某娴遂向法院提起诉讼。

[①]《人民法院贯彻实施民法典典型案例（第一批）》（2022 年 2 月 25 日发布），十三、庾某娴诉黄某辉高空抛物损害责任纠纷案，载最高人民法院网 https://www.court.gov.cn/zixun-xiangqing-347181.html，最后访问日期：2023 年 6 月 28 日。

裁判结果： 生效裁判认为，庾某娴散步时被从高空抛下的水瓶惊吓摔倒受伤，经监控录像显示水瓶由黄某辉租住房屋阳台抛下，有视频及庾某娴、黄某辉签订的确认书证明。双方确认抛物者为无民事行为能力人，黄某辉是其监护人，庾某娴要求黄某辉承担赔偿责任，黄某辉亦同意赔偿。涉案高空抛物行为发生在民法典实施前，但为了更好地保护公民、法人和其他组织的权利和利益，根据《最高人民法院关于适用〈中华人民共和国民法典〉时间效力的若干规定》第十九条规定："民法典施行前，从建筑物中抛掷物品或者从建筑物上坠落的物品造成他人损害引起的民事纠纷案件，适用民法典第一千二百五十四条的规定。"2021年1月4日，审理法院判决黄某辉向庾某娴赔偿医疗费、护理费、交通费、住院伙食补助费、残疾赔偿金、鉴定费合计8.3万元；精神损害抚慰金1万元。

（二）地方法院典型案例

080. 多个物件脱落共同造成他人损害，由直接侵权人承担责任[①]

基本案情： 林某君、王某庆、孙某分别系深圳市南山区某社区七期21栋109号房、1009号房、909号房的业主，凤华物业中心系该小区的物业管理公司。2018年9月21日，王某庆房屋坠落的两颗螺丝砸碎孙某房屋外沿的钢化玻璃后，连同玻璃碎片坠落到林某君房屋阳台的安全棚上，致使安全棚损坏。林某君遂诉至法院，要求王某庆、孙某和凤华物业中心共同赔偿其安全棚损害费5600元及相关损失。

裁判结果： 深圳市南山区人民法院经审理认为，林某君为其诉求提供了

[①] 《广东法院涉高空抛物、坠物十大典型案例》（2020年5月14日发布），林某君诉王某庆等财产损害赔偿纠纷案——多个物件脱落共同造成他人损害，由直接侵权人承担责任，载广东法院网，https://www.gdcourts.gov.cn/gsxx/quanweifabu/anlihuicui/content/post_1046348.html，最后访问日期：2023年6月28日。

照片、报警回执、收据、微信聊天记录截图等证据，已尽到基本举证责任。王某庆未到庭应诉，亦未对林某君的主张及证据提出异议。结合法院依法向公安机关调取的《出警录音录像》、现场照片，现场照片显示涉案安全棚被坠落的螺丝及玻璃碎片砸坏、王某庆房屋阳台上散落的螺丝与坠落的螺丝外观相同等，已达到高度盖然性的证明标准，故认定王某庆系侵权人，应承担赔偿责任。鉴于孙某房屋外沿的钢化玻璃显而易见是由坠落的螺丝砸碎，且林某君未能提交充分证据证明孙某、风华物业中心对涉案安全棚的损坏存在过错，故林某君要求孙某、风华物业中心承担赔偿责任的依据不足，不予支持。2019年6月25日，判决王某庆赔偿林某君安全棚损失共计5600元。该判决已生效。

典型意义

多个物件脱落、坠落共同造成他人损害，损害结果能够确定是由于具体侵权人的行为直接造成的，应适用一般侵权责任规则，由直接侵权人承担责任，其他坠落物的所有人或管理人没有明显过错的，不承担责任。本案中，人民法院通过举证责任分配规则推动当事人积极查找证据，同时加大依职权调查取证力度，充分运用日常生活经验法则，最大限度查找确定直接侵权人，有效地维护了被侵权人的合法权益。

081. 宠物高空坠落致人损害，饲养人应承担赔偿责任[①]

基本案情：2019年8月6日上午10时许，彭某涛将其名下粤G76Z19号车辆停放在珠海市香洲区吉大嘉年华国际公寓楼下划定的地面停车位上，该停车位处于嘉年华国际公寓2124号房阳台外对应的地面位置。当日上午11

---

① 《广东法院涉高空抛物、坠物十大典型案例》（2020年5月14日发布），彭某涛诉林某凤等财产损害纠纷案——宠物高空坠落致人损害，饲养人应承担赔偿责任，载广东法院网，https://www.gd-courts.gov.cn/gsxx/quanweifabu/anlihuicui/content/post_1046348.html，最后访问日期：2023年6月28日。

时许，嘉年华国际公寓的保安于巡逻时发现一白色犬只从公寓楼高层坠落并砸中彭某涛的车辆，导致彭某涛车辆受损。彭某涛到达现场后立即报警处理，经调查，坠楼小狗系居住在坠落现场上方21楼的住户即林某凤与何某央所饲养。彭某涛诉至法院，要求林某凤与何某央承担损害赔偿责任。

裁判结果：珠海市香洲区人民法院经审理认为，林某凤与何某央作为案涉坠楼犬只的管理人，未依法履行管理义务，对饲养的宠物犬疏于管理，以致宠物犬在活动过程中从阳台坠落砸中彭某涛的车辆，给彭某涛造成损失，应承担赔偿责任。彭某涛将车辆停放于小区物业公司划定的地面停车位上，林某凤与何某央提交的证据不足以证明彭某涛对于车辆的损失存在主观故意或者重大过失，故不能减轻二人的侵权责任。2020年1月9日，判决林某凤、何某央赔偿彭某涛损失1万元。该判决已生效。

典型意义

高空抛物、坠物行为损害人民群众人身、财产安全，极易造成人身伤亡和财产损失，引发社会矛盾纠纷。本案犬只饲养人疏于管理，以致犬只坠落砸损他人财物，饲养人应承担相应赔偿责任。该案判决正确适用侵权责任法的规定，依法判决侵权人承担侵权责任，保护了人民群众财产安全，同时，警醒动物饲养人要严格饲养动物管理，做好安全防护措施，避免发生类似安全事故。

十四、建筑物和物件损害责任纠纷

082. 物业管理人未有效履行管理维护职责，应承担过错赔偿责任[①]

基本案情：2017年8月23日，第13号强台风"天鸽"在广东沿海地区登陆，并正面吹袭中山。中山市政府有关职能部门先后多次发出紧急预警通知，启动强台风Ⅰ级应急响应，将台风预警信号升级为红色，要求各行业和广大居民切实做好避风防风措施。当日上午11时30分许，何某福驾车载其11岁女儿何某途经中山市某小区时，将车辆停放在小区外的公路边，被小区楼顶坠落的一根长约6米、直径10公分的钢管斜插入车厢顶，造成何某严重受伤。经鉴定，何某构成三级伤残、七级伤残各一项。何某遂诉至法院，要求广州某物业公司中山分公司、广州某物业公司等承担共同赔偿责任。

裁判结果：中山市中级人民法院经审理认为，广州某物业公司中山分公司作为该小区的物业公司，负有对管理区域内建筑物的公用设施进行检查、维修等职责。事发当日系强台风天气，中山分公司疏于防范或工作不到位，导致小区楼顶构筑物装饰架的一钢柱脱落酿成损害事故，应依法承担相应损害赔偿责任。在强台风天气情况下，何某的监护人即其父母无视风险带何某外出，由此导致损害事故发生，其父母负有一定的责任，酌定由何某的父母对本案损害事故承担30%的责任。2020年2月19日，判决广州某物业公司中山分公司、广州某物业公司共同向何某赔偿各项损失合计95万元。

[①] 《广东法院涉高空抛物、坠物十大典型案例》（2020年5月14日发布），何某诉广州某物业公司中山分公司等物件坠落损害责任纠纷案——物业管理人未有效履行管理维护职责，应承担过错赔偿责任，载广东法院网，https://www.gdcourts.gov.cn/gsxx/quanweifabu/anlihuicui/content/post_1046348.html，最后访问日期：2023年6月28日。

典型意义

> 本案发生于强台风"天鸽"登陆前的特殊天气条件下，虽然受害人的监护人在此次事故中负有一定过错，但物业公司作为小区管理人，在强台风来临前未切实履行好相关物业的检查、管理和维护义务，存在管理上的过错，与损害结果的发生存在因果关系，应依法承担损害赔偿责任。本案判决正确处理了特殊天气、受害人本人以及物业公司之间的关系，合理界定三者对损害结果的作用力和责任比例，依法维护了受害人的合法权益。

083. 建筑物件坠落致人损害，发包人和施工人共同承担赔偿责任[①]

基本案情：2018年1月10日，聂某途经佛山市南海区大沥镇黄岐白沙陈溪新村南九街5号房屋南侧时，头部被涉案房屋坠落物砸中受伤。事故发生后，聂某被送往医院救治，同年3月6日出院。经鉴定，聂某颅脑损伤致左侧面瘫构成八级伤残，颅脑损伤致嗅觉功能丧失构成十级伤残。涉案房屋为陈某所有，案发时房屋正由龙某承建施工，龙某没有建筑施工资质。聂某诉至法院，请求陈某、龙某支付伤残赔偿及精神损害抚慰金共47万元。

裁判结果：佛山市南海区人民法院经审理认为，综合本案证据分析，砸伤聂某的坠落物应是龙某承揽的涉案房屋加建工程的工地搁置物、悬挂物发生脱落、坠落所致。龙某作为施工人员未提供证据证明其无过错，应对聂某受伤承担赔偿责任。涉案房屋在5层以上进行加建，陈某作为房屋所有人和工程发包人，将加建工程发包给没有相关资质和不具备安全施工条件的龙某，

---

① 《广东法院涉高空抛物、坠物十大典型案例》（2020年5月14日发布），聂某诉陈某等物件损害责任纠纷案——建筑物件坠落致人损害，发包人和施工人共同承担赔偿责任，应承担过错赔偿责任，载广东法院网，https://www.gdcourts.gov.cn/gsxx/quanweifabu/anlihuicui/content/post_1046348.html，最后访问日期：2023年6月28日。

在选任施工人员上存在过失，应对聂某损失承担相应责任。综合两被告的过错程度，酌定龙某、陈某承担责任比例为70%、30%。聂某因伤致残，精神受到损害，龙某、陈某应支付聂某精神损害赔偿金。2019年8月15日，判决龙某支付赔偿款和精神损害赔偿金共17.2万元；陈某支付赔偿款和精神损害赔偿金共7.4万元。该判决已生效。

典型意义

《中华人民共和国民法典》第一千二百五十三条规定，建筑物、构筑物或者其他设施及其搁置物、悬挂物发生脱落、坠落造成他人损害，所有人、管理人或者使用人不能证明自己没有过错的，应当承担侵权责任。本案施工人在施工期间未尽到安全注意义务，导致物件坠落致人损害，应依法承担赔偿责任；而高层改建工程的发包人，因选任无资质的施工人员，也应对其过失承担相应责任。本案警醒发包人、施工人要合法、规范、文明施工，履行安全保障义务，避免施工过程中发生物件坠落事故。

084. 高空坠物引起损失的责任分担应如何划分[①]

基本案情：李某东与杨某均系成都市某小区业主，成都某物业公司系该小区物业服务公司。杨某与物业公司签订《车位服务协议》，对其车辆使用小区路面车位进行了约定，即杨某交纳停车服务费，物业公司提供停车管理服务。2021年7月24日22时30分左右，李某东告知物业公司其家房屋玻璃发生破裂。当晚24时30分左右，李某东房屋玻璃因破裂坠落，砸中杨某停放在小区路面的案涉车辆。后杨某修复车辆共计支付费用16312元。因协商

[①] 《四川省高级人民法院弘扬社会主义核心价值观典型案例》（2022年12月27日发布），四、李某东诉杨某、成都某物业公司物件脱落、坠落损害责任纠纷案，载四川省高级人民法院网站，http://scfy.scssfw.gov.cn/article/detail/2022/12/id/7080392.shtml，最后访问日期：2023年6月28日。

不成，杨某遂向法院起诉，要求李某东向其支付修车费 16312 元及交通损失费 625.41 元，同时要求成都某物业公司对上述请求承担连带责任。

裁判结果： 法院认为，李某东作为案涉房屋的所有人、管理人和使用人，在房屋窗户玻璃破裂后，应当知晓玻璃破裂坠落可能危及他人人身和财产安全，故有义务立即采取有效措施避免损害发生。虽然李某东在发现玻璃破裂后立即通知了小区物业公司，但其自身责任并不能因已通知物业公司而转移。根据《中华人民共和国民法典》第一千二百五十三条"建筑物、构筑物或者其他设施及其搁置物、悬挂物发生脱落、坠落造成他人损害，所有人、管理人或者使用人不能证明自己没有过错的，应当承担侵权责任。所有人、管理人或者使用人赔偿后，有其他责任人的，有权向其他责任人追偿"之规定，李某东在其房屋玻璃破裂后对玻璃坠落持放任态度，最终导致其房屋玻璃坠落砸损杨某车辆，李某东对此具有过错，应当承担侵权责任。成都某物业公司对杨某车辆未尽到安全保障的注意义务，杨某有权要求成都某物业公司承担相应侵权责任。故李某东与成都某物业公司之间虽然没有共同的过错，但二者行为共同导致了杨某车辆受损的损害后果。根据《中华人民共和国民法典》第一千一百七十二条"二人以上分别实施侵权行为造成同一损害，能够确定责任大小的，各自承担相应的责任；难以确定责任大小的，平均承担责任"之规定，遂判决李某东与成都某物业公司按 6：4 的比例对杨某承担赔偿责任。

典型意义

高空坠物致损问题在居民日常生活中屡见不鲜，一方面给小区居民的生命健康和财产安全带来了重大隐患，另一方面也给现代高楼层建筑的社会治理带来了挑战。本案合理划分了高空坠物引起损失的责任分担，以判决的形式有效实现定分止争，彰显了司法裁判在社会治理中的规则引领和价值导向作用，对于促进小区物业提升服务质量、强化公民对其房屋搁置物、悬挂物的安全管理意识、营造和谐友爱的邻里关系具有积极意义。

十四、建筑物和物件损害责任纠纷

085. 污水管道路的施工方和管理方，未设置安全警示标志，未采取有效的安全防护措施，造成他人损伤的，应承担侵权责任[①]

基本案情：2021年5月31日18时30分左右，未成年人李某某从奶奶家返回自己家的路上，通过某市政工程公司施工的污水管道路面时（当天下过雨），不慎跌入道路旁的某村李氏祠堂门前的池塘。当天20时30分许李某某被打捞起时，已没有生命体征，被宣告死亡。事后，未成年人李某某的父母李某、邹某与施工单位某市政工程公司因为赔偿问题未能达成一致意见，遂于2021年7月23日将某市政工程公司及其施工和管理方徐某、某村委会诉至法院。李某、邹某诉称因事发时，该路面在进行污水管道的施工，某市政工程公司、徐某作为污水管道路的施工方和管理方，未设置安全警示标志，未采取有效的安全防护措施，又将挖掘机停靠在道路中，未尽到安全保障义务，存在重大的过错。某村委会系池塘的所有者和管理者，疏于管理，在池塘边未尽到安全保障义务，与本案事故的发生也有一定的因果关系。故诉请法院判令：某市政工程公司、徐某共同赔偿李某、邹某各项经济损失30%的责任、某村委会赔偿李某、邹某各项经济损失20%的责任。

裁判结果：华安法院经审理认为，对无民事行为能力人李某某的溺亡，李某、邹某作为监护人负有重大监护过失责任，应自行承担各项损失总额60%的责任；某市政工程公司作为事故发生地道路污水管道施工方，没有在工地加设安全防护措施和警示标志，应承担各项损失总额15%的侵权赔偿责任；某村委会作为池塘的所与人和管理人没有尽到池塘的安全管理、防护及

[①]《权威发布！福建法院未成年人权益保护典型案例》（2022年5月30日发布），四、原告李某、邹某与被告某市政建设工程有限公司、徐某、某村村民委员会地面施工、地下设施损害责任纠纷案——农村未成年人风险防范保护问题，载福建高院微信公众号，https://mp.weixin.qq.com/s/DBfNh1IQ4Mu-FD-vZFKjailQ，最后访问日期：2023年6月28日。

警示的义务,应承担各项损失总额25%的侵权赔偿责任;徐某作为某市政工程公司的工作人员履行的是职务行为,在本次事故中不承担责任。

典型意义

近年来,随着我国乡村振兴的持续发展,乡村道路、城市基础设施建设等工程日渐增多,农村儿童的健康安全成长环境应备受关注。本案无民事行为能力人李某某只有4周岁,事发当天下暴雨,又因为地面施工路面泥泞不堪,加剧行走的危险性。如果本案未成年人的监护人、村委会和施工方都能具有风险预判防范意识和安全保障的法律意识,那么可以最大限度避免类似本案悲剧的发生。因此,本案的判决可以起到警示和教育作用,推动施工方、村委会、儿童监护人等主体切实履行安全保障义务,及时预判防范风险,加强未成年人保护,给未成年人健康成长创造良好环境。

(三)裁判依据

《中华人民共和国民法典》

第一百二十条 民事权益受到侵害的,被侵权人有权请求侵权人承担侵权责任。

第一千二百五十二条 建筑物、构筑物或者其他设施倒塌、塌陷造成他人损害的,由建设单位与施工单位承担连带责任,但是建设单位与施工单位能够证明不存在质量缺陷的除外。建设单位、施工单位赔偿后,有其他责任人的,有权向其他责任人追偿。

因所有人、管理人、使用人或者第三人的原因,建筑物、构筑物或者其他设施倒塌、塌陷造成他人损害的,由所有人、管理人、使用人或者第三人承担侵权责任。

第一千二百五十三条 建筑物、构筑物或者其他设施及其搁置物、悬挂物发生脱落、坠落造成他人损害，所有人、管理人或者使用人不能证明自己没有过错的，应当承担侵权责任。所有人、管理人或者使用人赔偿后，有其他责任人的，有权向其他责任人追偿。

第一千二百五十四条　禁止从建筑物中抛掷物品。从建筑物中抛掷物品或者从建筑物上坠落的物品造成他人损害的，由侵权人依法承担侵权责任；经调查难以确定具体侵权人的，除能够证明自己不是侵权人的外，由可能加害的建筑物使用人给予补偿。可能加害的建筑物使用人补偿后，有权向侵权人追偿。

物业服务企业等建筑物管理人应当采取必要的安全保障措施防止前款规定情形的发生；未采取必要的安全保障措施的，应当依法承担未履行安全保障义务的侵权责任。

发生本条第一款规定的情形的，公安等机关应当依法及时调查，查清责任人。

第一千二百五十五条　堆放物倒塌、滚落或者滑落造成他人损害，堆放人不能证明自己没有过错的，应当承担侵权责任。

第一千二百五十六条　在公共道路上堆放、倾倒、遗撒妨碍通行的物品造成他人损害的，由行为人承担侵权责任。公共道路管理人不能证明已经尽到清理、防护、警示等义务的，应当承担相应的责任。

第一千二百五十七条　因林木折断、倾倒或者果实坠落等造成他人损害，林木的所有人或者管理人不能证明自己没有过错的，应当承担侵权责任。

第一千二百五十八条　在公共场所或者道路上挖掘、修缮安装地下设施等造成他人损害，施工人不能证明已经设置明显标志和采取安全措施的，应当承担侵权责任。

窨井等地下设施造成他人损害，管理人不能证明尽到管理职责的，应当承担侵权责任。

《最高人民法院关于依法妥善审理高空抛物、坠物案件的意见》

三、坚持司法为民、公正司法，依法妥善审理高空抛物、坠物民事案件

8. 加强高空抛物、坠物民事案件的审判工作。人民法院在处理高空抛物、坠物民事案件时，要充分认识此类案件中侵权行为给人民群众生命、健康、财产造成的严重损害，把维护人民群众合法权益放在首位。针对此类案件直接侵权人查找难、影响面广、处理难度大等特点，要创新审判方式，坚持多措并举，依法严惩高空抛物行为人，充分保护受害人。

9. 做好诉讼服务与立案释明工作。人民法院对高空抛物、坠物案件，要坚持有案必立、有诉必理，为受害人线上线下立案提供方便。在受理从建筑物中抛掷物品、坠落物品造成他人损害的纠纷案件时，要向当事人释明尽量提供具体明确的侵权人，尽量限缩"可能加害的建筑物使用人"范围，减轻当事人诉累。对侵权人不明又不能依法追加其他责任人的，引导当事人通过多元化纠纷解决机制化解矛盾、补偿损失。

10. 综合运用民事诉讼证据规则。人民法院在适用侵权责任法第八十七条裁判案件时，对能够证明自己不是侵权人的"可能加害的建筑物使用人"，依法予以免责。要加大依职权调查取证力度，积极主动向物业服务企业、周边群众、技术专家等询问查证，加强与公安部门、基层组织等沟通协调，充分运用日常生活经验法则，最大限度查找确定直接侵权人并依法判决其承担侵权责任。

11. 区分坠落物、抛掷物的不同法律适用规则。建筑物及其搁置物、悬挂物发生脱落、坠落造成他人损害的，所有人、管理人或者使用人不能证明自己没有过错的，人民法院应当适用侵权责任法第八十五条的规定，依法判决其承担侵权责任；有其他责任人的，所有人、管理人或者使用人赔偿后向其他责任人主张追偿权的，人民法院应予支持。从建筑物中抛掷物品造成他人损害的，应当尽量查明直接侵权人，并依法判决其承担侵权责任。

12. 依法确定物业服务企业的责任。物业服务企业不履行或者不完全履行物业服务合同约定或者法律法规规定、相关行业规范确定的维修、养护、管理和维护义务，造成建筑物及其搁置物、悬挂物发生脱落、坠落致使他人损害的，人民法院依法判决其承担侵权责任。有其他责任人的，物业服务企业承担责任后，向其他责任人行使追偿权的，人民法院应予支持。物业服务企业隐匿、销毁、篡改或者拒不向人民法院提供相应证据，导致案件事实难以认定的，应当承担相应的不利后果。

13. 完善相关的审判程序机制。人民法院在审理疑难复杂或社会影响较大的高空抛物、坠物民事案件时，要充分运用人民陪审员、合议庭、主审法官会议等机制，充分发挥院、庭长的监督职责。涉及侵权责任法第八十七条适用的，可以提交院审判委员会讨论决定。

四、注重多元化解，坚持多措并举，不断完善预防和调处高空抛物、坠物纠纷的工作机制

14. 充分发挥多元解纷机制的作用。人民法院应当将高空抛物、坠物民事案件的处理纳入到建设一站式多元解纷机制的整体工作中，加强诉前、诉中调解工作，有效化解矛盾纠纷，努力实现法律效果与社会效果相统一。要根据每一个高空抛物、坠物案件的具体特点，带着对受害人的真挚感情，为当事人解难题、办实事，尽力做好调解工作，力促案结事了人和。

15. 推动完善社会救助工作。要充分运用诉讼费缓减免和司法救助制度，依法及时对经济上确有困难的高空抛物、坠物案件受害人给予救济。通过案件裁判、规则指引积极引导当事人参加社会保险转移风险、分担损失。支持各级政府有关部门探索建立高空抛物事故社会救助基金或者进行试点工作，对受害人损害进行合理分担。

16. 积极完善工作举措。要通过多种形式特别是人民群众喜闻乐见的方式加强法治宣传，持续强化以案释法工作，充分发挥司法裁判规范、指导、评价、引领社会价值的重要作用，大力弘扬社会主义核心价值观，形成良好社会风尚。要深入调研高空抛物、坠物案件的司法适用疑难问题，认真总结审判经验。对审理高空抛物、坠物案件中发现的新情况、新问题，及时层报最高人民法院。

十五、触电人身损害责任纠纷

（一）地方法院典型案例

086. 盗窃变压器过程中意外触电身亡系自身过错所致，正常使用变压器的单位不承担侵权责任[①]

基本案情：2020 年 4 月 12 日，李某伙同张某、文某驾车收购废品，并伺机寻找盗窃财物。当日 15 时许，张某驾车到綦江区通惠街道某路段，发现公路边有一箱式变压器。李某下车查看变压器情况并伺机盗窃，其余二人在车上为李某放风。李某在盗窃变压器过程中触电，张某和文某发现后将李某送医抢救，但李某在途中死亡。2022 年 1 月，李某的近亲属洪某等人提起诉讼，认为李某系上厕所不慎被电击身亡，某电力公司、某物流公司作为变压器共有人且未尽到安全保障义务，请求判令被告某电力公司、某物流公司共同赔偿原告方死亡赔偿金等损失共计 1111094.82 元。

裁判结果：重庆市綦江区人民法院经审理认为，事发时围墙内变压器设备系某物流公司的财产，故某电力公司并非本案适格被告。公安机关调查收集的证据证实，李某系在盗窃变压器过程中触电死亡，故洪某等人陈述李某

[①] 《重庆法院弘扬社会主义核心价值观典型案例（第五批）》（2023 年 6 月 22 日发布），四、洪某等诉某电力公司、某物流公司触电人身损害责任纠纷案，载重庆市高级人民法院微信公众号，https://mp.weixin.qq.com/s/GhOpvQgnz5FeUXFRURjILw，最后访问日期：2023 年 6 月 28 日。

系上厕所过程中不慎被电击身亡不属实。本案中，李某伙同他人秘密窃取某物流公司的变压器，在盗窃过程中触电死亡，系自身行为造成的，应自行承担相应后果。遂判决驳回洪某等人的全部诉讼请求。

宣判后，双方当事人均未上诉，该判决已生效。

> **典型意义**
>
> 　　本案是弘扬公正社会主义核心价值观的典型案例。李某在盗窃变压器过程中意外触电身亡系自身过错所致，某物流公司正常使用变压器，没有过错，不存在可能造成他人人身损害和财产损失的不合理风险，李某的死亡结果和某物流公司使用变压器的行为之间并无因果关系，不能归责于某物流公司，应自行承担相应后果。本案对李某的盗窃违法行为予以否定性评价，依法判决驳回洪某等人的全部诉讼请求，符合行为人因自身违法犯罪行为导致的损害由其自担风险的正义观，向社会传递公平正义的价值导向，有助于弘扬公正的社会主义核心价值观，实现法律效果和社会效果统一。

（二）裁判依据

《中华人民共和国民法典》

　　第一百二十条　民事权益受到侵害的，被侵权人有权请求侵权人承担侵权责任。

《中华人民共和国电力法》

　　第五十九条　电力企业或者用户违反供用电合同，给对方造成损失的，应当依法承担赔偿责任。

　　电力企业违反本法第二十八条、第二十九条第一款的规定，未保证供电质量或者未事先通知用户中断供电，给用户造成损失的，应当依法承担赔偿责任。

第六十条 因电力运行事故给用户或者第三人造成损害的，电力企业应当依法承担赔偿责任。

电力运行事故由下列原因之一造成的，电力企业不承担赔偿责任：

（一）不可抗力；

（二）用户自身的过错。

因用户或者第三人的过错给电力企业或者其他用户造成损害的，该用户或者第三人应当依法承担赔偿责任。

十六、义务帮工人受害责任纠纷

（一）地方法院典型案例

087. 义务帮工人帮工过程中受到人身损害索赔案[1]

裁判要旨

义务帮工人因帮工活动遭受人身损害的，被帮工人应当承担赔偿责任，但是帮工人对损害的发生也有过错的，可以减轻被帮工人的赔偿责任。

基本案情：高某承接闫某家彩钢棚维修工程后，将工程分包给杨乙负责，杨乙派遣杨甲进行施工时，杨甲从顶楼坠落，后经抢救无效死亡。经查，杨甲与杨乙是同乡，平时会把多余的活交给对方来做，本次施工，杨乙并未向杨甲支付工钱。杨甲的法定继承人杨某等诉至法院，请求判令高某、杨乙、闫某承担赔偿责任共计200余万元。

被告高某、杨乙、闫某辩称，和杨甲不存在劳务关系。杨甲作为专业的工作人员，施工时没有系绳，我们无过错。杨甲的居住证明有效期在事故发生时已经过期，不能按照北京赔偿标准执行。

---

[1]《义务帮工人帮工过程中受到人身损害索赔案——原告杨某等诉被告高某等义务帮工人受害责任案》，载北京市丰台区人民法院，https://ftqfy.bjcourt.gov.cn/article/detail/2020/06/id/5323539.shtml，最后访问日期：2023年6月28日。

裁判结果：北京市丰台区人民法院经审理认为，涉案彩钢棚工程的维修责任方为杨乙。杨乙承包彩钢棚工程后，其所寻找的建设工人中并不包含杨甲，杨甲仅是按照杨乙的通知提供维修服务，杨乙并未就此向杨甲支付相应费用。高某、杨乙共同确认杨乙曾将杨甲介绍给高某公司。杨乙确认"其与杨甲是同乡，平时谁活多干不过来了就把多余的活交给对方干"。综上，本院认定杨乙与杨甲之间并不存在雇佣关系，杨甲系基于杨乙的请求为其提供无偿劳务的帮工。

依据相关法律规定，帮工人因帮工活动遭受人身损害的，被帮工人应当承担赔偿责任。帮工人对损害的发生也有过错的，可以减轻侵权人的责任。杨乙作为被帮工人，依法应对杨甲在帮工过程中意外身亡承担相应赔偿责任。杨甲作为施工人，因过于自信在未采取安全措施的情况下进行施工，未尽到对自身安全防护的谨慎义务，其对事故的发生负有重要过失，应依法减轻杨乙相应的赔偿责任。本院根据案情、双方在事故中的具体行为以及杨甲系应杨乙的请求给予无偿帮工等情节，确定双方各承担百分之五十的责任。原告关于由闫某、高某承担连带责任的主张，无相应法律依据，本院不予支持。综上，本院参照北京市城镇居民标准，判决杨乙对原告承担110余万元的赔偿责任。

案件宣判后，原告杨某等，被告杨乙均提起上诉。二审驳回上诉，维持原判。

典型意义

义务帮工关系是指无偿、自愿为他人处理事务从而与他人形成的法律关系，帮工人提供无偿劳务的行为体现了社会生活中人与人之间相互帮助、相互关心的道德风尚。

本案在义务帮工受损责任承担的问题上，对义务帮工人的损害赔偿予以支持，是对义务帮工人助人为乐行为的充分肯定。本案通过严格把握归责原则在帮工人与被帮工人之间进行合理的责任分配，既做到让义务帮工的"热心肠"没有"后顾之忧"，又引导帮工人与被帮工人在帮工活动中树立安全防范的风险意识、尽职守则。

本案在确定赔偿的具体标准上，充分考虑案发时杨甲的暂住证虽已过期，但其一直居住在北京的实际情况，结合给予受害人公正、及时的损害赔偿救济和司法平等保护人权的价值追求，确认按照北京市城镇居民标准计算相关费用。本案宣判后，2019年9月，最高人民法院下发通知，授权各省高院在辖区内开展人身损害赔偿纠纷案件统一城乡居民赔偿标准试点，充分体现了司法对生命的尊重，也是对本案追求人人平等价值理念的一种肯定。

（二）裁判依据

《中华人民共和国民法典》

第一百二十条　民事权益受到侵害的，被侵权人有权请求侵权人承担侵权责任。

《最高人民法院关于审理人身损害赔偿案件适用法律若干问题的解释》

第四条　无偿提供劳务的帮工人，在从事帮工活动中致人损害的，被帮工人应当承担赔偿责任。被帮工人承担赔偿责任后向有故意或者重大过失的帮工人追偿的，人民法院应予支持。被帮工人明确拒绝帮工的，不承担赔偿责任。

第五条　无偿提供劳务的帮工人因帮工活动遭受人身损害的，根据帮工人和被帮工人各自的过错承担相应的责任；被帮工人明确拒绝帮工的，被帮工人不承担赔偿责任，但可以在受益范围内予以适当补偿。

帮工人在帮工活动中因第三人的行为遭受人身损害的，有权请求第三人承担赔偿责任，也有权请求被帮工人予以适当补偿。被帮工人补偿后，可以向第三人追偿。

十七、见义勇为人受害责任纠纷

（一）最高人民法院指导案例

088. 见义勇为的认定①

张庆福、张殿凯诉朱振彪生命权纠纷案

（最高人民法院审判委员会讨论通过　2018年12月19日发布）

关键词：民事/生命权/见义勇为

裁判要点

行为人非因法定职责、法定义务或约定义务，为保护国家、社会公共利益或者他人的人身、财产安全，实施阻止不法侵害者逃逸的行为，人民法院可以认定为见义勇为。

相关法条

《中华人民共和国侵权责任法》第六条

《中华人民共和国道路交通安全法》第七十条

基本案情：原告张庆福、张殿凯诉称：2017年1月9日，被告朱振彪驾

---

① 最高人民法院指导案例98号。

十七、见义勇为人受害责任纠纷

驶奥迪小轿车追赶骑摩托车的张永焕。后张永焕弃车在前面跑，被告朱振彪也下车在后面继续追赶，最终导致张永焕在迁曹线90公里495米处（滦南路段）撞上火车身亡。朱振彪在追赶过程中散布和传递了张永焕撞死人的失实信息；在张永焕用语言表示自杀并撞车实施自杀行为后，朱振彪仍然追赶，超过了必要限度；追赶过程中，朱振彪手持木凳、木棍，对张永焕的生命造成了威胁，并数次漫骂张永焕，对张永焕的死亡存在主观故意和明显过错，对张永焕的死亡应承担赔偿责任。

被告朱振彪辩称：被告追赶交通肇事逃逸者张永焕的行为属于见义勇为行为，主观上无过错，客观上不具有违法性，该行为与张永焕死亡结果之间不存在因果关系，对张永焕的意外死亡不承担侵权责任。

法院经审理查明：2017年1月9日上午11时许，张永焕由南向北驾驶两轮摩托车行驶至古柳线青坨鹏盛水产门口，与张雨来无证驾驶同方向行驶的无牌照两轮摩托车追尾相撞，张永焕跌倒、张雨来倒地受伤、摩托车受损，后张永焕起身驾驶摩托车驶离现场。此事故经曹妃甸交警部门认定：张永焕负主要责任，张雨来负次要责任。

事发当时，被告朱振彪驾车经过肇事现场，发现肇事逃逸行为即驾车追赶。追赶过程中，朱振彪多次向柳赞边防派出所、曹妃甸公安局110指挥中心等公安部门电话报警。报警内容主要是：柳赞镇一道档北两辆摩托车相撞，有人受伤，另一方骑摩托车逃逸，报警人正在跟随逃逸人，请出警。朱振彪驾车追赶张永焕过程中不时喊"这个人把人怼了逃跑呢"等内容。张永焕驾驶摩托车行至滦南县胡各庄镇西梁各庄村内时，弃车从南门进入该村村民郑如深家，并从郑如深家过道屋拿走一把菜刀，从北门走出。朱振彪见张永焕拿刀，即从郑如深家中拿起一个木凳，继续追赶。后郑如深赶上朱振彪，将木凳讨回，朱振彪则拿一木棍继续追赶。追赶过程中，有朱振彪喊"你怼死人了往哪跑！警察马上就来了"，张永焕称"一会儿我就把自己砍了"，朱振彪说"你把刀扔了我就不追你了"之类的对话。

走出西梁各庄村后，张永焕跑上滦海公路，有向过往车辆冲撞的行为。在被李江波驾驶的面包车撞倒后，张永焕随即又站起来，在路上行走一段后，转向铁路方向的开阔地跑去。在此过程中，曹妃甸区交通局路政执法大队副大队长郑作亮等人加入，与朱振彪一起继续追赶，并警告路上车辆，小心慢行，这个人想往车上撞。

张永焕走到迁曹铁路时，翻过护栏，沿路堑而行，朱振彪亦翻过护栏继续跟随。朱振彪边追赶边劝阻张永焕说："被撞到的那个人没事儿，你也有家人，知道了会惦记你的，你自首就中了。"2017年1月9日11时56分，张永焕自行走向两铁轨中间，51618次火车机车上的视频显示，朱振彪挥动上衣，向驶来的列车示警。2017年1月9日12时02分，张永焕被由北向南行驶的51618次火车撞倒，后经检查被确认死亡。

在朱振彪跟随张永焕的整个过程中，两人始终保持一定的距离，未曾有过身体接触。朱振彪有劝张永焕投案的语言，也有责骂张永焕的言辞。

另查明，张雨来在与张永焕发生交通事故受伤后，当日先后被送到曹妃甸区医院、唐山市工人医院救治，于当日回家休养，至今未进行伤情鉴定。张永焕死亡后其第一顺序法定继承人有二人，即其父张庆福、其子张殿凯。

2017年10月11日，大秦铁路股份有限公司大秦车务段滦南站作为甲方，与原告张殿凯作为乙方，双方签订《铁路交通事故处理协议》，协议内容："2017年1月9日12时02分，51618次列车运行在曹北站至滦南站之间90公里495处，将擅自进入铁路线路的张永焕撞死，构成一般B类事故；死者张永焕负事故全部责任；铁路方在无过错情况下，赔偿原告张殿凯4万元。"

裁判结果：河北省滦南县人民法院于2018年2月12日作出（2017）冀0224民初3480号民事判决：驳回原告张庆福、张殿凯的诉讼请求。一审宣判后，原告张庆福、张殿凯不服，提出上诉。审理过程中，上诉人张庆福、张殿凯撤回上诉。河北省唐山市中级人民法院于2018年2月28日作出（2018）冀02民终2730号民事裁定：准许上诉人张庆福、张殿凯撤回上诉。一审判决已发生法律效力。

裁判理由：法院生效裁判认为：张庆福、张殿凯在本案二审审理期间提出撤回上诉的请求，不违反法律规定，准许撤回上诉。

本案焦点问题是被告朱振彪行为是否具有违法性；被告朱振彪对张永焕的死亡是否具有过错；被告朱振彪的行为与张永焕的死亡结果之间是否具备法律上的因果关系。

首先，案涉道路交通事故发生后张雨来受伤倒地昏迷，张永焕驾驶摩托车逃离。被告朱振彪作为现场目击人，及时向公安机关电话报警，并驱车、徒步追赶张永焕，敦促其投案，其行为本身不具有违法性。同时，根据《中华人民共和国道路交通安全法》第七十条规定，交通肇事发生后，车辆驾驶人应当立即停车、保护现场、抢救伤者，张永焕肇事逃逸的行为违法。被告朱振彪作为普通公民，挺身而出，制止正在发生的违法犯罪行为，属于见义勇为，应予以支持和鼓励。

其次，从被告朱振彪的行为过程看，其并没有侵害张永焕生命权的故意和过失。根据被告朱振彪的手机视频和机车行驶影像记录，双方始终未发生身体接触。在张永焕持刀声称自杀意图阻止他人追赶的情况下，朱振彪拿起木凳、木棍属于自我保护的行为。在张永焕声称撞车自杀，意图阻止他人追赶的情况下，朱振彪和路政人员进行了劝阻并提醒来往车辆。考虑到交通事故事发突然，当时张雨来处于倒地昏迷状态，在此情况下被告朱振彪未能准确判断张雨来伤情，在追赶过程中有时喊话传递的信息不准确或语言不文明，但不构成民事侵权责任过错，也不影响追赶行为的性质。在张永焕为逃避追赶，跨越铁路围栏、进入火车运行区间之后，被告朱振彪及时予以高声劝阻提醒，同时挥衣向火车司机示警，仍未能阻止张永焕死亡结果的发生。故该结果与朱振彪的追赶行为之间不具有法律上的因果关系。

综上，原告张庆福、张殿凯一审中提出的诉讼请求理据不足，不予支持。

（二）地方法院典型案例

089. 见义勇为人受到损伤，是否可以要求受益人给予补偿[①]

基本案情：刘某松与刘某仁是邻居。2019年11月10日上午，刘某松晕倒在自家地窖，刘某仁为救刘某松进入地窖，二人均因急性二氧化碳中毒抢救无效死亡。2020年1月15日，刘某仁被莱西市委政法委、莱西市见义勇为协会授予"莱西市见义勇为模范"荣誉称号。事发后，刘某松的妻子王某某等人仅补偿刘某仁的家人1万元。刘某仁的家人遂将王某某等人诉至法院，要求补偿受害人损失10万余元。

裁判结果：莱西法院认为，刘某仁发现刘某松倒在地窖中，不顾自身安危实施救助，其行为符合见义勇为的基本特征，体现了中华民族助人为乐、危难相助的传统美德。本案中，刘某仁因救助地窖中的刘某松而二氧化碳中毒死亡，刘某松属于受益人。尽管刘某松没有被施救成功，但是刘某仁为了保护他人的民事权益尽了最大努力，并因此献出了宝贵的生命，即使最终未能避免损害的发生，也不妨碍其家属要求补偿的权利。经综合考量，法院酌定判决补偿款数额为3万元。

典型意义

见义勇为者是和平年代的英雄。他们身上集中展现出了关爱他人、心系社会的赤子情怀和临危不惧、舍生取义的英雄气概，值得我们每个人敬佩和学习。本案向社会公众明确传递出法律保护见义勇为者的强烈信号，

[①] 《2020年山东法院弘扬社会主义核心价值观十大典型案例》（2021年1月29日发布），四、见义勇为者死亡请求补偿案，载山东高法微信公众号，https://mp.weixin.qq.com/s/ZngTyNyPiMUM_x4FhjAJGA，最后访问日期：2023年6月28日。

对弘扬见义勇为、互帮互助、知恩图报的传统美德起到了积极宣传和引导作用。

（三）裁判依据

《中华人民共和国民法典》

第一百八十三条　因保护他人民事权益使自己受到损害的，由侵权人承担民事责任，受益人可以给予适当补偿。没有侵权人、侵权人逃逸或者无力承担民事责任，受害人请求补偿的，受益人应当给予适当补偿。

十八、公证损害责任纠纷

（一）地方法院典型案例

090. 公证机构未尽到充分审查核实义务致人损失的，应承担与过错相应的补充赔偿责任[①]

基本案情：张某甲与张某乙系姐弟关系，二人父母为张某丙、王某。张某丙于2006年2月8日去世，涉案房屋登记在王某名下。2013年1月某公证处分别作出第17号、第18号及第19号公证书，主要公证内容为：张某丙的妻子王某放弃对张某丙的遗产继承权，张某丙对涉案房屋享有的份额由张某乙一人继承；王某自愿将涉案房屋属于自己的份额赠与张某乙所有；王某委托案外人徐某办理涉案房屋的赠与、产权过户等相关手续。2013年1月，徐某与张某乙持三份公证书将涉案房屋所有权转移登记至张某乙名下。2013年4月，张某乙以涉案房屋为抵押物，向某银行办理190万元贷款。2014年3月，张某乙死亡，190万元未予偿还。后经鉴定，公证过程中的相关材料上"王某"签名均非本人所签。2014年8月，某公证处撤销涉案三份公证书。2015年8月，某银行以张某乙的继承人王某为被告提起金融借款合同纠纷之

[①] 《北京市第三中级人民法院弘扬社会主义核心价值观典型案例通报》（2022年8月4日发布），四、张某甲诉某公证处公证损害责任纠纷案——公证机构未尽到充分审查核实义务致人损失的，应承担与过错相应的补充赔偿责任，载北京市第三中级人民法院微信公众号，最后访问日期：https://mp.weixin.qq.com/s/N4akzzTv5trIRAaaGHIaOg：2023年6月28日。

诉，法院判决由王某偿还银行借款本金190万元及相应利息。该案执行过程中，王某死亡，张某甲代王某偿还190万元贷款。现张某甲将某公证处诉至法院，要求赔偿因过错公证行为造成的损失。

生效裁判：生效判决认为，经鉴定，涉案公证过程中相关材料上"王某"签名均非其本人所签，而某公证处未仔细核对王某身份证上载明的身份信息，亦未通过录音录像或拍照等方式留存王某办理公证事项的影音资料；且某公证处在对当事人进行询问时，已经了解到张某丙遗产的继承人包括王某、张某乙、张某甲三人，在委托事项涉及张某甲继承权处分的情况下，某公证处仅依据张某乙提交的异地公证处出具的公证书，即认定张某甲放弃继承张某丙遗产，既未仔细审查该份公证书的真实性及内容，也未向张某甲本人或异地公证处进一步进行核实，故某公证处在办理涉案公证事项时未依法尽到审查、核实义务，存在过错，且该过错使得张某乙持错误公证文书办理了涉案房屋的过户登记并取得银行的抵押贷款，因张某乙及其继承人王某先后死亡，最终由张某甲代张某乙偿还了190万元贷款，使张某甲产生了实际损失。故判决：某公证处按照30%的比例对张某甲遭受的实际损失进行赔偿。

> **典型意义**
>
> 本案系公证机构在办理公证事项过程中因未尽审查、核实义务而引起的侵权纠纷。本案中，某公证处作为依法设立的公证机构，在办理涉案公证事项中，未能严格依法依规尽到充分的审查、核实义务，导致后续一系列纠纷和损失的发生，其过错行为不仅损害了人民群众的切身利益，也有违社会主义核心价值观。某公证处应从本案中吸取教训，今后在办理继承权、赠与、委托等公证事项时，应加大审查、核实力度，避免发生公证错误，积极回应人民群众对公平正义的美好期待，从而营造全社会良好的法治氛围。

（二）裁判依据

《中华人民共和国民法典》

第一百二十条　民事权益受到侵害的，被侵权人有权请求侵权人承担侵权责任。

《中华人民共和国公证法》

第四十三条　公证机构及其公证员因过错给当事人、公证事项的利害关系人造成损失的，由公证机构承担相应的赔偿责任；公证机构赔偿后，可以向有故意或者重大过失的公证员追偿。

当事人、公证事项的利害关系人与公证机构因赔偿发生争议的，可以向人民法院提起民事诉讼。

《最高人民法院关于审理涉及公证活动相关民事案件的若干规定》

第一条　当事人、公证事项的利害关系人依照公证法第四十三条规定向人民法院起诉请求民事赔偿的，应当以公证机构为被告，人民法院应作为侵权责任纠纷案件受理。

第二条　当事人、公证事项的利害关系人起诉请求变更、撤销公证书或者确认公证书无效的，人民法院不予受理，告知其依照公证法第三十九条规定可以向出具公证书的公证机构提出复查。

第三条　当事人、公证事项的利害关系人对公证书所公证的民事权利义务有争议的，可以依照公证法第四十条规定就该争议向人民法院提起民事诉讼。

当事人、公证事项的利害关系人对具有强制执行效力的公证债权文书的民事权利义务有争议直接向人民法院提起民事诉讼的，人民法院依法不予受理。但是，公证债权文书被人民法院裁定不予执行的除外。

第四条　当事人、公证事项的利害关系人提供证据证明公证机构及其公证员在公证活动中具有下列情形之一的，人民法院应当认定公证机构有过错：

（一）为不真实、不合法的事项出具公证书的；

（二）毁损、篡改公证书或者公证档案的；

（三）泄露在执业活动中知悉的商业秘密或者个人隐私的；

（四）违反公证程序、办证规则以及国务院司法行政部门制定的行业规范出具公证书的；

（五）公证机构在公证过程中未尽到充分的审查、核实义务，致使公证书错误或者不真实的；

（六）对存在错误的公证书，经当事人、公证事项的利害关系人申请仍不予纠正或者补正的；

（七）其他违反法律、法规、国务院司法行政部门强制性规定的情形。

第五条 当事人提供虚假证明材料申请公证致使公证书错误造成他人损失的，当事人应当承担赔偿责任。公证机构依法尽到审查、核实义务的，不承担赔偿责任；未依法尽到审查、核实义务的，应当承担与其过错相应的补充赔偿责任；明知公证证明的材料虚假或者与当事人恶意串通的，承担连带赔偿责任。

第六条 当事人、公证事项的利害关系人明知公证机构所出具的公证书不真实、不合法而仍然使用造成自己损失，请求公证机构承担赔偿责任的，人民法院不予支持。

第七条 本规定施行后，涉及公证活动的民事案件尚未终审的，适用本规定；本规定施行前已经终审，当事人申请再审或者按照审判监督程序决定再审的，不适用本规定。

十九、防卫过当损害责任纠纷

（一）地方法院典型案例

091. 防卫过当人在造成不应有的损害范围内承担部分责任[①]

基本案情： 2020年4月12日0时30分许，张某与朋友聚餐后骑电动车回家途中把电动车停在路边，进入距离停车地点几十米远的杨某承包的种植地，之后闯入种植地内的马圈（事后，其解释为酒后进入种植地欲小解）。杨某被狗叫声惊醒后来到马圈，发现张某正伸手摸马，认为张某是偷马贼，便用钢条对其砍击、抽打，张某逃跑，杨某仍持钢条追打张某，造成张某多处砍伤、×××，后经鉴定属轻伤一级。杨某的邻居报警称有人盗窃未遂，后派出所民警到场处理。经公安机关立案侦查并移送检察机关，经检察机关审查，认为现有证据无法认定杨某主观上是出于伤害的故意对张某实施殴打行为，检察机关于2021年3月23日对杨某作出了不批准逮捕决定。现张某将杨某诉至法院，要求赔偿其因此次事故产生的医疗费、误工费、营养费等损失。

[①] 《北京市第三中级人民法院弘扬社会主义核心价值观典型案例通报》（2022年8月4日发布），三、张某诉杨某防卫过当损害责任纠纷案——防卫过当人在造成不应有的损害范围内承担部分责任，载北京市第三中级人民法院微信公众号，https://mp.weixin.qq.com/s/N4akzzTv5trIRAaaGHIaOg，最后访问日期：2023年6月28日。

生效裁判：三中院经审理认为，通过审查本案相关证据材料，杨某共对张某实施了三轮攻击行为：第一轮砍击行为系张某深夜闯入马圈引起，应属于正当防卫；在杨某已初步制止张某后，其又对张某进行的第二轮与第三轮砍击行为则属于超出必要限度的防卫行为。同时，综合不法侵害的手段、强度、危害程度和防卫的时机、手段、强度、损害后果等因素，张某当时手无寸铁，而杨某手持一米长的钢条进行防卫；杨某在第一轮砍击过后未及时报警，而是持续使用钢条砍击张某；杨某的防卫行为造成张某轻伤一级的损害后果，而杨某在此过程中没有受伤，故认定杨某的行为超过了必要限度，属防卫过当。根据《最高人民法院关于适用〈中华人民共和国民法典〉总则编若干问题的解释》第三十一条之规定，正当防卫超过必要限度的，正当防卫人在造成不应有的损害范围内承担部分责任。因杨某的三轮砍击行为中，第二轮及第三轮属于超出必要限度的防卫行为，故法院酌定该部分行为所对应的不应有的损害范围（过当责任范围）为全部损害范围的70%；同时考虑张某自身过错等因素，酌定杨某承担70%损失中的部分损失，即70%中的70%左右，最终确定由杨某对张某的损害后果承担50%的赔偿责任。

> **典型意义**
>
> 　　本案涉及正当防卫以及防卫过当情形下的责任承担问题，对此，2022年3月1日开始施行的《最高人民法院关于适用〈中华人民共和国民法典〉总则编若干问题的解释》第三十一条明确规定，正当防卫超过必要限度的，人民法院应当认定正当防卫人在造成不应有的损害范围内承担部分责任；实施侵害行为的人请求正当防卫人承担全部责任的，人民法院不予支持。本案中，张某深夜闯入他人居所的行为是引起人身伤害事故发生的原因之一；杨某具有正当防卫的动机，但其采取的防卫手段超出了法律所容许的必要限度。正当防卫应予保护，防卫过当则需承担相应责任，所以本案体现了社会主义核心价值观的基本内涵，公民应遵守法律规定、恪守道德标

准，在遭遇威胁或面临危险时，应采取合法手段维护自身权益，并及时借助公权力解决问题。由此，方能构建一个和谐友善、公正法治的社会，避免类似的纠纷再次发生。

（二）裁判依据

《中华人民共和国民法典》

第一百八十一条　因正当防卫造成损害的，不承担民事责任。正当防卫超过必要的限度，造成不应有的损害的，正当防卫人应当承担适当的民事责任。

二十、铁路运输损害责任纠纷

（一）最高人民法院公报案例及典型案例

092. 乘客未经许可，擅自横穿铁路线，造成伤亡，铁路运输企业已经采取必要的安全措施并尽到警示义务的，不承担赔偿责任[①]

杨本波、侯章素与中国铁路上海局集团有限公司、中国铁路上海局集团有限公司南京站铁路运输人身损害责任纠纷案

> **裁判摘要**
>
> 在车站设有上下车安全通道，且铁路运输企业已经采取必要的安全措施并尽到警示义务的情况下，受害人未经许可、违反众所周知的安全规则，进入正有列车驶入的车站内轨道、横穿线路，导致生命健康受到损害的，属于《中华人民共和国铁路法》第五十八条规定的因受害人自身原因造成人身伤亡的情形，铁路运输企业不承担赔偿责任。

原告：杨本波。

[①] 参见《最高人民法院公报》2019年第10期。

原告：侯章素，曾用名侯章树。

被告：中国铁路上海局集团有限公司，住所地：上海市天目东路。

法定代表人：侯文玉，该公司董事长。

被告：中国铁路上海局集团有限公司南京站，住所地：江苏省南京市玄武区。

负责人：朱心煜，该站站长。

原告杨本波、侯章素因与被告中国铁路上海局集团有限公司（以下简称上海局）、中国铁路上海局集团有限公司南京站（以下简称南京站）发生铁路运输人身损害责任纠纷，向江苏省南京铁路运输法院提起诉讼。

原告杨本波、侯章素诉称：杨尧生前于2017年3月26日，乘坐由苏州到南京南的G7248次列车到达南京南站，后横向穿越轨道，被由上海虹桥开往汉口的D3026次列车撞倒，向前拖拽致死。二原告认为，列车司机没有及时采取紧急处置措施，二被告未在站台设置围墙栅栏或加装屏蔽门，未尽到安全防护、警示的义务，应当承担百分之八十的赔偿责任。请求法院依法判令二被告共同赔偿二原告损失821056.40元。

被告上海局和南京站辩称：1. 二被告已充分履行了安全防护、警示等义务。事发前，站内设有安全警示；事发时，站台安全值班员和候车旅客均对杨尧进行警告和劝阻，列车司机在发现杨尧抢越股道后立即实施停车制动，反应及时；事发后，被告工作人员及时采取应急救援措施，措施及时、得当。2. 事故是杨尧自身原因所致。杨尧不持有当日D3026次列车车票，无权乘坐当日的D3026次列车。纵使其持有有效车票需要换乘，也应从换乘通道行至后续列车所停靠站台。杨尧在事发之前，未见举动异常，亦未向工作人员求助。上海铁路安全监督管理办公室已作出《铁路交通事故认定书》（编号：07B20170022），认定杨尧违法抢越铁路线路是造成本起事故的原因，杨尧负本起事故的全部责任。3. 围墙、栅栏或其他防护设施一般是在车站之外的铁路线路上，在高铁站台上因为目前高铁车型较多，车门位置不一致等原因，并不适宜设置围墙、栅栏或其他防护设施。综上，二被告不应承担责任，请求驳回二原告的诉讼请求。

江苏省南京铁路运输法院经审理查明：

逝者杨尧（男，土家族）系二原告杨本波、侯章素之子，毕业于长沙航空学院，事发前就职于苏州市某科技公司。二原告曾系夫妻关系，于2012年11月15日离婚，共育有三子女，均已成年。原告侯章素系肢体二级残疾。

在案件审理期间，被告上海铁路局更名为中国铁路上海局集团有限公司，被告上海铁路局南京站更名为中国铁路上海局集团有限公司南京站。

2017年3月26日，杨尧持票乘坐G7248次列车由苏州至南京南，该次列车于15时22分到达。杨尧由第23站台西端下车后，沿第22站台（第22站台与第23站台共用一个平台）向东行至换乘电梯附近，后在换乘电梯及出站口周围徘徊。

2017年3月26日15时43分，D3026次列车沿21站台以约37公里/小时的速度驶入车站。杨尧在列车驶近时，由22站台（合宁高铁K304+128米处）跃下并进入轨道线路，后迅即横穿线路向21站台方向奔跑，并越过站台间立柱，于列车车头前横穿线路。站台值班的车站工作人员发现后向杨尧大声示警。列车值乘司机发现有人跃下站台，立即采取紧急制动措施并鸣笛示警，数据显示，列车速度急速下降。杨尧横向穿越轨道，在列车车头前，努力向21站台攀爬，未能成功爬上站台。15时43分，列车将杨尧腰部以下挤压于车体与站台之间，并由于惯性裹挟杨尧辗转向前行驶35米后停止于21站台合宁高铁K304+163米处，距正常机车停车位93米。车站工作人员于15时44分向南京市急救中心呼救，急救中心医务人员于16时05分到达现场。15时45分，南京铁路公安处南京南站派出所接到南京南站工作人员报警，并于15时49分到达现场出警。民警于15时53分拨打"119"消防电话，消防人员于16时09分到达现场。16时38分，参与现场施救的急救中心医务人员宣布杨尧死亡，经对站台破拆，17时50分将杨尧遗体移出站台。

另查明，杨尧持有其本人购买的 2017 年 3 月 26 日 D5911 次武汉至黄冈车票以及 2017 年 3 月 27 日 D3026 次南京南至汉口车票。

根据乘车记录显示，杨尧生前多次乘坐高铁。当日，杨尧乘坐的 G7248 次列车停靠南京南站时，车厢内曾广播"请持有换乘车票的旅客到站后按便捷标志指引换乘接续列车，距离换乘地点最近的是五号车厢"的换乘说明；站台及候车室设置有专门的换乘通道，换乘路线指示标志明显清晰醒目。事发站台边缘设置有安全白线，站台两端设有"严禁翻越股道违者后果自负"警示标志。车站广播有"请站在安全白线内""请在安全白线内行走，以免发生危险""某某次列车即将进站，请站在安全白线内等候，不要随车奔跑，注意安全"等提示语，显示屏滚动播出"严禁翻越股道，注意安全！""站在安全白线内"等提示。南京南站轨道道床距站台高差约 1.5 米，轨道上方站台侧面，写有"禁止跨越股道"的字迹，两股轨道间建有站台间立柱。事发当时，23 站台列车进站，工作人员正常接车，22 站台无车进入，杨尧所站区域宽敞空荡。当日 D3026 次列车车型为 CRHZA 型，自重 353.7 吨，载客重量 48.8 吨。

事故除造成杨尧死亡外，还造成 21 站台被破拆，当日 D3026 次动车组车底停运，后续交路无法运行。上海局南京南与合肥南两地动车所分别启用两组热备动车组，武汉局启用汉口一组热备动车组，担当南京南—合肥南、合肥南—汉口、汉口—宜昌东客运值乘任务。D3027 次列车（南京南站开车时车次变更为 D3027 次）于 17 时 20 分左右由南京南站驶出，超停 1 小时 30 分。

事故发生后，二原告与二被告交涉赔偿问题未果，遂向江苏省南京铁路运输法院提起诉讼。原告方在南京处理杨尧后事期间，二被告为其垫付了住宿费及交通费。2017 年 3 月 31 日，原告杨本波与江苏马健律师事务所签订委托代理合同。同年 4 月 7 日，案外人杨鑫（杨尧之妹）向该所支付律师费。后原告侯章素亦与该所签订委托代理合同。

江苏省南京铁路运输法院一审认为：

关于本案的争议焦点：1. 二被告是否已经充分履行了安全防护、警示等义务；2. 二被告在事故发生后的处置是否及时、得当；3. 二被告应否承担赔偿责任。

一、被告是否已充分履行了安全防护、警示义务

二原告认为二被告未充分履行法律规定的安全防护与警示义务。法院认为，铁路运输企业应当采取现实可能的措施，充分履行安全防护、警示等义务，但任何义务都应建立在现实可行的技术条件之上。事发站台边缘设置有安全白线，设置有专门的换乘通道，指示标志明确显著，且位于事发地点附近。车站广播有"站在安全白线内、注意站台缝隙"的提示，显示屏滚动播出字幕中也有"严禁翻越股道，注意安全！""站在安全白线内"等提示，轨道道床距站台约1.5米，站台侧面写有"禁止跨越股道"等字迹。上述设置符合高速铁路设计规范的规定。目前我国高铁运输车型不一，停靠方向不相同，车门停靠处也不一致，并且高铁高速运行过程中，车体周边气流冲击力较强，因此，高速铁路设计规范并未要求在车站站台设置围墙、栅栏或屏蔽门。

杨尧在事故发生之前，所处区域较为宽敞，在站台滞留时无任何异常举动，也未向铁路工作人员求助，其跃下站台，事发突然，并无前兆。站台值班人员在发现有人横穿线路后，奔跑过去并进行喝止。本案情况属突发事件，无法预见并提前阻止。

车站作为人流量较大的公共场所，无论安排多少人员在站台巡查，也无法杜绝类似本案情况的发生。因此，在地面有警示标识、站台有广播提示、站台侧面有提示、站台有人值班的情况下，车站已充分履行了安全保障与警示的义务。

二、被告在事故发生后的处置是否及时、得当

事发时列车及时采取了刹车（紧急制动）措施。事故现场示意图显示，

受害人背包及手机位于合宁高铁 K304+128 米处,机车停车于合宁高铁 K304+163 米处,距正常机车停车位 93 米。当次列车自重及载客重量质量约为 400 吨,质量巨大,惯性大。杨尧跃下站台,横穿线路时,距列车车头仅有几米,司机发现情况,采取紧急制动措施将时速 30 余公里的列车完全停稳,有一段距离属合理。因此,二原告关于被告事故发生后未及时采取刹车措施的意见,不符合实际情况,法院不予采纳。

当日 15 时 43 分事故发生。15 时 44 分,南京市急救中心接到车站工作人员电话,"120"急救于 16 时 05 分到达。15 时 45 分,南京铁路公安处南京南站派出所接到南京南站工作人员报警,并于 15 时 49 分到达出警。民警于 15 时 53 分拨打"119"消防电话,消防人员于 16 时 09 分到达现场,经过破拆站台,于 17 时 50 分将杨尧遗体移出站台。

综合以上证据,二被告在事故发生后,已尽其所能,所采取的应急救助措施并无不当。

三、二被告是否应对本起铁路交通事故承担赔偿责任

本案事故发生的场景系站台轨道内,故应基于车站站台这一场景,综合各方面因素,评判二被告是否应承担赔偿责任。

首先,杨尧属于未经许可,进入高度危险活动区域。车站内的轨道显然属于高度危险活动区域。杨尧在乘坐的列车到站后,应及时出站或由换乘通道换乘其他车次。但其在出站通道处徘徊后,滞留站台,并在看到 D3026 次列车开始进站后,主动跃下 22 站台,横穿轨道,试图攀上 D3026 次列车即将停靠的 21 站台,其举动本身极其危险。

其次,本次事故的发生系由杨尧引起。一般而言,铁路运营破坏了行人的通行条件,并对周围的环境造成了危险,因此,法律对铁路运营企业作出了严格的责任规定。虽然杨尧横穿站台轨道的意图已不可知,但通过其持有的后续客票以及其具体行为,法院推定,杨尧系意图搭乘当日 D3026 次列车。铁路运输时间紧,人数多,尤其是在动车、高铁运输时代,列车停靠时间较

之前更短。铁路旅客，应遵守国家法律和铁路运输规章制度，听从车站、列车工作人员的引导，按照车站的引导标志进、出站。杨尧若想搭乘列车，应当遵守规定，服从管理，持票通行。其在无当日当次车票的情况下，不顾现场的安全警示标识，违背了众所周知的安全常识。在车站设有安全通道的情况下，杨尧横穿线路，造成损害，显然系引起本次事故发生的一方。

对于本次事故，杨尧作为完全民事行为能力人，受过高等教育，具备预测损害发生的能力，对于损害结果也具备预防和控制能力，其只要遵守相关规则，就不致发生本次事故。车站已采取了充分的警示与安保措施，并给予了行人在车站内的各项通行权利。因此，上海铁路安全监督管理办公室作出的《铁路交通事故认定书》，认定杨尧违法抢越铁路线路是造成本起事故的主要原因，杨尧负本起事故的全部责任，并无不当。

《中华人民共和国侵权责任法》第七十六条规定，未经许可进入高度危险活动区域或者高度危险物存放区域受到损害，管理人已经采取安全措施并尽到警示义务的，可以减轻或者不承担责任。《中华人民共和国铁路法》第五十八条规定，因铁路行车事故及其他铁路运营事故造成人身伤亡的，铁路运输企业应当承担赔偿责任；如果人身伤亡是因不可抗力或者由于受害人自身的原因造成的，铁路运输企业不承担赔偿责任。违章通过平交道口或者人行过道，或者在铁路线路上行走、坐卧造成的人身伤亡，属于受害人自身的原因造成的人身伤亡。法律之所以如此规定，是基于铁路运输系高度危险作业，铁路线路给人们的正常通行带来了不便，严格的责任规定可以促使铁路企业在提供优质高效运输服务的同时，主动采取有效措施，避免和减少事故发生。但是，任何权利与义务都是对等的。承担严格责任的情况下，法律仍然赋予了责任人依法提出减轻责任甚至免责抗辩的权利，这也是均衡保护公平与效率理念的具体体现：一方面通过补偿受害人实现社会公正，维护和保障弱势群体的权益；但同时另一方面，对各方当事人的行为给予指引和制约，规范各参与方的行为，兼顾公平与效率，维护和保障高度危险责任人及其所属行业的发展,从而有效降低高度危险行业损害事故的发生。

社会高速发展,参与主体多,运行节奏快,树立规则意识尤为重要。规则是一种约束,也是一种保护。遵守高铁交通规则,文明出行,是公民的义务,更是一份责任。杨尧正值青春,遭遇不幸,殊可哀悯。奋斗的青春,应坚守规则,不可心存侥幸,更不能无视铁路安全警示规定。其跃下站台,横穿线路,最终酿成悲剧,不仅严重影响了铁路公共交通正常运行,还危及自身性命,给父母亲人造成巨大打击,教训惨痛,发人深省。规则意识发自于内心,实践于行为,"不逾矩"是每个人"从心所欲"的前提。遵守规则,珍爱宝贵的生命,对家人负责,应是所有社会主体的共同追求。综上,杨尧在二被告已经采取安全措施并尽到警示义务情况下,未经许可进入高度危险活动区域受到损害,属自身原因造成铁路交通运输事故。故二原告要求二被告承担侵权责任,赔偿损失821056.40元的诉讼请求无事实和法律依据,法院不予支持。

据此,江苏省南京铁路运输法院依照《中华人民共和国侵权责任法》第七十六条、《中华人民共和国铁路法》第五十八条、《中华人民共和国民事诉讼法》第一百四十二条的规定,于2018年7月13日作出判决:

驳回原告杨本波、侯章素的诉讼请求。

一审判决后,双方当事人在法定期限内未提出上诉,一审判决已发生法律效力。

（二）地方法院典型案例

093. 乘客在列车车厢内烫伤，法院应如何认定各方责任[①]

基本案情：2018 年 8 月 21 日，朱某（系未成年人）与父、母、姐、弟五人持票乘坐由中国铁路某局集团有限公司（以下简称"铁路某局"）运营的某次列车出行。一起同行的还有朱某的同学及其母林某。七人未按购票信息就座，朱某和同学相邻就座。期间，林某用保温杯接了开水放置于朱某座位前的桌板上，但未盖杯盖。列车途经某站时，赵某上车就座于朱某正前方的座位。赵某在向后调整椅背的过程中碰倒了朱某座前桌板上的水杯，致朱某全身多处烫伤。朱某以共同侵权为由提起诉讼，请求判令铁路某局、林某和赵某对其损害后果承担连带赔偿责任。

裁判结果：法院经审理认为，林某将未盖杯盖的保温杯放置于朱某座位的桌板上，赵某调整椅背时未注意后排情况使桌板上的水杯翻倒，两人均未尽到安全注意义务。两行为的结合是造成朱某烫伤的直接原因，两人应当就其损害首先承担赔偿责任；朱某的父母作为监护人，乘车时疏于照顾随行的未成年子女，对损害的发生也有过错，可以减轻侵权人的责任。鉴于其他当事人不认可铁路某局提供的安全警示广播音频，且该音频不能证明列车在始发站和经停站启动时均播放了语音提示，其在管理上存在疏漏，具有一定的过错，但该行为并不会直接导致原告被烫伤的结果，应在其对损害发生的可控程度范围内承担相应的补充责任。遂判决朱某自行对全部损失承担 30% 的责任、赵某和林某各承担 35% 的赔偿责任、铁路某局承担 20% 的补充赔偿责任。

[①] 《上海铁路运输法院涉铁路审判典型案例》（2021 年 7 月 29 日发布），一、铁路旅客人身损害赔偿的民事责任，载跨区法观微信公众号，https://mp.weixin.qq.com/s/whJq2-uFRwcQMZ77n1cH_Q，最后访问日期：2023 年 6 月 28 日。

典型意义

本案中，原告在列车车厢内烫伤系由多个原因造成。法院依据事实和法律对各涉事方责任进行判定，有助于进一步规范公共场所中各方主体的行为。被告林某未妥善放置保温杯和被告赵某疏于观察后座情况便调整椅背以及原告父母监护不力是造成损害后果的直接原因，根据2009年《中华人民共和国侵权责任法》第十二条（《中华人民共和国民法典》第一千一百七十二条）的规定，三方对此应当承担按份责任。被告铁路某局未播放安全警示广播音频，与损害结果有间接的因果关系，故应承担补充赔偿责任。《中华人民共和国民法典》第一千一百九十八条规定了公共场所管理人违反安全保障义务的侵权责任。《铁路旅客运输服务质量规范》3.7规定，动车组应采用广播、视频、图形标志服务指南等方式，宣传安全常识和车辆设备设施的使用方法，提示旅客遵守安全乘车规定。铁路运输企业作为铁路运营区域的管理方，应当根据法律规定、行业规范、合同约定及善良管理人要求等在力所能及的范围内做好安全提示、安保配置、事故救援等工作。当然，做好该项工作不仅要求其及时采取相关安保措施，还要求其在条件允许的情形下留存工作日志。就诉讼而言，在受害方有证据证明特定场所确实存在危险因素的情形下，若铁路运输企业未能有效证明其已充分履行安全保障义务，则应承担不利后果。

094. 横向穿越非封闭铁路造成伤亡，法院应如何认定各方责任[①]

基本案情：2018年4月24日，周某头戴耳机、玩手机，步行路经供铁路

[①] 《上海铁路运输法院涉铁路审判典型案例》（2021年7月29日发布），二、横向穿越非封闭铁路的民事责任，载跨区法观微信公众号，https://mp.weixin.qq.com/s/whJq2-uFRwcQMZ77n1cH_Q，最后访问日期：2023年6月28日。

二十、铁路运输损害责任纠纷

工作人员上下线路使用的作业通道横向穿越非封闭铁路线路时，与正在运行中的列车相撞，当场死亡。涉事作业通道处无禁止非工作人员进入等警示标志。距事故现场477米处有一公路下穿立交桥，可供行人通行。事故发生前，案涉列车频繁地鸣笛警示。事发后，周某父、母、妻、子四人共同提起诉讼，请求判令铁路某局承担35%的损害赔偿责任。

裁判结果：法院经审理认为，铁路运输属高度危险作业，因铁路运输造成人身损害的，铁路运输企业应当承担侵权责任，但受害人对损害的发生有过失的，可以减轻铁路运输企业的赔偿责任。事发的铁路线路属于非封闭线路。周某作为完全民事行为能力人，在明知进入铁路线路具有危险性的情况下，为走捷径选择穿越铁路线路，不但不注意瞭望，且穿越时头戴耳机、玩手机，其漠视自身安全系损害发生的主要原因。而铁路某局对设置于居民区附近的作业通道未采取充分、有效的安全防护、警示等措施，存在安全隐患，对事故的发生亦有一定过错，遂判决铁路某局承担20%的赔偿责任。

典型意义

《铁路安全管理条例》第七十七条第（七）项明文禁止行人以在未设道口、人行过道的铁路线路上通过的方式危害铁路安全。《中华人民共和国铁路法》等法律法规规定了铁路运输企业负有在铁路沿线做好安全防护、警示等义务。《最高人民法院关于审理铁路运输人身损害赔偿纠纷案件适用法律若干问题的解释》第六条第一款规定："因受害人的过错行为造成人身损害，依照法律规定应当由铁路运输企业承担赔偿责任的，根据受害人的过错程度可以适当减轻铁路运输企业的赔偿责任，并按照以下情形分别处理：（一）铁路运输企业未充分履行安全防护、警示等义务，铁路运输企业承担事故主要责任的，应当在全部损害的百分之九十至百分之六十之间承担赔偿责任；铁路运输企业承担事故同等责任的，应当在全部损害的百分之六十至百分之五十之间承担赔偿责任；铁路运输企业承担事故次要责任的,应当在全部损害的百分之四十至百分之十之间承担赔偿责任;(二)铁路运输企业已充分履行安全防护、警示等义务,受害人仍施以过错行为的,铁路运输企业应当在全部损害的百分之十以内承担赔偿责任。"本案中,涉案通道是专供铁路工作人员上下线使用的作业通道,行人不得擅自通行。周某是涉案路段周边居民,理应知道附近有可供行人通行的公路下穿立交桥,却为图便捷径行穿越该作业通道造成行车事故,主观上对损害后果的发生具有重大过错,应承担主要责任。铁路运输企业作为铁路线路的运营方和管理方,应在职责和能力范围内做好铁路沿线区域安全防护、警示等工作。例如,应当根据沿线客观环境、人流密度以及事故频率等因素采取减速鸣笛、设置警示标志、安装铁路防护栏等保护性措施,避免铁路行车事故的发生。被告未能根据实际需要采取充分、有效的安全防护、警示等措施制止行人进入涉案作业通道,对损害后果的发生也应承担一定的责任。综合以上因素,法院依法确定双方各自的责任。

(三)裁判依据

《中华人民共和国民法典》

第一百二十条 民事权益受到侵害的,被侵权人有权请求侵权人承担侵权责任。

《中华人民共和国铁路法》

第五十八条 因铁路行车事故及其他铁路运营事故造成人身伤亡的,铁路运输企业应当承担赔偿责任;如果人身伤亡是因不可抗力或者由于受害人自身的原因造成的,铁路运输企业不承担赔偿责任。

违章通过平交道口或者人行过道,或者在铁路线路上行走、坐卧造成的人身伤亡,属于受害人自身的原因造成的人身伤亡。

二十、铁路运输损害责任纠纷

《最高人民法院关于审理铁路运输人身损害赔偿纠纷案件适用法律若干问题的解释》

第一条 人民法院审理铁路行车事故及其他铁路运营事故造成的铁路运输人身损害赔偿纠纷案件，适用本解释。

铁路运输企业在客运合同履行过程中造成旅客人身损害的赔偿纠纷案件，不适用本解释；与铁路运输企业建立劳动合同关系或者形成劳动关系的铁路职工在执行职务中发生的人身损害，依照有关调整劳动关系的法律规定及其他相关法律规定处理。

第二条 铁路运输人身损害的受害人以及死亡受害人的近亲属为赔偿权利人，有权请求赔偿。

第三条 赔偿权利人要求对方当事人承担侵权责任的，由事故发生地、列车最先到达地或者被告住所地铁路运输法院管辖。

前款规定的地区没有铁路运输法院的，由高级人民法院指定的其他人民法院管辖。

第四条 铁路运输造成人身损害的，铁路运输企业应当承担赔偿责任；法律另有规定的，依照其规定。

第五条 铁路行车事故及其他铁路运营事故造成人身损害，有下列情形之一的，铁路运输企业不承担赔偿责任：

（一）不可抗力造成的；

（二）受害人故意以卧轨、碰撞等方式造成的；

（三）法律规定铁路运输企业不承担赔偿责任的其他情形造成的。

第六条 因受害人的过错行为造成人身损害，依照法律规定应当由铁路运输企业承担赔偿责任的，根据受害人的过错程度可以适当减轻铁路运输企业的赔偿责任，并按照以下情形分别处理：

（一）铁路运输企业未充分履行安全防护、警示等义务，铁路运输企业承担事故主要责任的，应当在全部损害的百分之九十至百分之六十之间承担赔偿责任；铁路运输企业承担事故同等责任的，应当在全部损害的百分之六十至百分之五十之间承担赔偿责任；铁路运输企业承担事故次要责任的，应当在全部损害的百分之四十至百分之十之间承担赔偿责任；

（二）铁路运输企业已充分履行安全防护、警示等义务，受害人仍施以过错行为的，铁路运输企业应当在全部损害的百分之十以内承担赔偿责任。

铁路运输企业已充分履行安全防护、警示等义务，受害人不听从值守人员劝阻强行通过铁路平交道口、人行过道，或者明知危险后果仍然无视警示规定沿铁路线路纵向行走、坐卧故意造成人身损害的，铁路运输企业不承担赔偿责任，但是有证据证明并非受害人故意造成损害的除外。

第七条 铁路运输造成无民事行为能力人人身损害的，铁路运输企业应当承担赔偿责任；监护人有过错的，按照过错程度减轻铁路运输企业的赔偿责任。

铁路运输造成限制民事行为能力人人身损害的，铁路运输企业应当承担赔偿责任；监护人或者受害人自身有过错的，按照过错程度减轻铁路运输企业的赔偿责任。

第八条 铁路机车车辆与机动车发生碰撞造成机动车驾驶人员以外的人人身损害的，由铁路运输企业与机动车一方对受害人承担连带赔偿责任。铁路运输企业与机动车一方之间的责任份额根据各自责任大小确定；难以确定责任大小的，平均承担责任。对受害人实际承担赔偿责任超出应当承担份额的一方，有权向另一方追偿。

铁路机车车辆与机动车发生碰撞造成机动车驾驶人员人身损害的，按照本解释第四条至第六条的规定处理。

第九条 在非铁路运输企业实行监护的铁路无人看守道口发生事故造成人身损害的，由铁路运输企业按照本解释的有关规定承担赔偿责任。道口管理单位有过错的，铁路运输企业对赔偿权利人承担赔偿责任后，有权向道口管理单位追偿。

第十条 对于铁路桥梁、涵洞等设施负有管理、维护等职责的单位，因未尽职责使该铁路桥梁、涵洞等设施不能正常使用，导致行人、车辆穿越铁路线路造成人身损害的，铁路运输企业按照本解释有关规定承担赔偿责任后，有权向该单位追偿。

第十一条　有权作出事故认定的组织依照《铁路交通事故应急救援和调查处理条例》等有关规定制作的事故认定书，经庭审质证，对于事故认定书所认定的事实，当事人没有相反证据和理由足以推翻的，人民法院应当作为认定事实的根据。

第十二条　在专用铁路及铁路专用线上因运输造成人身损害，依法应当由肇事工具或者设备的所有人、使用人或者管理人承担赔偿责任的，适用本解释。

第十三条　本院以前发布的司法解释与本解释不一致的，以本解释为准。

《最高人民法院关于审理铁路运输损害赔偿案件若干问题的解释》

一、实际损失的赔偿范围

铁路法第十七条中的"实际损失"，是指因灭失、短少、变质、污染、损坏导致货物、包裹、行李实际价值的损失。

铁路运输企业按照实际损失赔偿时，对灭失、短少的货物、包裹、行李，按照其实际价值赔偿；对变质、污染、损坏降低原有价值的货物、包裹、行李，可按照其受损前后实际价值的差额或者加工、修复费用赔偿。

货物、包裹、行李的赔偿价值按照托运时的实际价值计算。实际价值中未包含已支付的铁路运杂费、包装费、保险费、短途搬运费等费用的，按照损失部分的比例加算。

二、铁路运输企业的重大过失

铁路法第十七条中的"重大过失"是指铁路运输企业或者其受雇人、代理人对承运的货物、包裹、行李明知可能造成损失而轻率地作为或者不作为。

三、保价货物损失的赔偿

铁路法第十七条第一款（一）项中规定的"按照实际损失赔偿，但最高不超过保价额。"是指保价运输的货物、包裹、行李在运输中发生损失，无论托运人在办理保价运输时，保价额是否与货物、包裹、行李的实际价值相符，均应在保价额内按照损失部分的实际价值赔偿，实际损失超过保价额的部分不予赔偿。

如果损失是因铁路运输企业的故意或者重大过失造成的，比照铁路法第十七条第一款（二）项的规定，不受保价额的限制，按照实际损失赔偿。

四、保险货物损失的赔偿

投保货物运输险的货物在运输中发生损失，对不属于铁路运输企业免责范围的，适用铁路法第十七条第一款（二）项的规定，由铁路运输企业承担赔偿责任。

保险公司按照保险合同的约定向托运人或收货人先行赔付后，对于铁路运输企业应按货物实际损失承担赔偿责任的，保险公司按照支付的保险金额向铁路运输企业追偿，因不足额保险产生的实际损失与保险金的差额部分，由铁路运输企业赔偿；对于铁路运输企业应按限额承担赔偿责任的，在足额保险的情况下，保险公司向铁路运输企业的追偿额为铁路运输企业的赔偿限额，在不足额保险的情况下，保险公司向铁路运输企业的追偿额在铁路运输企业的赔偿限额内按照投保金额与货物实际价值的比例计算，因不足额保险产生的铁路运输企业的赔偿限额与保险公司在限额内追偿额的差额部分，由铁路运输企业赔偿。

五、保险保价货物损失的赔偿

既保险又保价的货物在运输中发生损失，对不属于铁路运输企业免责范围的，适用铁路法第十七条第一款（一）项的规定由铁路运输企业承担赔偿责任。对于保险公司先行赔付的，比照本解释第四条对保险货物损失的赔偿处理。

六、保险补偿制度的适用

《铁路货物运输实行保险与负责运输相结合的补偿制度的规定（试行）》（简称保险补偿制度），适用于1991年5月1日铁路法实施以前已投保货物运输险的案件。铁路法实施后投保货物运输险的案件，适用铁路法第十七条第一款的规定，保险补偿制度中有关保险补偿的规定不再适用。

七、逾期交付的责任

货物、包裹、行李逾期交付，如果是因铁路逾期运到造成的，由铁路运输企业支付逾期违约金；如果是因收货人或旅客逾期领取造成的，由收货人或旅客支付保管费；既因逾期运到又因收货人或旅客逾期领取造成的，由双方各自承担相应的责任。

铁路逾期运到并且发生损失时,铁路运输企业除支付逾期违约金外,还应当赔偿损失。对收货人或者旅客逾期领取,铁路运输企业在代保管期间因保管不当造成损失的,由铁路运输企业赔偿。

八、误交付的责任

货物、包裹、行李误交付(包括被第三者冒领造成的误交付),铁路运输企业查找超过运到期限的,由铁路运输企业支付逾期违约金。不能交付的,或者交付时有损失的,由铁路运输企业赔偿。铁路运输企业赔付后,再向有责任的第三者追偿。

九、赔偿后又找回原物的处理

铁路运输企业赔付后又找回丢失、被盗、冒领、逾期等按灭失处理的货物、包裹、行李的,在通知托运人、收货人或旅客退还赔款领回原物的期限届满后仍无人领取的,适用铁路法第二十二条按无主货物的规定处理。铁路运输企业未通知托运人、收货人或者旅客而自行处理找回的货物、包裹、行李的,由铁路运输企业赔偿实际损失与已付赔款差额。

十、代办运输货物损失的赔偿

代办运输的货物在铁路运输中发生损失,对代办运输企业接受托运人的委托以自己的名义与铁路运输企业签订运输合同托运或领取货物的,如委托人依据委托合同要求代办运输企业向铁路运输企业索赔的,应予支持。对代办运输企业未及时索赔而超过运输合同索赔时效的,代办运输企业应当赔偿。

十一、铁路旅客运送责任期间

铁路运输企业对旅客运送的责任期间自旅客持有效车票进站时起到旅客出站或者应当出站时止。不包括旅客在候车室内的期间。

十二、第三者责任造成旅客伤亡的赔偿

在铁路旅客运送期间因第三者责任造成旅客伤亡,旅客或者其继承人要求铁路运输企业先予赔偿的,应予支持。铁路运输企业赔付后,有权向有责任的第三者追偿。

二十一、航空运输损害责任纠纷

（一）最高人民法院公报案例

095. 乘客搭乘的外国航班事故致残，侵权责任以及赔偿责任限额如何确定[①]

陆某某诉美国联合航空公司国际航空旅客运输损害赔偿纠纷案

原告：陆某某。

委托代理人：段某某、陈某某，上海市华益律师事务所律师。

被告：美国联合航空公司，住所地：美国芝加哥（11555W. TOUHY. ARE. GHICAGOIL. 60666U. S. A）。

公司驻上海办事处地址：上海市南京西路。

法定代表人：詹姆斯·爱德华·哥德温（JAMESEDWARDGOODWIN）。

委托代理人：金某某、单某某，上海市凯荣律师事务所律师。

原告陆某某因与被告美国联合航空公司（以下简称美联航）发生国际航空旅客运输损害赔偿纠纷，向上海市静安区人民法院提起诉讼。

原告陆某某诉称：原告在乘坐被告的班机过程中受伤，虽经手术治疗，现仍遗留功能×××，必须进行相应的功能锻炼及物理治疗，待适当时机再行

---

① 参见《最高人民法院公报》2002年第4期。

二十一、航空运输损害责任纠纷

手术，效果尚难肯定。致原告伤残且经济损失惨重，完全是被告的责任。经与被告多次协商赔偿，没有结果。为此，原告根据《统一国际航空运输某些规则的公约》（以下简称华沙公约）、《修订一九二九年十月十二日在华沙签订的统一国际航空运输某些规则的公约的议定书》（以下简称海牙议定书）的规定，以及《蒙特利尔协议》所确定的7.5万美元赔偿责任限额，请求判令被告赔偿原告伤残补助费及生活护理费计7.5万美元。

诉讼中，原告陆某某变更诉讼请求，要求被告按照"吉隆坡协议"规定的10万特别提款权（即132099美元）承担赔偿责任。判令被告承担护理费人民币14300元（含护理人员的交通费用7800元）、原告的误工损失人民币105877.50元、原告不能胜任岗位工作造成的工资损失人民币153750元、原告不能担任总经理职务的损失人民币713700元、精神安抚费人民币5万元、原告从现在起至70岁的护理治疗费人民币138000元、本案律师费人民币66299元、律师差旅费人民币3万元，并判令被告负担本案的诉讼费用。

被告美联航辩称： 作为事故责任方，被告已支付医疗费用人民币86748.10元，但原告在事故发生半年之后提出其右膝半月板损伤，却无法证明这个损伤与此次航空事故有关联。原告提供的安徽省高级人民法院司法鉴定中心的鉴定书，是非法院依法委托进行的鉴定，不能作为本案的证据使用，应当对原告的伤情重新进行司法鉴定。本案应以法院委托的鉴定机构作出的鉴定书所确定的伤残标准为依据，在法律规定的范围内进行合理赔偿。对于赔偿标准，本案应适用"华沙公约"或者《中华人民共和国民用航空法》的规定。"吉隆坡协议"中的10万特别提款权，只是承运人实行客观责任制和是否行使责任抗辩的数额界限，不是对旅客的赔偿责任。"吉隆坡协议"既不是国际惯例，也不是国际条约，仅是作为国际航空运输协会成员的承运人之间订立的内部协议。原告只是一名旅客，并非该协议的签约主体，并且该协议的内容也未纳入旅客运输合同中，故无权引用该协议向被告索赔。

上海市静安区人民法院经审理查明：

1998年5月12日，原告陆某某乘坐被告美联航的UA801班机，由美国夏威夷经日本飞往香港。该机在日本东京成田机场起飞时，飞机左翼引擎发生故障，机上乘客紧急撤离。陆某某在紧急撤离过程中受伤，被送往成田红十字医院救护。经该院摄片诊断为右踝骨折。5月14日，陆某某到香港伊丽莎白医院做检查，结论为右踝侧面局部发炎，不能立即进行手术。陆某某征得美联航同意后，于5月16日入住安徽省立医院治疗，诊断为：陆某某右侧内、外、后踝骨折伴粉碎性移位。该院先后两次对陆某某进行手术治疗。1998年12月22日，陆某某出院，休息至1999年3月底。陆某某受伤住院期间，聘用两名护工护理；出院后至上班期间，聘用一名护工护理。陆某某受伤前的工资收入是每月人民币12400元，受伤后休息期间的工资收入是每月人民币1255元，每月工资收入减少人民币11145元。陆某某受伤后，美联航曾向其致函，表示事故责任在于美联航，美联航承担了陆某某两次手术的医疗费用计人民币86748.10元。

审理中，法院应被告美联航的申请，依法委托上海市人身伤害司法鉴定专家委员会对原告陆某某右下肢的损伤情况和伤残级别进行司法鉴定，结论为：1、陆某某因航空事故致右踝三踝骨折伴关节半脱位，现右踝关节活动受限，丧失功能50%以上，长距离行走受限，参照《道路交通事故受伤人员伤残评定》4.9.F及附录A8之规定，综合评定为Ⅷ级伤残；2、根据被鉴定人的伤情，可酌情给予营养3个月，护理3个月；3、被鉴定人右膝关节麦氏征及过伸试验均阴性，送检的MRI片示未见半月板撕裂征象，仅为退行性病变，与本次航空事故无直接的因果关系。

另查明，原告陆某某所购被告美联航的机票，在"责任范围国际旅客须知"中载明：对于旅客死亡或人身伤害的责任，在大多数情况下对已探明的损失赔偿责任限度为每位乘客不超过7.5万美元。到达这种限度的责任，与公司方是否有过失无关。上述7.5万美元的责任限度，包括法律收费和费用。

以上事实，有原告陆某某乘坐的被告美联航 UA801 航班飞机票、日本成田医院和香港伊丽莎白医院的报告、安徽省立医院的就诊报告及陆某某的两次出院小结、陆某某与美联航之间的往来信函等证实。以上证据经质证、认证，均可以作为认定本案事实的根据。

上海市静安区人民法院认为：

本案是涉外旅客运输合同纠纷与侵权纠纷的竞合。

一、关于本案的法律适用。双方当事人对本案应适用的法律，一致的选择是"华沙公约"。

《中华人民共和国合同法》第一百二十六条规定："涉外合同的当事人可以选择处理合同争议所适用的法律，但法律另有规定的除外。涉外合同的当事人没有选择的，适用与合同有最密切联系的国家的法律。"这是我国法律在涉外案件法律适用方面对"当事人意思自治"原则的体现，这已成为当今各国处理民商事法律关系的重要原则。"当事人意思自治"原则是相对的、有限制的。世界各国立法都对"当事人意思自治"原则有一定程度的限制，主要体现在三个方面：一是当事人所选择的法律必须是与当事人或合同有实质性联系；二是当事人选择的法律不违反公共秩序；三是当事人选择的法律不违反强制性规定。当事人必须在不违反法律强制性规定的前提下，选择与他们本身或者与他们之间的合同有实质联系的法律。《中华人民共和国民法通则》第一百四十二条第二款规定："中华人民共和国缔结或者参加的国际条约同中华人民共和国的民事法律有不同规定的，适用国际条约的规定，但中华人民共和国声明保留的条款除外。"第三款规定："中华人民共和国法律和中华人民共和国缔结或者参加的国际条约没有规定的，可以适用国际惯例。"由此可见，先国际条约，再国内法，再国际惯例，是我国法律对涉外民事案件法律适用顺序作出的强制性规定。当事人在协议选择涉外民事案件适用的法律时，必须符合这个规定。

我国与美国都是"华沙公约"和"海牙议定书"的成员国。作为公约缔约国，我国有义务遵守和履行公约，故本案应首先适用"华沙公约"和"海牙议定书"。根据"当事人意思自治"的原则，本案双方当事人也一致选择适用"华沙公约"。这一选择不违反我国在涉外民事案件法律适用方面的强行性规定，应当允许。

二、关于违约责任与侵权责任的确定。原告陆某某因乘坐被告美联航的班机受伤致残，而向美联航索赔，索赔请求中包括精神损害赔偿。乘坐班机发生纠纷，通常是旅客运输合同纠纷，解决的是违约责任。但因乘坐班机受伤致残，违约行为同时侵犯了人身权利，就可能使违约责任与侵权责任竞合。《中华人民共和国合同法》第一百二十二条规定："因当事人一方的违约行为，侵犯对方人身、财产权益的，受损害方有权选择依照本法要求其承担违约责任或者依照其他法律要求其承担侵权责任。"由此可见，违约责任与侵权责任不能在同一民事案件中并存，二者必居其一，应由受损害方选择。陆某某在请求美联航承担违约责任的同时，又请求精神损害赔偿，应视作对责任选择不明。在这种情况下，如何确定责任的选择，对为受害当事人提供必要的司法救济尤为重要。违约责任与侵权责任的重要区别在于，两者的责任范围不同。合同的损害赔偿责任严格按合同的约定执行，主要是对财产损失进行赔偿；侵权的损害赔偿责任按侵权造成的损害后果确定，不仅包括财产损失的赔偿，还包括人身伤害和精神损害的赔偿。从最大程度保护受害人利益的角度出发，法院依职权为受害当事人选择适用侵权损害赔偿责任。

三、关于赔偿责任限额问题。"海牙议定书"规定，承运人对每一旅客所负的责任，以25万法郎为限，但旅客可与承运人以特别合同约定一较高的责任限度。本案中，双方当事人在机票上约定的承运人赔偿责任限额是7.5万美元。这个限额不仅体现了"当事人意思自治"的原则，也符合"海牙议定书"的规定。从主权国家应当遵守国际义务考虑，法院对双方当事人约定的这一最高赔偿责任限额应予认定。

人身伤害的损害赔偿，应以实际造成的损失为依据。原告陆某某请求被告美联航赔偿护理费、误工费、伤残补偿费,对其中的合理部分,应由美联航赔偿。由于美联航的行为给陆某某造成了一定的身体与精神上的痛苦,陆某某请求美联航赔偿精神抚慰金,亦应允许。按照双方当事人的约定,7.5万美元的赔偿责任限额内包括法律收费和费用。因此,陆某某请求赔偿的律师费用和律师差旅费,也应当根据实际情况酌情支持。由于以上各项的赔偿总额并未超过7.5万美元,故应予支持。

综上,上海市静安区人民法院于2001年11月26日判决:

一、被告美联航于本判决生效之日起10日内,赔偿原告陆某某的护理费人民币7000元、误工费人民币105877.50元、伤残补偿费人民币18.6万元、精神抚慰金人民币5万元。

二、被告美联航于本判决生效之日起10日内,赔偿原告陆某某聘请律师支出的代理费人民币16595.10元、律师差旅费人民币11802.50元。

鉴定费人民币11243元、实际执行费人民币6000元,由被告美联航负担。

第一审宣判后,双方当事人均未上诉,一审判决已经发生法律效力。

(二) 裁判依据

《中华人民共和国民法典》

第一百二十条 民事权益受到侵害的,被侵权人有权请求侵权人承担侵权责任。

《中华人民共和国民用航空法》

第一百二十四条 因发生在民用航空器上或者在旅客上、下民用航空器过程中的事件,造成旅客人身伤亡的,承运人应当承担责任;但是,旅客的人身伤亡完全是由于旅客本人的健康状况造成的,承运人不承担责任。

第一百二十五条 因发生在民用航空器上或者在旅客上、下民用航空器过程中的事件,造成旅客随身携带物品毁灭、遗失或者损坏的,承运人应当承担责任。因发生在航空运输期间的事件,造成旅客的托运行李毁灭、遗失或者损坏的,承运人应当承担责任。

旅客随身携带物品或者托运行李的毁灭、遗失或者损坏完全是由于行李本身的自然属性、质量或者缺陷造成的,承运人不承担责任。

本章所称行李,包括托运行李和旅客随身携带的物品。

因发生在航空运输期间的事件,造成货物毁灭、遗失或者损坏的,承运人应当承担责任;但是,承运人证明货物的毁灭、遗失或者损坏完全是由于下列原因之一造成的,不承担责任:

(一)货物本身的自然属性、质量或者缺陷;

(二)承运人或者其受雇人、代理人以外的人包装货物的,货物包装不良;

(三)战争或者武装冲突;

(四)政府有关部门实施的与货物入境、出境或者过境有关的行为。

本条所称航空运输期间,是指在机场内、民用航空器上或者机场外降落的任何地点,托运行李、货物处于承运人掌管之下的全部期间。

航空运输期间,不包括机场外的任何陆路运输、海上运输、内河运输过程;但是,此种陆路运输、海上运输、内河运输是为了履行航空运输合同而装载、交付或者转运,在没有相反证据的情况下,所发生的损失视为在航空运输期间发生的损失。

第一百二十六条 旅客、行李或者货物在航空运输中因延误造成的损失,承运人应当承担责任;但是,承运人证明本人或者其受雇人、代理人为了避免损失的发生,已经采取一切必要措施或者不可能采取此种措施的,不承担责任。

第一百二十七条 在旅客、行李运输中,经承运人证明,损失是由索赔人的过错造成或者促成的,应当根据造成或者促成此种损失的过错的程度,相应免除或者减轻承运人的责任。旅客以外的其他人就旅客死亡或者受伤提出赔偿请求时,经承运人证明,死亡或者受伤是旅客本人的过错造成或者促成的,同样应当根据造成或者促成此种损失的过错的程度,相应免除或者减轻承运人的责任。

在货物运输中，经承运人证明，损失是由索赔人或者代行权利人的过错造成或者促成的，应当根据造成或者促成此种损失的过错的程度，相应免除或者减轻承运人的责任。

第一百二十八条 国内航空运输承运人的赔偿责任限额由国务院民用航空主管部门制定，报国务院批准后公布执行。

旅客或者托运人在交运托运行李或者货物时，特别声明在目的地点交付时的利益，并在必要时支付附加费的，除承运人证明旅客或者托运人声明的金额高于托运行李或者货物在目的地点交付时的实际利益外，承运人应当在声明金额范围内承担责任；本法第一百二十九条的其他规定，除赔偿责任限额外，适用于国内航空运输。

第一百二十九条 国际航空运输承运人的赔偿责任限额按照下列规定执行：

（一）对每名旅客的赔偿责任限额为16600计算单位；但是，旅客可以同承运人书面约定高于本项规定的赔偿责任限额。

（二）对托运行李或者货物的赔偿责任限额，每公斤为17计算单位。旅客或者托运人在交运托运行李或者货物时，特别声明在目的地点交付时的利益，并在必要时支付附加费的，除承运人证明旅客或者托运人声明的金额高于托运行李或者货物在目的地点交付时的实际利益外，承运人应当在声明金额范围内承担责任。

托运行李或者货物的一部分或者托运行李、货物中的任何物件毁灭、遗失、损坏或者延误的，用以确定承运人赔偿责任限额的重量，仅为该一包件或者数包件的总重量；但是，因托运行李或者货物的一部分或者托运行李、货物中的任何物件的毁灭、遗失、损坏或者延误，影响同一份行李票或者同一份航空货运单所列其他包件的价值的，确定承运人的赔偿责任限额时，此种包件的总重量也应当考虑在内。

（三）对每名旅客随身携带的物品的赔偿责任限额为332计算单位。

第一百三十条 任何旨在免除本法规定的承运人责任或者降低本法规定的

赔偿责任限额的条款，均属无效；但是，此种条款的无效，不影响整个航空运输合同的效力。

第一百三十一条 有关航空运输中发生的损失的诉讼，不论其根据如何，只能依照本法规定的条件和赔偿责任限额提出，但是不妨碍谁有权提起诉讼以及他们各自的权利。

第一百三十二条 经证明，航空运输中的损失是由于承运人或者其受雇人、代理人的故意或者明知可能造成损失而轻率地作为或者不作为造成的，承运人无权援用本法第一百二十八条、第一百二十九条有关赔偿责任限制的规定；证明承运人的受雇人、代理人有此种作为或者不作为的，还应当证明该受雇人、代理人是在受雇、代理范围内行事的。

第一百三十三条 就航空运输中的损失向承运人的受雇人、代理人提起诉讼时，该受雇人、代理人证明他是在受雇、代理范围内行事的，有权援用本法第一百二十八条、第一百二十九条有关赔偿责任限制的规定。

在前款规定情形下，承运人及其受雇人、代理人的赔偿总额不得超过法定的赔偿责任限额。

经证明，航空运输中的损失是由于承运人的受雇人、代理人的故意或者明知可能造成损失而轻率地作为或者不作为造成的，不适用本条第一款和第二款的规定。

第一百三十四条 旅客或者收货人收受托运行李或者货物而未提出异议，为托运行李或者货物已经完好交付并与运输凭证相符的初步证据。

托运行李或者货物发生损失的，旅客或者收货人应当在发现损失后向承运人提出异议。托运行李发生损失的，至迟应当自收到托运行李之日起七日内提出；货物发生损失的，至迟应当自收到货物之日起十四日内提出。托运行李或者货物发生延误的，至迟应当自托运行李或者货物交付旅客或者收货人处置之日起二十一日内提出。

任何异议均应当在前款规定的期间内写在运输凭证上或者另以书面提出。

除承运人有欺诈行为外，旅客或者收货人未在本条第二款规定的期间内提出异议的，不能向承运人提出索赔诉讼。

第一百三十五条 航空运输的诉讼时效期间为二年，自民用航空器到达目的地点、应当到达目的地点或者运输终止之日起计算。

第一百三十六条 由几个航空承运人办理的连续运输，接受旅客、行李或者货物的每一个承运人应当受本法规定的约束，并就其根据合同办理的运输区段作为运输合同的订约一方。

对前款规定的连续运输，除合同明文约定第一承运人应当对全程运输承担责任外，旅客或者其继承人只能对发生事故或者延误的运输区段的承运人提起诉讼。

托运行李或者货物的毁灭、遗失、损坏或者延误，旅客或者托运人有权对第一承运人提起诉讼，旅客或者收货人有权对最后承运人提起诉讼，旅客、托运人和收货人均可以对发生毁灭、遗失、损坏或者延误的运输区段的承运人提起诉讼。上述承运人应当对旅客、托运人或者收货人承担连带责任。

第一百五十七条 因飞行中的民用航空器或者从飞行中的民用航空器上落下的人或者物，造成地面（包括水面，下同）上的人身伤亡或者财产损害的，受害人有权获得赔偿；但是，所受损害并非造成损害的事故的直接后果，或者所受损害仅是民用航空器依照国家有关的空中交通规则在空中通过造成的，受害人无权要求赔偿。

前款所称飞行中，是指自民用航空器为实际起飞而使用动力时起至着陆冲程终了时止；就轻于空气的民用航空器而言，飞行中是指自其离开地面时起至其重新着地时止。

第一百五十八条 本法第一百五十七条规定的赔偿责任，由民用航空器的经营人承担。

前款所称经营人，是指损害发生时使用民用航空器的人。民用航空器的使用权已经直接或者间接地授予他人，本人保留对该民用航空器的航行控制权的，本人仍被视为经营人。

经营人的受雇人、代理人在受雇、代理过程中使用民用航空器，无论是否在其受雇、代理范围内行事，均视为经营人使用民用航空器。

民用航空器登记的所有人应当被视为经营人，并承担经营人的责任；除非在判定其责任的诉讼中，所有人证明经营人是他人，并在法律程序许可的范围内采取适当措施使该人成为诉讼当事人之一。

第一百五十九条 未经对民用航空器有航行控制权的人同意而使用民用航空器，对地面第三人造成损害的，有航行控制权的人除证明本人已经适当注意防止此种使用外，应当与该非法使用人承担连带责任。

第一百六十条 损害是武装冲突或者骚乱的直接后果，依照本章规定应当承担责任的人不承担责任。

依照本章规定应当承担责任的人对民用航空器的使用权业经国家机关依法剥夺的，不承担责任。

第一百六十一条 依照本章规定应当承担责任的人证明损害是完全由于受害人或者其受雇人、代理人的过错造成的，免除其赔偿责任；应当承担责任的人证明损害是部分由于受害人或者其受雇人、代理人的过错造成的，相应减轻其赔偿责任。但是，损害是由于受害人的受雇人、代理人的过错造成时，受害人证明其受雇人、代理人的行为超出其所授权的范围的，不免除或者不减轻应当承担责任的人的赔偿责任。

一人对另一人的死亡或者伤害提起诉讼，请求赔偿时，损害是该另一人或者其受雇人、代理人的过错造成的，适用前款规定。

第一百六十二条 两个以上的民用航空器在飞行中相撞或者相扰，造成本法第一百五十七条规定的应当赔偿的损害，或者两个以上的民用航空器共同造成此种损害的，各有关民用航空器均应当被认为已经造成此种损害，各有关民用航空器的经营人均应当承担责任。

第一百六十三条 本法第一百五十八条第四款和第一百五十九条规定的人，享有依照本章规定经营人所能援用的抗辩权。

第一百六十四条 除本章有明确规定外，经营人、所有人和本法第一百五十九条规定的应当承担责任的人，以及他们的受雇人、代理人，对于飞行中的民用航空器或者从飞行中的民用航空器上落下的人或者物造成的地面上的损害不承担责任，但是故意造成此种损害的人除外。

第一百六十五条 本章不妨碍依照本章规定应当对损害承担责任的人向他人追偿的权利。

第一百六十六条 民用航空器的经营人应当投保地面第三人责任险或者取得相应的责任担保。

第一百六十七条 保险人和担保人除享有与经营人相同的抗辩权，以及对伪造证件进行抗辩的权利外，对依照本章规定提出的赔偿请求只能进行下列抗辩：

（一）损害发生在保险或者担保终止有效后；然而保险或者担保在飞行中期满的，该项保险或者担保在飞行计划中所载下一次降落前继续有效，但是不得超过二十四小时；

（二）损害发生在保险或者担保所指定的地区范围外，除非飞行超出该范围是由于不可抗力、援助他人所必需，或者驾驶、航行或者领航上的差错造成的。

前款关于保险或者担保继续有效的规定，只在对受害人有利时适用。

第一百六十八条 仅在下列情形下，受害人可以直接对保险人或者担保人提起诉讼，但是不妨碍受害人根据有关保险合同或者担保合同的法律规定提起直接诉讼的权利：

（一）根据本法第一百六十七条第（一）项、第（二）项规定，保险或者担保继续有效的；

（二）经营人破产的。

除本法第一百六十七条第一款规定的抗辩权，保险人或者担保人对受害人依照本章规定提起的直接诉讼不得以保险或者担保的无效或者追溯力终止为由进行抗辩。

第一百六十九条 依照本法第一百六十六条规定提供的保险或者担保，应当被专门指定优先支付本章规定的赔偿。

第一百七十条 保险人应当支付给经营人的款项，在本章规定的第三人的赔偿请求未满足前，不受经营人的债权人的扣留和处理。

第一百七十一条 地面第三人损害赔偿的诉讼时效期间为二年，自损害发生之日起计算；但是，在任何情况下，时效期间不得超过自损害发生之日起三年。

第一百七十二条 本章规定不适用于下列损害：

（一）对飞行中的民用航空器或者对该航空器上的人或者物造成的损害；

（二）为受害人同经营人或者同发生损害时对民用航空器有使用权的人订立的合同所约束，或者为适用两方之间的劳动合同的法律有关职工赔偿的规定所约束的损害；

（三）核损害。

二十二、因申请财产保全损害责任纠纷

（一）最高人民法院公报案例及典型案例

096. 申请保全错误，须以申请人主观存在过错为要件[①]

宜兴市建工建筑安装有限责任公司与张欣、
张学山申请诉中财产保全损害赔偿责任纠纷案

裁判摘要

> 由于当事人的法律知识、对案件事实的举证证明能力、对法律关系的分析判断能力各不相同，通常达不到司法裁判所要求的专业水平，因此当事人对诉争事实和权利义务的判断未必与人民法院的裁判结果一致。对当事人申请保全所应尽到的注意义务的要求不应过于苛责。如果仅以保全申请人的诉讼请求是否得到支持作为申请保全是否错误的依据，必然会对善意当事人依法通过诉讼保全程序维护自己权利造成妨碍，影响诉讼保全制度功能的发挥。而且，《中华人民共和国侵权责任法》第六条和第七条规定，侵权行为以过错责任为原则，无过错责任必须要有法律依据，但《中华人民共和国侵权责任法》所规定的无过错责任中并不包含申请保全错误

[①] 参见《最高人民法院公报》2018年第9期。

> 损害赔偿责任。因此，申请保全错误，须以申请人主观存在过错为要件，不能仅以申请人的诉讼请求未得到支持为充分条件。

中华人民共和国最高人民法院
民事裁定书

（2018）最高法民申 2027 号

再审申请人（一审原告、二审上诉人）：宜兴市建工建筑安装有限责任公司，住所地江苏省宜兴市宜兴环科园茶泉路 6 号。

法定代表人：张亚义，该公司董事长。

委托诉讼代理人：费建新，江苏通运律师事务所律师。

委托诉讼代理人：朱强，江苏通运律师事务所律师。

被申请人（一审被告、二审被上诉人）：张欣。

被申请人（一审被告、二审被上诉人）：张学山。

再审申请人宜兴市建工建筑安装有限责任公司（以下简称宜兴建筑公司）因与被申请人张欣、张学山申请诉中财产保全损害责任纠纷一案，不服山东省高级人民法院（以下简称山东高院）（2017）鲁民终 1932 号民事判决（以下简称二审判决），向本院申请再审。本院依法组成合议庭进行了审查，现已审查终结。

宜兴建筑公司申请再审称，二审判决认定的基本事实缺乏证据证明。1. 对什么是《中华人民共和国民事诉讼法》第一百零五条规定的"错误"没有司法解释，但张欣申请财产保全错误不仅可以从败诉这一结果中推定，也可以从张欣伪造事实的诉讼中予以确认。2. 二审判决认定张欣申请诉讼保全不存在恶意缺乏证据证明。宜兴建筑公司不是涉案《借款合同》的当事人，不应作为被告。证人张新友在庭审中所作的证人证言都以张欣的说法为准。张欣提交的青州市城市展览馆项目的现金日记账是虚假的，不足以证明宜兴建筑公司的行为。宜兴建筑公司并没有出具过授权委托书，张欣向法院提交的授权委托书是虚假的，不能作为认定宜兴建筑公司承担还款责任的依据。张欣在其他民间借贷纠纷案件中选择只起诉翁校刚，撤回对宜兴建筑公司的起诉，说明其知道证据材料是虚假的。由于张欣伪造账本、提供假证、盗用授权委托书以及在诉讼中明知错误仍申请诉讼保全，应认定其申请诉讼保全存在恶意。3. 二审判决认定张欣申请诉讼保全的行为未对宜兴建筑公司造成实际损失缺乏证据证明。张欣申请冻结宜兴建筑公司银行账户，导致宜兴建筑公司不能正常运营，只能向非金融机构及其他单位和个人拆借，而拆借利率要比银行贷款利率高出好几倍。至账户被解封时，宜兴建筑公司已支付利息高达1069.89万元，该损失应由张欣和担保人张学山承担。故依照《中华人民共和国民事诉讼法》第二百条第（二）项规定申请再审。

张欣、张学山提交书面意见称，申请保全错误应以申请人存在故意或重大过失为前提，诉讼结果不应完全作为申请保全有错误的判断依据。张欣申请诉讼保全没有恶意，不存在过错，客观上没有对宜兴建筑公司造成损失。宜兴建筑公司与案外人宜兴安泰建筑商品房屋开发有限责任公司、江苏文卓房地产开发有限公司之间存在关联关系。本案是三家公司恶意串通制造的虚假诉讼。

本院经审查认为，根据宜兴建筑公司的再审申请理由以及提交的证据，本案的争议焦点问题为：申请保全错误是否仅以申请人诉讼请求未得到支持为充分条件、二审判决认定张欣申请诉讼保全不存在恶意是否缺乏证据证明、二审判决认定张欣申请诉讼保全的行为未对宜兴建筑公司造成实际损失是否缺乏证据证明。

一、关于申请保全错误是否仅以申请人诉讼请求未得到支持为充分条件的问题

《中华人民共和国民事诉讼法》第一百零五条规定："申请有错误的，申请人应当赔偿被申请人因保全所遭受的损失。"由于当事人的法律知识、对案

件事实的举证证明能力、对法律关系的分析判断能力各不相同,通常达不到司法裁判所要求的专业水平,因此当事人对诉争事实和权利义务的判断未必与人民法院的裁判结果一致。对当事人申请保全所应尽到的注意义务不应过于苛责。如果仅以保全申请人的诉讼请求是否得到支持作为申请保全是否错误的依据,必然会对善意当事人依法通过诉讼保全程序维护自己权利造成妨碍,影响诉讼保全制度功能的发挥。而且,《中华人民共和国侵权责任法》第六条和第七条规定,侵权行为以过错责任为原则,无过错责任必须要有法律依据,但《中华人民共和国侵权责任法》所规定的无过错责任中并不包含申请保全错误损害赔偿责任。综上,申请保全错误,须以申请人主观存在过错为要件,不能仅以申请人的诉讼请求未得到支持为充分条件。

二、关于二审判决认定张欣申请诉讼保全不存在恶意是否缺乏证据证明的问题

宜兴建筑公司申请再审主张,张欣在另案中存在伪造账本、提供假证、盗用授权委托书的行为,证明其存在主观恶意,但上述主张只是宜兴建筑公司的怀疑,其并未提交充分有效的证据证明该主张,本院不予支持。案外人翁校刚为张欣出具的部分《收款收据》加盖有宜兴建筑公司青州市城市展览馆项目部的公章;张欣提供了宜兴建筑公司出具的授权委托书,主张翁校刚系宜兴建筑公司青州项目部经理,负责宜兴建筑公司相关工程的前期筹款、项目规划及施工等工作;宜兴建筑公司在本案一审中亦认可翁校刚系挂靠其经营,基于上述事实,张欣将宜兴建筑公司作为被告,为保证将来判决生效后能得到顺利执行,在诉争标的范围内对宜兴建筑公司的银行账户存款申请查封,系依法行使法律赋予的诉讼权利。张欣在其他民间借贷纠纷案件中选择只起诉翁校刚,撤回对宜兴建筑公司的起诉,都属于为维护自己的实体权利而依法行使诉讼权利的行为,并不能据此认定其主观上存在通过申请诉讼保全损害宜兴建筑公司权利的恶意。因此,宜兴建筑公司关于二审判决认定张欣申请诉讼保全不存在恶意缺乏证据证明的再审申请理由不能成立。

三、关于二审判决认定张欣申请诉讼保全的行为未对宜兴建筑公司造成实际损失是否缺乏证据证明的问题

宜兴建筑公司在一审中提交了授权委托书、借款协议、建设工程施工合同、领款汇款凭证、利息支付收据等证据以证明张欣申请诉讼保全的行为对其造成了利息损失,但授权委托书加盖的公章与本案诉状中公章明显不一致,且两份借款合同均非以宜兴建筑公司名义签订,此后的利息也均未通过该公司支付。此外,根据宜兴建筑公司自述,其作为被执行人的案件上百起,是否仅因张欣申请诉讼保全的行为造成其损失并不能确定。宜兴建筑公司未提交充分有效的证据证明其遭受的利息损失,也未能证明其所遭受的损失与张欣申请诉讼保全之间存在因果关系。因此,宜兴建筑公司关于二审判决认定张欣申请诉讼保全的行为未对其造成实际损失缺乏证据证明的再审申请理由亦不能成立。

综上,宜兴建筑公司的再审申请不符合《中华人民共和国民事诉讼法》第二百条第(二)项规定的情形。本院依照《中华人民共和国民事诉讼法》第二百零四条第一款、《最高人民法院关于适用〈中华人民共和国民事诉讼法〉的解释》第三百九十五条第二款规定,裁定如下:

驳回宜兴市建工建筑安装有限责任公司的再审申请。

(二) 地方法院典型案例

097. 恶意保全他人财产应承担赔偿责任[①]

基本案情: 2015年1月,陈某起诉某贸易公司要求其返还投资款及收益

[①] 《北京市第三中级人民法院弘扬社会主义核心价值观典型案例通报》(2022年8月4日发布),二、某贸易公司诉陈某、某担保公司因申请财产保全损害责任纠纷案——恶意保全他人财产应承担赔偿责任,载北京市第三中级人民法院微信公众号,https://mp.weixin.qq.com/s/N4akzzTv5trIRAaaGHI-aOg,最后访问日期:2023年6月28日。

3300万元，并在该案中请求查封某贸易公司名下价值3300万元的财产，某担保公司为此提供了担保。后法院裁定查封某贸易公司名下价值3300万元的财产。该案法院经审理后认为，陈某的诉讼请求缺乏事实依据，故判决驳回了陈某的诉讼请求。该案中，陈某主张某投资企业向某贸易公司的3048.21万元汇款系履行《委托投资协议》项下的出资义务的行为，为证明其主张，陈某向法院提交某投资企业作出的《撤销声明》及同日双方签订的《协议》，并申请证人杨某甲出庭作证。根据法院调取的证据，陈某在该案中的证人杨某甲及案外人杨某乙在公安机关进行询问时，均称上述协议以及杨某甲的出庭作证行为系出自陈某授意，杨某甲对其出庭作证内容及出具的相关文件内容并不知情；且在该案及另案中，某投资企业所提交的证据和有关陈述均存在矛盾。该案法院驳回陈某的诉讼请求后，陈某以基本相同的事实、理由及证据提起债权人代位权之诉，并再次申请财产保全继续冻结涉案款项，最终导致涉案款项被冻结长达5年时间。现某贸易公司诉至法院，请求陈某赔偿因错误保全给其造成的损失，并要求某担保公司承担连带责任。

生效裁判：生效判决认为，陈某为让其诉讼请求得到法院支持，利诱某投资企业制作与其此前意思表示相矛盾的证据，并诱使证人出庭作证进行虚假陈述，尽管该证据及证人证言并未得到法院采信，但陈某的上述行为严重违反民事诉讼法规定，违背诚实信用原则，有悖社会主义核心价值观，应认定陈某在该案的诉讼请求提出及诉讼过程中均存在过错。法院依当事人的申请采取保全措施后，会使财产被保全的当事人一方不能自由地对被保全的财产进行处分。申请财产保全冻结被保全人的资金，影响了被保全人对资金的使用收益，必然会造成相应的利息损失，申请保全人应当予以赔偿。故判决：陈某赔偿某贸易公司的损失，某担保公司对此承担连带责任。

> **典型意义**
>
> 本案系因申请财产保全引发的纠纷，财产保全是我国民事诉讼的一项重要制度，目的在于保证生效裁判文书的执行，兑现胜诉当事人的合法权益。申请财产保全是当事人的重要诉讼权利之一。然而，恶意保全行为将直接侵害他人合法权益，有违诚实信用原则，有损社会诚信建设。本案中，陈某的恶意保全行为严重违反了法律规定，造成了他人巨额财产被长期冻结，明显与诚实信用原则相悖，亦违背了社会主义核心价值观的基本内涵。本案依法判决陈某承担赔偿责任，充分体现了司法裁判的价值导向作用，对于引领社会公众诚信参与诉讼活动，践行社会主义核心价值观具有积极意义。

（三）裁判依据

《中华人民共和国民法典》

第一百二十条　民事权益受到侵害的，被侵权人有权请求侵权人承担侵权责任。

图书在版编目（CIP）数据

侵权责任纠纷指导案例与类案裁判依据／中国法制出版社编.—北京：中国法制出版社，2023.8
（人民法院民商事指导案例与类案裁判依据丛书）
ISBN 978-7-5216-3632-1

Ⅰ.①侵… Ⅱ.①中… Ⅲ.①侵权行为-民事纠纷-案例-中国 Ⅳ.①D923.05

中国国家版本馆 CIP 数据核字（2023）第 108235 号

责任编辑：潘环环　　　　　　　　　　　　　　封面设计：周黎明

侵权责任纠纷指导案例与类案裁判依据
QINQUAN ZEREN JIUFEN ZHIDAO ANLI YU LEI'AN CAIPAN YIJU

编者/中国法制出版社
经销/新华书店
印刷/保定市中画美凯印刷有限公司

开本/710 毫米×1000 毫米　16 开　　　　　　印张/ 23　字数/ 282 千
版次/2023 年 8 月第 1 版　　　　　　　　　　2023 年 8 月第 1 次印刷

中国法制出版社出版
书号 ISBN 978-7-5216-3632-1　　　　　　　　定价：78.00 元

北京市西城区西便门西里甲 16 号西便门办公区
邮政编码：100053　　　　　　　　　　　　　传真：010-63141600
网址：http：//www.zgfzs.com　　　　　　　编辑部电话：010-63141813
市场营销部电话：010-63141612　　　　　　印务部电话：010-63141606

（如有印装质量问题，请与本社印务部联系。）